CET OUVRAGE A ÉTÉ TIRÉ A :

200 exemplaires sur papier vélin ;
5 exemplaires sur beau papier vergé à la forme.

MÉMORIAL

DE PHILIPPE LAMARE

DU MÊME AUTEUR

En Normandie. Croquis maritimes. — Paris, Rouveyre, 1887, 1 vol. in-12 (épuisé).

Journal de Simon Le Marchand, bourgeois de Caen, 1610-1693. — Caen, Louis Jouan, 1903, 1 vol. in-8º.

Recueil de Journaux caennais, 1661-1777. — Rouen, Lestringant, 1904, 1 vol. in-8º. *(Publication de la Société de l'Histoire de Normandie.)*

POUR PARAITRE PROCHAINEMENT :

Les Remarques de Nicolas Le Hot, avocat au bailliage et siège présidial, sur la ville de Caen en 1680. — Caen, Louis Jouan.

MÉMORIAL

DE

PHILIPPE LAMARE

Secrétaire de Dom Gouget
Bénédictin de l'abbaye de Fontenay

— 1774-1788 —

PUBLIÉ D'APRÈS LES MANUSCRITS INÉDITS
DE LA COLLECTION MANCEL
AVEC UNE INTRODUCTION ET DES NOTES

PAR

GABRIEL VANEL

ANCIEN MAGISTRAT

CAEN

LOUIS JOUAN, ÉDITEUR
Libraire de la Société des Antiquaires de Normandie
98, RUE SAINT-PIERRE, 98

—

1905

INTRODUCTION

I

Les notes et les documents divers qui forment le *Mémo-rial* de Lamare ont été écrits pendant une période de quatorze années, de 1774 à 1788. Ils occupent, à la Biblio-thèque de Caen, dans la collection Mancel, une partie des manuscrits 110 et 111 (1). Le manuscrit 110, composé de cahiers réunis sans ordre et sans pagination suivie, contient des travaux inachevés ou incomplets et quelques notes qui se rapportent au *Mémorial*. Le manuscrit 111, au contraire, sauf les copies d'articles de gazettes qui en constituent la première partie et que nous n'avons pas reproduits, est presque entièrement consacré aux faits

(1) Ms. 110, Bibl. de Caen, C. M., petit in-4º, papier, cartonné, sans pagination suivie.

Le volume commence, à la page cotée 11, par une copie du cartulaire de l'abbaye de Saint-Étienne de Fontenay ; de la page 11 à la page 26, table des chartes contenues dans ce cartulaire ; 118 pages de texte et table générale. Le reste du ms. se compose de cahiers dont quelques-uns sont incomplets, séparés par des pages blanches et réunis sans ordre. A la fin, a été reliée une lettre du sieur Desnos, secrétaire perpétuel de la Société d'Agriculture d'Alençon, datée du 3 juillet 1788, adressée à Lamare et lui donnant des renseignements pour son *Pouillé*.

Ms. 111, Bibl. de Caen, C. M., petit in-4º, papier, cartonné, 434 pages, 2 folios blancs et 5 pages de table non numérotées.

locaux et aux réflexions que notre chroniqueur avait pris l'habitude de consigner sur ses cahiers (1). Ces deux volumes ont été cartonnés à une époque récente : ils ne doivent contenir qu'une faible partie des notes de Lamare, qui avait, très probablement, continué son *Mémorial*. Certains passages, en effet, ont été écrits au cours des années 1811 et 1812 : la fin du manuscrit 110 comprend des articles de journaux allant jusqu'en 1828. Tout cet ensemble démontre que l'auteur ne s'était jamais désintéressé des faits qui se passaient autour de lui et n'avait pas cessé de tenir une sorte de *Journal* (2).

Martin-Philippe Lamare (3), fils de paysans sans fortune, était né, vers 1752, au village de Buray, entre Conches et Évreux. Tout jeune, il dut quitter ses parents et entrer au service d'un seigneur des environs. Il y serait resté long-temps si, vers 1768, une heureuse circonstance ne lui avait fait faire la connaissance de Dom Gouget, bénédictin, originaire de la paroisse Saint-Martin de Caen, alors retiré à l'abbaye de Saint-Étienne de Fontenay. Dom Gouget avait été prieur de l'abbaye de Saint-Germer, près de Gournay-en-Bray, et de Saint-Évroul, près d'Évreux, et avait conservé de nombreuses relations dans ce pays.

Lamare savait lire et écrire. Dom Gouget, dont la vue

---

(1) Lamare écrivait ses notes sans s'astreindre à un ordre régulier, ajoutant en certains endroits, quelques lignes fort longtemps après la première rédaction. Aussi, parfois, les années sont-elles confondues. Nous avons rétabli, autant que possible, l'ordre chronologique.

D'autre part, nous avons laissé de côté des copies d'imprimés et des compilations théologiques qui ne présentaient aucun intérêt.

(2) Voici, du reste, qui le prouve. Dans son grand *Pouillé*, il a mis en note, p. 250 : « La paroisse Saint-Martin a eu un curé célèbre dont tous les dictionnaires font mention (Il s'agit d'une notice de M. l'abbé de la Rue). Je l'ai inscrite, ajoute-t-il, *en 1828, dans mon recueil de cette année.* »

(3) Il est quelquefois désigné sous le nom de *Delamare* et même de *de Lamare* ; mais il signe toujours *Lamare.*

très affaiblie ne lui permettait pas de se livrer seul à ses études, trouva dans le jeune homme un serviteur dévoué et un ardent travailleur. Pendant vingt-deux ans, Lamare ne quitta pas son protecteur, qui, à son tour, ne négligea rien pour en faire un homme instruit et d'une scrupuleuse honnêteté.

Dom Gouget ayant exercé une influence évidente sur son protégé, il est intéressant d'esquisser la figure de ce prieur bénédictin, figure très originale sous certains rapports.

Dom Gouget était le huitième des douze enfants de Charles Gouget, avocat à Caen, qui demeurait rue Saint-Martin, dans la maison appelée le « Petit Luxembourg », où fut installée plus tard l'Académie d'équitation. Il était né le 27 mai 1701 et avait commencé ses humanités au collège des Jésuites de notre ville. Il les termina au collège de Beaumont-en-Auge. Entré en 1718 à l'abbaye de Jumièges, où deux de ses frères avaient déjà fait profession, il suivit des cours de théologie à l'abbaye de Fécamp et travailla pendant quelque temps, avec Dom Charles Toustain et Dom Prosper Tassin, à des recherches historiques sur la province de Normandie.

Très versé dans l'étude de la controverse, qu'il étudiait avec passion, il se signala par des idées et des théories qui parurent beaucoup trop hardies et peu conformes aux sentiments de sa congrégation. Il fut arrêté dans cette voie par ses supérieurs, qui, malgré ses instances, l'envoyèrent, en qualité de cellérier, à l'abbaye de Bonneval et, plus tard, à l'abbaye de Josaphat, près de Chartres, ville où il se créa de nombreuses amitiés. Nommé ensuite procureur à l'abbaye de Saint-Père de Chartres, il fut, grâce à la protection de la famille d'Aguesseau, qui eut plusieurs fois à le défendre, envoyé comme prieur à l'abbaye de Saint-

Germer, au diocèse de Beauvais. Il y resta trois ans et fut, en 1745, transféré à l'abbaye de Saint-Évroul, auprès de Conches. Sa santé, déjà fort ébranlée, se ressentit encore davantage du voisinage des marais et des bois qui environnaient ce monastère. Aussi prit-il le parti de donner sa démission, « peut-être d'une manière peu convenable à l'obéissance que doit un religieux », avoue-t-il lui-même.

Sa démission acceptée, il se retira à l'abbaye de Conches où, bientôt, il se trouva en butte à l'hostilité du prieur qui le voyait d'un mauvais œil et n'était probablement que l'interprète des sentiments de ses supérieurs. Dom Gouget, en effet, janséniste ardent, adversaire trop peu discret de la réforme de Saint-Maur, dans laquelle il avait pourtant passé une partie de sa vie, novateur hardi et très suspect dans ses théories sur l'Eucharistie, partisan, dans une certaine mesure, d'un rapprochement avec les protestants, écrivant, sur ces sujets et sur la discipline ecclésiastique, aux sommités du clergé français et même aux étrangers, avait été, depuis longtemps, tenu à l'écart par sa congrégation. Relégué, en 1749, par un bref du Pape, à l'abbaye de Fontenay, il soutint une longue lutte avec les bénédictins réformés, lutte qui se termina le 10 juillet 1752, par une transaction intervenue entre Dom Le Goux, procureur général, et lui, par laquelle Dom Le Goux acquiesçait aux sentences de fulmination du bref de translation de Dom Gouget à l'abbaye de Fontenay, et, d'un autre côté, celui-ci donnait mainlevée de l'opposition par lui formée à l'introduction de la réforme dans cette abbaye. Il renonçait à tout ce qu'il pouvait prétendre sur la manse conventuelle et même au droit d'être logé dans le cloître (1). Malgré cette clause, Dom Gouget mourut à l'abbaye en 1790.

---

(1) Voir, aux pièces justificatives, la consultation de Me Piales, avocat au Parlement de Paris, dans laquelle est citée et résumée la transaction du 10 juillet 1752.

Tel était Dom Gouget. Très instruit, adonné aux travaux historiques et aux recherches théologiques, mais esprit inquiet et trop enclin à la controverse, il fut, pendant presque toute sa vie, en lutte plus ou moins ouverte avec sa congrégation. Il n'est pas étonnant que, dans ces conditions, le jeune Lamare ait été fortement influencé par les idées de son maître et précepteur. Dom Gouget mit, en effet, à son éducation un soin particulier : non seulement il lui apprit les règles de sa langue, mais, en 1779, il lui fit faire un cours de langue latine, et lui donna le goût des recherches archéologiques, goût qui se développa chez lui avec l'âge et qu'il n'abandonna jamais. C'est ce qui explique qu'il nous ait conservé de nombreuses copies d'inscriptions, d'épitaphes, de documents de toute sorte qu'il ne manquait pas de relever chaque fois qu'il les rencontrait ou qu'ils lui étaient signalés.

Il vécut ainsi avec Dom Gouget de 1768 à 1790. Celui-ci avait à Caen deux sœurs, qui moururent avant lui ; s'il habitait le plus souvent une maison de l'abbaye de Fontenay dont il avait la jouissance, il avait aussi à Caen un logement où il se rendait souvent et où il fut même victime d'un vol pendant la nuit du 28 au 29 mars 1787 (1). Il mourut, ainsi que nous l'avons dit, le 11 juillet 1790. Il avait, par différents actes des 9 janvier 1771, 26 novembre 1773 et 26 septembre 1776, donné certaines sommes, puis cédé et transporté la propriété de tous ses biens meubles à ses deux serviteurs, Philippe Lamare et Magdelaine Gosselin, qui devaient, en échange, « se charger du soin de sa dépense et de sa nourriture, de celle du jardinier et autres ouvriers qu'il serait nécessaire d'employer dans la maison »,

(1) C'était certainement la maison paternelle, appelée le « Petit Luxembourg », rue Saint-Martin, 101, que ses sœurs habitaient et où il avait un logement. Lamare y demeura aussi après la mort de Dom Gouget.

ainsi que de son entretien et des frais de toute espèce. Ces biens valaient environ 5 à 6.000 livres : Dom Gouget, dans l'acte cité, se déclarait « extrêmement satisfait des services de ses deux domestiques ». Cet acte motiva même, le 1ᵉʳ février 1777, une consultation que Lamare demanda à un avocat au Parlement de Paris, Mᵉ Piales, qui conclut à sa validité. Nous doutons cependant qu'il ait jamais joui entièrement des biens à lui cédés : la succession de Dom Gouget s'ouvrit en pleine Révolution ; rien ou peu de chose ne dut rester des objets que le bénédictin avait pu conser- ver, et la suite prouve que Lamare travailla pour vivre et mena une existence difficile, qui, sans une heureuse circonstance, eût abouti dans sa vieillesse à un dénuement complet.

Après la mort de son bienfaiteur, il vint demeurer à Caen, et nous savons, par trois lettres de lui, relatives à des affaires d'intérêt qu'un de ses amis d'Évreux, le sieur Martel, avait dans notre ville (1), qu'en 1793, il habitait 101, rue Saint-Martin. Calligraphe émérite, il gagnait péniblement sa vie en donnant des leçons d'écriture (2). Il avait recueilli Magdelaine Gosselin (3), la vieille servante de Dom Gouget,

(1) Ces lettres nous ont été obligeamment communiquées par M. le chanoine Deslandes.

(2) Il était l'ami d'un caennais bien connu, M. P.-A. Lair, avec lequel un goût commun des recherches archéologiques l'avait lié depuis longtemps, ainsi qu'en témoigne la note suivante écrite par M. Lair sur la garde d'une copie du *Pouillé de Bayeux*, que Lamare lui avait donnée : « Donné à M. P.-A. Lair, par M. de la Mare, maître d'écriture à Caen, le 19 mai 1820. Il est l'auteur de cet ouvrage. M. de la Mare a demeuré à l'abbaye de Fontenay. » Ce manuscrit est aujourd'hui à la Bibliothèque de Caen.

(3) Cette fille avait une sœur, Marianne Gosselin, dont il est question page 150 du *Mémorial*. Magdelaine Gosselin avait acquis, paraît-il, certaines connaissances médicales et, depuis 25 ans, soignait gratuitement les malades de la paroisse de Fontenay. Elle parvint à guérir sa sœur d'une infirmité qui lui était survenue au genou droit, infirmité que les chirurgiens de Caen n'avaient pu réduire.

et il refusa même des places de précepteur qu'on lui offrait pour ne pas l'abandonner, trait qui fait honneur à son caractère et à son désintéressement.

Cette bonne action reçut plus tard sa récompense : quand, vieilli et fatigué, les leçons lui manquèrent, il trouva, à son tour, une généreuse hospitalité chez une famille de la paroisse Saint-Sauveur.

Dans une courte notice publiée par la *Semaine Religieuse,* en 1879, l'auteur anonyme (1) donne quelques détails sur notre chroniqueur, qui a laissé d'autres manuscrits dont nous parlerons plus loin. « Une personne très respectable et très digne de foi, dit-il, nous a dépeint le vieillard tel que ses souvenirs de jeunesse le lui rappelaient. Fidèle aux anciens usages et à l'ancien costume, il portait habituellement un bonnet fourré, un modeste manteau gris doublé de rouge qui lui descendait jusqu'aux talons ; enfin, l'hiver, un petit manchon pour abriter ses mains. Sa vie était d'une régularité parfaite. Levé à quatre heures, comme un religieux, il allait entendre une messe matinale à l'église Saint-Étienne ; puis, il employait toute sa journée à l'étude, qu'il aima jusqu'à la fin avec passion, se permettant à peine quelque relâche à l'heure des repas et assez souvent dans la soirée.

« Écrire et copier, prendre des notes, rédiger des compilations théologiques, tel était l'objet de son travail incessant. Habile à tourner les vers, il égayait les fêtes de famille, célébrées chez ses hôtes, par d'agréables couplets de circonstance. Quelquefois il s'attristait en pensant que ses manuscrits ne verraient pas le jour, qu'ils seraient

---

(1) D'après les renseignements qu'a bien voulu nous envoyer M. l'abbé Le Male, l'auteur anonyme serait M. l'abbé Niquet, qui s'occupait beaucoup de l'histoire de la Révolution dans le Calvados : il a en effet publié, à la suite de cette notice, des extraits du manuscrit de Lamare sur les prêtres détenus à Caen, rue des Carmes, en 1793 et 1794. M. l'abbé Niquet est mort en 1895.

peut-être vendus à vil prix et livrés à la destruction.

« C'était un saint bonhomme », nous a dit le témoin de qui nous tenons tous ces détails. Sous le même toit que lui logeaient de jeunes étudiants, appartenant à des familles chrétiennes. Ils aimaient M. Lamare à cause de son esprit enjoué et de sa nature affectueuse et sympathique. Souvent, dans les réunions du soir, il causait avec eux et, pour entretenir leurs bons sentiments et satisfaire en même temps sa piété, il leur proposait de chanter en chœur un cantique. Après avoir satisfait à sa demande : « Mes amis, leur disait-il, vous savez combien la prière faite en commun est agréable à Dieu ; faisons ensemble la prière du soir. » Les jeunes gens se prêtaient de bonne grâce à son désir, et chacun se retirait ensuite le cœur content. Les relations ainsi formées entre le vieillard et ses jeunes amis se continuaient quelquefois par correspondance, lorsque ceux-ci avaient terminé leurs cours et quitté Caen. »

Exempt d'infirmités graves, Lamare passa en paix ses dernières années dans la situation que la Providence lui avait faite et qu'il acceptait avec une sincère gratitude. Sa fin répondit aux dispositions de sa vie entière. On croit qu'il mourut vers 1832, ayant plus de 80 ans. Quoique ses hôtes l'eussent à leur charge, ils le regrettèrent comme s'ils avaient perdu un parent ou tout au moins un ami dévoué. Très discret dans sa conduite, il ne cessait de faire entendre combien il eût été heureux de pouvoir, par des actes, leur témoigner sa reconnaissance. Tel fut l'homme dont nous allons maintenant analyser rapidement les travaux.

Nous avons dit que Lamare a laissé plusieurs manuscrits. En première ligne, il faut citer son *Pouillé du diocèse de Bayeux* (1). L'histoire de ce *Pouillé* mérite une mention

(1) Il existe au moins cinq copies du *Pouillé* de Lamare, trois de sa main et

spéciale. En 1744, M. Tournières, curé de May-sur-Orne, auquel Lamare consacre une note assez longue dans son *Mémorial*, essaya de composer un *Pouillé du diocèse*. Il avait réuni le résultat de ses recherches dans deux tableaux, malheureusement incomplets. Lamare, qui avait eu connais-

deux autres faites, la première par M. Méritte-Longchamps, et la seconde par M. le chanoine Guérin.

1° Bibliothèque du chapitre de la cathédrale de Bayeux. — *Pouillé, ou Catalogue général de toutes les églises, chapelles et bénéfices ecclésiastiques du diocèse de Bayeux. Divisé en quatre parties... Écrit à l'abbaye de Fontenay, près Caen, l'an 1785.* Ms. in-12, relié en veau ; 4 pages de dédicace à Mgr de Cheylus, et 182 feuillets, y compris le titre et la préface. Sur la garde, on lit : *Ex libris J-.C. Lamare, diocesi Bajo. secretarii, an. 1818;* et plus bas : *Donné à M. Guérin, chanoine secrétaire de l'évêché de Bayeux, par M. Lamare, curé de Port-en-Bessin.* Étaient-ils parents de notre chroniqueur ? Nous n'avons pu en avoir la certitude.

Copie du précédent, faite par M. l'abbé Guérin en 1842. Ms. 197, XIXᵉ siècle ; papier ; 181 pages ; 0ᵐ034 × 0ᵐ023 (Catalogue des manuscrits de la bibliothèque du chapitre de Bayeux, par M. l'abbé Deslandes.)

2° Bibliothèque de la ville de Caen. — *Pouillé, ou Catalogue historique et général de tous les bénéfices, églises et chapelles du diocèse de Bayeux. Divisé en quatre parties... A l'abbaye de Fontenay; 1786.* — Ms. 43, in-8°, papier, relié en veau ; 500 pages, 1 page de titre et 4 pages blanches non numérotées. La table se termine au f° 503 ; 35 pages numérotées sont restées blanches à la fin du volume. Sur la garde, on lit cette mention : « Donné à M. P.-A. Lair par M. de la Mare, maître d'écriture à Caen, le 19 mai 1820. Il est l'auteur de cet ouvrage. M. de la Mare a demeuré à l'abbaye de Fontenay. »

Copie du précédent, faite par M. Méritte-Longchamps. Ms. 119, in-4°, papier, relié en parchemin ; 414 pages.

3° Collection Mancel. — *Pouillé de Bayeux. Pulliacum Bajocense. Contenant l'histoire de l'état actuel des bénéfices, églises et chapelles des ville et diocèse de Bayeux, à commencer par l'église cathédrale. Divisé par doyennés... Écrit à l'abbaye de Fontenay, près Caen, l'an 1784 et années suivantes.* Ms. 109, in-4°, veau ; 630 pp., papier. Après le titre, on a relié deux lettres autographes : 1° Lettre de Lamare à Mgr de Cheylus, pour lui offrir son ouvrage, datée du 18 janvier 1786, à Fontenay. 2° Lettre de Dom Gouget, pour recommander le travail de Lamare à Mgr de Cheylus, datée du 20 janvier 1786, à Fontenay.

La collection Mancel possède aussi un autre manuscrit de Lamare : c'est une copie d'un recueil de notices rédigées par un des prêtres insermentés qui furent détenus, en 1793 et en 1794, d'abord aux Nouvelles Catholiques, et ensuite au Couvent des Carmes, à Caen. — Ms. 88, in-4°, papier, cartonné ; 78 pages, sans titre ni table. Classé sous le titre : *Biographies normandes.* Plusieurs de ces biographies ont paru dans la *Semaine Religieuse.*

sance de ces tableaux en 1776 et qui s'était déjà occupé de
recherches en ce sens, résolut de reprendre le même
travail, en profitant des notes laissées par le curé de May.
Il se mit sérieusement à l'ouvrage en 1778. Il y avait huit
ans qu'il travaillait à son *Pouillé*, quand Mgr de Cheylus,
suivant en cela les instructions qui avaient été données aux
évêques dans l'Assemblée du clergé de 1785, demanda
aux curés et aux prêtres de son diocèse des renseignements
sur les paroisses et les revenus ecclésiastiques.

Lamare pensa qu'il ne pourrait trouver un moment plus
favorable pour présenter au prélat le fruit de son travail,
qui, cependant, n'était pas complètement terminé. Il le
recopia à la hâte et le fit relier en un petit volume in-12,
pour l'offrir à l'évêque. Le 17 janvier 1786, il envoyait
son livre à Mgr de Cheylus, avec une lettre dans laquelle
il lui disait « qu'il regardait comme un devoir de lui présenter le fruit de ses recherches personnelles », qui pourraient servir à son dessein. « Je les ai faites, disait-il,
depuis huit ans, au sujet d'un *Pouillé, ou Catalogue détaillé
des églises et bénéfices de tout le diocèse de Bayeux*,
auquel je travaille. » Cette première copie porte une dédicace autographe à Monseigneur et fait aujourd'hui partie
de la bibliothèque du chapitre de Bayeux, où elle a été
déposée par M. l'abbé Deslandes, qui l'avait trouvée dans
les greniers de la maison habitée par M. le chanoine Guérin, il y a quelques années.

Le 27 janvier suivant, Dom Gouget écrivait aussi à Mgr
de Cheylus: il lui recommandait l'œuvre de son protégé,
qui lui faisait la lecture trois fois par jour. « La nécessité
de lire, ajoutait-il, lui a donné un goût pour l'étude, à
laquelle il se livrerait avec excès, si je n'avais pas l'attention
de le retenir. » Et plus loin, parlant de l'auteur, il disait:
« Il travailla pendant huit ans (à son *Pouillé*) avec une

ardeur infatigable, soit en se transportant sur les lieux pour vérifier les faits et acquérir de nouvelles connaissances, soit en entretenant une correspondance avec les bénéficiers les plus instruits, soit en consultant les titres originaux et les auteurs, tels que le *Gallia Christiana*, M. Huet et autres qui ont donné quelques notices relatives à son objet ; de sorte que son petit ouvrage, quoique non exempt peut-être de fautes, est un des plus exacts et des plus méthodiques qui ait paru en ce genre. J'ose espérer, Monseigneur, que Votre Grandeur, après s'en être fait rendre compte, voudra bien l'honorer de son approbation et permettre à l'auteur de le rendre public. »

Chose bizarre, malgré l'évidence, Mgr de Cheylus ne répondit pas à Lamare, mais bien à Dom Gouget. Dans sa lettre, assez peu encourageante, il affectait de regarder ce dernier comme le véritable auteur du *Pouillé*. Justement ému, notre auteur écrivit aussitôt à l'évêque, en revendiquant ses droits : « Le *Pouillé* que j'ai eu l'honneur de vous envoyer il y a trois semaines n'appartient point à M. l'abbé Gouget, mais à moi. J'en suis seul auteur. Voilà près de dix ans que j'y travaille, faisant des recherches de tous côtés, sans épargner ma bourse, quoique je n'aie pas de fortune. C'est ce que je peux prouver par plus de cinquante lettres que j'ai reçues de bénéficiers et autres à qui je me suis adressé, sans compter ceux qui ont gardé le silence et qui sont en bien plus grand nombre. Je me suis engagé dans ce travail ingrat et difficile dans la vue d'être utile, et j'ai été encouragé dans cette idée par des personnes instruites. » Il finissait en disant : « Mon unique dessein a été de vous demander, Monseigneur, la permission de faire imprimer mon ouvrage, dans le cas où Votre Grandeur le trouverait utile, après l'avoir fait examiner. » Dom Gouget écrivit, de son côté, pour confirmer la vérité des déclarations de Lamare.

Malgré toutes ces preuves, Monseigneur garda le silence. Las d'attendre, Lamare se décida à aller, le 3 mars suivant, demander une audience à l'évêque, qui le reçut froidement et ne lui répondit que ces mots en le congédiant: « Ne craignez point: il n'arrivera rien de fâcheux à votre ouvrage. Ce sera bien fait de le corriger. Je vous renverrai votre livre de Paris par quelque occasion. » Le volume était en effet à Paris, où il resta encore un certain temps. Plus tard, Mgr de Cheylus le lui fit renvoyer purement et simplement, sans un mot d'approbation ou d'encouragement. « C'est ainsi, ajoute philosophiquement l'auteur, qu'il a accueilli mon *Pouillé*, que je vais tâcher d'achever le plus tôt que je pourrai, pour m'en arranger avec un imprimeur. »

Déçu, mais non découragé, il se remit au travail et ajouta de nombreuses notes à son œuvre. Il réunit plus tard toutes ses recherches et additions dans un volume in-4°, qui est actuellement à la Bibliothèque de Caen (collection Mancel). Son *Pouillé* a été souvent consulté et cité. M. l'abbé Laffetay, dans son *Histoire du diocèse de Bayeux*, rend hommage à l'auteur et reconnaît qu'il y a trouvé d'utiles renseignements. C'est également à lui que M. de Caumont a emprunté une grande partie des indications historiques contenues dans les trois premiers volumes de la *Statistique monumentale du Calvados* (1). Cependant cet ouvrage qui est, en effet, un document de premier ordre et digne du

(1) En 1866, M. L. Sandret entreprit une publication intitulée: *L'ancienne Église de France, ou l'État des archevéchés et évêchés de France avant la constitution civile du clergé*. Paris, Dumoulin, in-8°, 1866.

Pour le diocèse de Bayeux, il reconnaît qu'il se servit très utilement « des indications fournies par le grand *Pouillé* manuscrit de Bayeux, de Lamare, conservé à la Bibliothèque de la ville de Caen ». Ajoutons qu'il rend hommage à l'obligeance avec laquelle M. Julien Travers avait bien voulu lui fournir tous les renseignements nécessaires.

plus grand intérêt, ne vit pas le jour. Lamare chercha-t-il vraiment, comme il le dit, un éditeur? Nous croirions plutôt que, dégoûté par le dédain qu'on avait montré pour son travail et craignant de le voir mal accueilli, il renonça à son projet (1).

Il avait aussi le grand tort d'être au service de Dom Gouget, mal noté en haut lieu, et de partager avec beaucoup d'autres, il est vrai, ses théories jansénistes. La situation de celui-ci, considérablement amoindrie, ses continuels mémoires *urbi et orbi*, n'étaient pas faits pour lui attirer la bienveillance de l'évêque et le rendre favorable à son protégé. Cette mauvaise impression ne s'effaça jamais entièrement. Beaucoup plus tard, Lamare essaya de repousser cette accusation de jansénisme et écrivit en ce sens, sous la Restauration, à l'évêque de Bayeux. Au temps dont nous parlons, cela lui eût été difficile ; son *Mémorial* en fait foi. N'y lit-on pas des réflexions comme celle-ci, à propos de la persécution qu'avait à supporter l'abbé Lentaigne, curé de Saint-Sauveur, janséniste fort aimé de ses paroissiens : « Quant aux qualifications de *jansénisme*, dont se servent les ignorants pour rendre les gens de bien odieux, les personnes instruites et impartiales savent quel cas il en faut faire. » Et plus loin, à propos d'une condamnation encourue au bailliage par le curé et le sacristain de Saint-André pour les obliger à sonner l'*Angelus*, Lamare conteste la tradition et écrit : « Je dis *tradition humaine*, parce qu'elle a été établie par des gens reconnus pour

______

(1) Lamare a aussi copié un Recueil de notes rédigées par l'un des prêtres insermentés détenus, en 1793 et 1794, d'abord aux Nouvelles Catholiques, puis au Couvent des Carmes, à Caen. (Ms 88, col. Mancel, in-4°, papier.) Ce recueil, intitulé : *Biographies de Normandie*, fournit de nombreux détails sur ces prisons et les prêtres détenus. Quelques fragments en ont été publiés dans la *Semaine Religieuse*, en 1879.

méchants et qui faisaient consister la religion dans des
pèlerinages et autres pratiques indifférentes qui ne changeaient pas le cœur. Je dis *pharisaïque,* parce que
l'enthousiasme que l'on met à la soutenir de préférence aux
S. S. Canons, que l'on abandonne de plus en plus, ressemble au zèle hypocrite des Pharisiens, tant condamné par
Jésus-Christ. » Pour l'intelligence de ceci, il faut ajouter
que le jugement se basait sur une vieille ordonnance de
Louis XI, qui prescrivait de sonner l'*Angelus* trois fois par
jour. Ce jugement singulier, qui condamnait le sacristain à
42 livres 16 sols d'amende et qui avait occasionné des
dissensions très vives dans la paroisse, avait été rendu à la
requête d'un membre du conseil de la fabrique, M. de la
Croix-Hermerel, confiseur à Caen et notable à Saint-André,
par M. Bertrand de l'Hodiesnière, procureur du bailliage
de Falaise.

D'ailleurs, sur cette question du *jansénisme* qui divisa
l'Église pendant le XVIIIᵉ siècle, il faut reconnaître que la
ville de Caen et le diocèse comptaient de nombreux partisans
de cette doctrine. Sans remonter aux pieux fondateurs de
l'Ermitage, aux Cally, aux Guillebert, aux Bernières, et
autres adeptes marquants, jamais, dans notre ville, l'esprit
janséniste ne s'éteignit. Jusqu'en 1789, plusieurs curés
professèrent ouvertement ces théories, et si Mgr de Rochechouart et Mgr de Cheylus furent pour eux des adversaires
qui les poursuivirent avec la dernière énergie, en revanche,
parmi les évêques précédents, certains leur avaient donné
un appui sympathique et non dissimulé. A cette époque,
l'adepte le plus signalé du parti était l'abbé Lentaigne,
curé de Saint-Sauveur, prêtre de haute valeur et de grande
vertu, qui émigra plus tard et mourut vicaire général à
Dublin. Il était fort aimé de ses paroissiens et entretenait
des relations d'amitié avec Dom Gouget, ainsi qu'en

témoignent plusieurs lettres que Lamare avait copiées dans ses cahiers.

Mgr de Rochechouart, qui le détestait, lui fit subir une longue persécution. Il la supporta avec un calme admiré même pas ses adversaires, qui se réconcilièrent plus tard avec lui. Ses vicaires lui furent enlevés ; on lui défendit de confesser les fidèles des autres paroisses de la ville ; l'interdiction de prêcher au dehors lui fut signifiée ; enfin, sur les instances de l'évêque, le ministre Bertin lui intima l'ordre de se rendre à Paris, où sa conduite devait être examinée. On l'y retint plusieurs mois, mais l'on ne put rien prouver contre lui. Il fut renvoyé dans sa cure, où il rentra au milieu des manifestations de joie de ses paroissiens. Lamare s'est fait l'écho de cette réception par une longue pièce de mauvais vers, que nous n'avons pas cru devoir reproduire.

Le curé de Saint-André, qui était un de ses meilleurs amis et dont il fréquentait beaucoup l'église, partageait aussi les mêmes doctrines. Il suffit, pour s'en convaincre, de parcourir le *Mémorial ;* il se laissait parfois entraîner assez loin, car, à propos de l'invocation des saints et du respect dû aux images, il alla, dans un prône, jusqu'à blâmer les pratiques des pèlerins qui s'adressent aux statues, et notamment à la statue de Notre-Dame de la Délivrande, « à laquelle ils font toucher chapelets, livres et images », ce qui, selon lui, n'était qu'une pratique superstitieuse et qu'on devait condamner.

En ces matières, il était certainement d'accord avec son voisin, Dom Gouget, car les idées de ce dernier renchérissaient encore sur celles du curé de Saint-André. Il avait, surtout, certaines théories religieuses qui devaient paraître fort suspectes aux orthodoxes. Voici, en effet, le passage d'une lettre qu'il écrivait, le 31 octobre 1786, au comte de

Mercy-Argenteau, ambassadeur d'Autriche, espérant mieux réussir auprès des Allemands, « qui avaient les idées plus larges », qu'auprès de ses compatriotes. « Il y a plus de soixante ans, dit-il, je résolus d'examiner les points de division entre nous et MM. les protestants. Car, jusqu'alors, il m'avait semblé trouver, dans la pluspart de nos controversistes, plus de préjugés, de passion et même d'intérêt, que de recherche de la vérité et de solidité dans leurs preuves et dans leurs raisonnements. » Et, après avoir discuté la présence réelle dans l'Eucharistie, il ajoute : « Mais je n'arrivai pas à croire que Jésus-Christ soit vivant dans ce sacrement et que sa personne soit toute entière sous l'une et l'autre espèce. »

Une autre fois, le 15 septembre 1787, il proposait à Mgr de Brienne, archevêque de Toulouse et premier ministre, un plan de réformes sur les couvents et la suppression du plus grand nombre. S'il y avait des vérités dans ses *Mémoires,* il faut avouer que ces vérités n'étaient pas bonnes à dire et n'avaient guère de chance d'être écoutées. Ses observations, « qui ne pouvaient, écrit-il, que le rendre odieux au commun des mauvais moines, l'avaient rendu, depuis plus de quarante ans, suspect à ses supérieurs, qui avaient sollicité contre lui des ordres violents auprès de M. le chancelier d'Aguesseau », sollicitations qui n'avaient pas abouti, puisque cette famille l'avait, au contraire, protégé. Il n'avait, malgré la levée de son opposition, jamais accepté la réforme de Saint-Maur, contre laquelle il s'élevait avec une persévérance digne d'un meilleur sort. Il pensait même à remettre l'abbaye de Fontenay « dans la bonne voie »; il en sollicitait la permission auprès du ministre : « J'ose plus, Mgr, disait-il, et, quoique sur le bord du tombeau, j'ose croire qu'étant autorisé par Votre Grandeur, je pourrai rassembler en peu de temps à Fontenay, une

communauté qui y remettrait en vigueur la profession
monastique, au lieu et place de cinq religieux de Saint-
Maur, qui, je le dis avec peine, n'honorent ni leur état, ni
assez l'Évangile. Je pense, au surplus, Mgr, que toute autre
permission serait inutile, parce qu'il ne s'agit pas d'instituer, ni une congrégation, ni une communauté nouvelle,
mais de rétablir l'ancien ordre dans celles qui sont légitimement établies. »

Dom Gouget mourut en 1790 ; il put voir combien était
dangereuse la voie où, de très bonne foi, nous n'en doutons
pas, il aurait voulu entraîner l'État et le Clergé. Nous voici
loin du jansénisme et des infortunes du *Pouillé* de Lamare.
Quoi qu'il en soit de ces questions qui devaient bientôt
disparaître dans la tourmente révolutionnaire, il est certain
qu'elles eurent une influence décisive sur le sort du travail
de notre chroniqueur. Il se consola probablement de son
échec en se livrant avec plus d'ardeur à ses recherches
favorites.

II

Nous avons dit qu'il a conservé le texte d'un grand
nombre d'inscriptions. Son *Mémorial* contient, en effet,
toutes celles qui étaient encore lisibles, de son temps, dans
l'église de l'abbaye de Fontenay ou sur les bâtiments qui
en dépendaient. L'une d'elles, en lettres gothiques très
ornées du XVIᵉ siècle, devait indiquer la maison des hôtes
et était très bien conservée sur le linteau d'une des fenêtres
de l'habitation d'un religieux, M. Poulain de Valendré,
secrétaire de l'abbaye.

A Caen, il avait copié fidèlement l'épitaphe de Nicole Langloys, « inscription que l'on voit écrite, dit-il, sur du vélin, enchâssée dans le cinquième pillier, du côté de l'Évangile, de la nef de l'église Saint Pierre de Caen, et un verre devant, pour la conservation de ladite inscription et pour empêcher l'effet de l'eau et de la poussière qui pourrait effacer les lettres ». Cette épitaphe du trésorier de Saint-Pierre, qui fit bâtir la tour si admirée de tous, n'était elle-même que la copie d'une précédente inscription.

Ce document, qui se trouve aujourd'hui dans la sacristie de l'église, tel que l'a décrit Lamare, avait été égaré pendant la Révolution. Il fut retrouvé au commencement du XIXe siècle, sans éveiller toutefois l'attention des archéologues. Déjà cependant, vers 1843, M. du Feugray l'avait copié; il en avait, dès lors, signalé les variantes, avec le texte de M. de Bras, dans un travail manuscrit qui se trouve à la Bibliothèque de Caen. Plus récemment, la Société des Antiquaires avait intégralement publié cette inscription dans le tome V de son *Bulletin* (1869), d'après une copie de M. l'abbé Hugot, curé de Saint-Pierre, qui l'avait prise au mois de mai 1865.

Outre la copie du *Mémorial*, Lamare avait aussi inséré le texte de cette inscription dans les différents exemplaires de ses *Pouillés* manuscrits. Il n'avait pas suivi fidèlement l'orthographe du vieux parchemin de Saint-Pierre, mais son texte reproduit exactement l'épitaphe.

La variante constatée depuis longtemps dans la terminaison de deux vers, à la fin, était très importante. M. de Bras, par suite d'une erreur ou d'un faux document, avait substitué au véritable texte deux membres de phrase absolument inexplicables et une date inadmissible. De nos jours, la lumière s'est faite sur cette question, et la copie de Lamare, écrite en 1780 et venant à l'appui d'autres recherches, n'en a acquis que plus d'importance (1).

Il avait, en même temps, pris copie des inscriptions concernant les familles Malherbe du Bouillon, Le Clerc, de Cauvigny, Fillastre, avec des renseignements que l'on retrouvera dans ses notes. Nous y rencontrons également les épitaphes de MM. Dupont et Bridel, curés de Saint-Martin de Caen, de l'abbé Hermant, curé de Maltot (2), l'historien bien connu, et d'autres dont l'énumération nous entraînerait trop loin.

Lamare ne voyageait guère cependant ; tout au moins nous parle-t-il peu de ses déplacements. Quelques voyages à Bayeux et autour de Saint-André lui suffisaient, retenu qu'il était par son service auprès de Dom Gouget. Une fois, chose rare ! il partit pour Évreux, — il ne nous dit pas à quelle occasion, — et fit un léger détour pour aller revoir le village où il était né, Buray, auprès de Conches. C'était à la fin de mai 1780. Il fait le récit de son voyage jour par jour, intéressant par les détails qu'il fournit sur les différents endroits traversés. Il donne l'itinéraire avec l'indication des distances, itinéraire qui ne diffère pas sensiblement de la route qu'on suivrait aujourd'hui.

S'il voyageait peu, il assista, en revanche, au passage à Caen de l'empereur Joseph II et du roi Louis XVI. Ses relations sont intéressantes et vécues ; l'anecdote y tient sa place, et il entre dans des détails curieux et peu connus.

---

(1) Conf. à ce sujet une étude de M. Raulin, *Bulletin de la Société des Antiquaires*, t. XX, p. 435.

(2) Lamare a copié l'inscription sur la pierre tombale elle-même, ainsi qu'en témoigne la disposition des lignes, mises dans l'ordre où elles étaient placées. Mais il a dû faire une erreur de copie en écrivant MDCCXXVI au lieu de MDCCXXV, pour la date du décès. Tous les biographes font mourir Hermant en 1725, et l'abbé Béziers, qui reproduit l'inscription, sans toutefois la disposer comme elle était sur la pierre, a bien écrit MDCCXXV.

Ce fut le 10 mai 1777 que Lamare fut témoin de l'arrivée à Caen de l'Empereur. Il eut soin de recueillir les souvenirs que laissa de son passage ce monarque trop libéral pour son époque, et dont les manières déconcertaient quelque peu les seigneurs habitués à l'étiquette et aux usages de la Cour. Joseph II, ennemi du faste et des réceptions officielles, arriva à Caen *incognito*. Il voyageait dans une berline fort ordinaire, de sorte qu'il passa, sans être aperçu, devant le détachement du régiment de Mortemart, chargé de le signaler au village de Clopée, et devant le colonel et l'état-major, réunis à son intention sur la place des Casernes. Aussi ne s'arrêta-t-il qu'à Saint-Pierre. M. de Mortemart et ses officiers, revenus de leur méprise, furent obligés de courir à pied jusqu'à ce carrefour pour lui présenter leurs hommages.

A Villers-Bocage, où il coucha, il lui arriva une petite aventure que Lamare conte dans tous ses détails. L'auberge choisie par le Prince était pleine ; la chambre qui lui convenait était occupée par deux dames. Grand embarras ! après quelques pourparlers, elles cédèrent leur chambre au royal voyageur, qui put ainsi coucher ailleurs qu'au grenier. Ceci nous vaut une description de la façon dont Joseph II faisait installer son lit de voyage. « On fit ôter, dit-il, toute la literie ; on mit de la paille neuve dans une paillasse et, par dessus, un sac de cuir de chamois qui était en forme de matelas qu'on emplit de vent comme une vessie, et un traversin de même » (1). Le lendemain matin, nouvel inci-

---

(1) Nous lisons dans les Mémoires de la baronne d'Oberkirch, l'intime amie de la czarine Marie Féodorowna, les lignes suivantes qui confirment les détails donnés par Lamare. La baronne avait eu l'occasion de voir plusieurs fois l'empereur Joseph II. « C'était, dit-elle, un prince étrange et peu fait pour occuper une pareille place dans un siècle comme celui-ci. Il voulut combiner le passé et l'avenir et il manqua les deux buts. Ses habitudes et sa vie ne ressemblaient à celles de personne. Il couchait sur une paillasse recouverte d'une peau de cerf ; ennemi

dent avec l'aubergiste : celui-ci, renseigné sur la qualité de son client, ne voulait rien accepter. Joseph II, naturellement, voulait payer son écot, et il fallut finalement forcer le trop généreux hôtelier à accepter une gratification. Si cet assaut de courtoisie pouvait se voir au XVIIIe siècle, pareil débat n'aurait aucune chance de se reproduire au nôtre.

Il assista également, le 22 juin 1786, au passage, à Fontenay et à Caen, du roi Louis XVI, qui avait pris la route d'Harcourt. Le Roi s'arrêta quelques instants à Saint-André, et Lamare en profita pour offrir à Sa Majesté un quatrain dont le mérite poétique résidait surtout dans l'intention. La façon dont il fit présenter ses vœux est assez originale : « A l'occasion du passage de S. M., dit-il, j'ai composé quatre vers que j'ai écrits en grosses lettres sur un carton, lequel j'ai bordé de ruban de soie rouge ; ensuite, je l'ai environné de roses tout autour, avec une couronne des mêmes fleurs et plusieurs autres dessus. Enfin, l'ayant attaché en forme de bannière *à ma canne*, je l'ai fait porter sur le passage du Roi par Joseph Cagny, âgé de sept ans et demi et nous avons tous crié : *Vive le Roi !* S. M. ayant jeté un coup d'œil sur mon carton, se l'est fait apporter par un de ses gardes, et je ne l'ai plus revu. Ma canne seule m'a été rendue. Voici le quatrain :

> O Roi qui passez par nos champs,
> Toujours heureux et plein de gloire,
> Dans la paix ou dans la victoire
> Vivez : c'est le vœu des Normands !

du faste, ce qui, jusqu'à un certain point, n'est pas une qualité dans un souverain, il est de l'abord le plus facile, recherche la franchise et la vérité, souffre qu'on la lui dise sans voile et sans prétexte. Il est, du reste, très fin et d'une pénétration merveilleuse. Son costume est l'uniforme d'un de ses régiments : vert, parements et petit collet rouges, veste et culotte chamois. D'autres fois, il ne porte qu'un simple habit de drap. »

Je n'ai vu, ajoute Lamare, S. M. que sur la route d'Harcourt, pendant quelques secondes ; je m'attachai à son
visage auguste qui était tourné en face de moi et sa physionomie riante, bonne et majestueuse, a de quoi inspirer le
respect, la confiance et l'amour. »

Louis XVI, dans ce premier trajet, ne s'arrêta pas à
Caen, qu'il ne fit que traverser : il alla déjeuner à Sainte-
Croix, où il mangea à l'auberge (1). Il signala même son
passage par un trait, de bonté que Lamare a eu soin de
noter. Pendant son repas, le Roi apprit qu'une jeune fille
qui le servait ne pouvait se marier, parce que ses parents
ne possédaient pas la modeste dot que réclamait la famille
du garçon. Louis XVI lui fit remettre aussitôt 500 livres
qui levèrent la difficulté, et partit, accompagné par les actions
de grâces villageois (2).

Quand, à son retour, le 26 juin, le Roi repassa par Caen,
où il s'arrêta et coucha à l'hôtel d'Harcourt, Lamare était
parmi les spectateurs qui bordaient les rues par où devait
arriver le cortège, et il fut témoin de l'enthousiasme des
habitants. Le Roi alla voir les travaux qu'on faisait du côté

(1) Louis XVI, qui avait dîné la veille chez le duc d'Harcourt, avait refusé de
s'arrêter à Bayeux, où Mgr de Cheylus avait sollicité la faveur de lui offrir
l'hospitalité. Trop enclin au luxe et surtout à la passion du jeu, ce prélat, dont
les habitudes somptueuses et le faste exagéré furent rachetés plus tard par une
mort en exil, avait déplu au Roi, qui voulait une conduite plus simple et plus
épiscopale. Malgré ses hautes protections (il était premier aumônier de la comtesse d'Artois), Mgr de Cheylus dut s'absenter de son évêché. Quand le Roi
s'arrêta sur la place Saint-Patrice, à Bayeux, le Chapitre de la cathédrale s'y
trouvait seul. Toute harangue avait été interdite.

(2) A ce trait de bonté, on peut ajouter celui-ci : Quand le Roi eut traversé .
Bayeux, une vieille femme alla l'attendre sur la grande route. Elle voulut absolument le voir et lui parler ; les gardes la rebutaient et la chassaient. Cette
femme, apercevant le Roi, sentit redoubler son courage et, rassemblant toutes ses
forces, jeta un grand cri. Louis XVI l'entendit et, s'étant informé du motif, fit
approcher cette femme et l'embrassa, comme avait fait autrefois le grand Henry
à l'égard d'une pauvre vieille.

de Clópée pour approfondir le cours de l'Orne; il se rendit aussi sur le cours et dans la prairie. En rentrant à l'hôtel d'Harcourt, il s'assit dans le jardin, sous le catalpa devenu légendaire, et qu'on peut voir encore, dit la chronique, au coin de la rue du Hâvre. C'est à ce moment que la noblesse fut admise à lui faire sa cour et que les dames de la ville et des environs lui furent présentées. La presse fut tellement grande pendant toute la journée que Lamare, malgré tous ses efforts, ne put parvenir à voir le Roi.

Louis XVI repartit le lendemain, en laissant 20.000 livres pour les pauvres (1).

Un mois auparavant, le 10 mai, Lamare était aussi présent au passage du comte d'Artois, qui traversait Caen pour se rendre à Cherbourg qu'il voulait visiter ainsi que tous les ports du royaume. Il fut reçu avec tous les honneurs dus à sa naissance; le 29 mai, à son retour, il s'arrêta sur la place des Casernes, où un enfant de six ans vint, tout en pleurs, se jeter à ses genoux et lui demander la grâce d'un déserteur. Le Prince accorda cette grâce, ce qui, paraît-il, contraria beaucoup les officiers du régiment de Mortemart qui prétendaient qu'un exemple était nécessaire et que la discipline en souffrirait.

La famille royale était encore populaire, et il suffit de parcourir ces notes pour voir que l'amour du peuple était sincère et spontané. Bientôt ces sentiments devaient faire place à des soupçons et plus tard à des haines qu'entretenaient des bruits injurieux et des papiers hostiles, répandus à profusion dans toutes les provinces.

Il est facile de suivre dans le *Mémorial* la trace de ces

____

(1) Le 20 décembre suivant, Louis XVI, comme marque de sa satisfaction pour l'accueil que lui avait fait la ville de Caen, envoya son portrait à MM. du bailliage, qui reçurent, en même temps, une lettre de M. de Vergennes.

calomnies et de ces anecdotes, souvent très grossières, qui circulaient dans le royaume, surtout contre la Reine et le comte d'Artois. Lamare les consigne sur ses cahiers, et, certain jour, où la mesure contre la famille royale était outrageusement dépassée, il a soin d'ajouter : « On sent bien que toutes ces anecdotes ne sont pas tirées des papiers publics. » Il eût pu, en effet, se dispenser de la réflexion.

Quelques années auparavant, des troubles fort graves avaient excité en France des craintes sérieuses. En 1775, 1776, et pendant les deux ou trois années suivantes, des bandes de pillards et d'émeutiers s'étaient répandues dans les provinces, prêchant le vol et l'incendie, dévastant les moulins et les boutiques de boulangers, sous prétexte de famine et de spéculation sur les blés. La rébellion avait pris des proportions si considérables que ces brigands vinrent même jusque dans Versailles braver le Roi et la Cour. Il fallut prendre des mesures rigoureuses par tout le royaume. Lamare en a conservé le souvenir: il avait copié les placards affichés à Caen; de plus, les lettres qu'il recevait et qu'il a insérées dans ses cahiers donnent à ce sujet des détails inédits et dont l'exactitude n'est pas contestable.

Ces tristes avant-coureurs d'une crise qui devait bouleverser le royaume étaient dus, pour une grosse part, à la faiblesse du Roi, qui ne sut jamais agir avec vigueur et se laissa glisser, sans avoir le courage de prendre un parti définitif, sur la pente qui devait l'emporter. L'esprit public ne rêvait que réformes ; de tous côtés surgissaient des plans et des projets pour améliorer une situation qui devait aboutir fatalement à la convocation des États généraux. Cependant, Louis XVI, sur les conseils de Turgot, avait essayé de donner satisfaction aux idées nouvelles : nous avons vu quelles résistances s'étaient élevées contre la liberté du commerce des grains ; d'autres tentatives, notam-

ment l'abolition des jurandes et des maîtrises, n'avaient
pas produit l'effet attendu. Cette réforme, qui touchait aux
privilèges d'une partie de la population, fut l'objet de
critiques violentes dont on retrouve l'écho dans le *Mémorial* (1). Une lettre que Lamare reçut de Paris montre bien
les sentiments de résistance et de mécontentement que cette
mesure avait provoqués. D'ailleurs le plan de réformes
élaboré par Turgot tomba avec ce ministre et tout fut remis
en question.

Plus tard, quand, après la guerre d'Amérique, qui,
malgré des apparences de succès plus sentimentales que
pratiques, porta un si grand coup à la royauté, les idées
libérales se furent encore plus développées, les événements
devaient se précipiter. En 1787, l'Assemblée provinciale
s'était réunie à Caen : Lamare en parle longuement. Ces
faits sont connus, mais les détails qu'il donne ne sont pas
sans intérêt ; il était, dit-il, témoin oculaire, au moment de
l'ouverture de cette Assemblée, ouverture qui fut faite par
le duc de Coigny, gouverneur de Caen. La messe fut célébrée à Saint-Étienne avec grand appareil. La musique du
régiment de Vivarais alternait avec les orgues. La veille, il
y avait eu, paraît-il, une grosse contestation pour savoir si

(1) Sur cette question des jurandes, l'abbé Galiani, qui était pourtant un novateur, écrivait à Mme d'Épinay : « Pour ce qui est de la suppression des jurandes,
je le dis à la barbe de tous les raisonneurs à la mode et de tous les économistes,
c'est une bêtise, une faute, une absurdité. On ne connaît pas les hommes. Plus
une chose est difficile, pénible, coûteuse, plus les hommes l'aiment, s'y attachent,
en raffolent. Les ordres religieux les plus austères sont ceux qui ont produit
plus de grands hommes. Rendez les règles des Pères de Saint-Maur ou des
Jésuites aisées, commodes, leur ordre est détruit. Ainsi, je suis persuadé que
M. Turgot a porté le coup fatal aux manufactures de France. Les habiles artistes
sortiront pour la plupart, d'autres se négligeront, et au lieu d'établir l'émulation,
il aura cassé tous les vrais ressorts du cœur de l'homme. » L'abbé était un
original, mais son opinion était celle de la majorité, et la mesure fut mal
accueillie.

elle serait dite dans cette église ou à Saint-Pierre. Après la messe, tous les membres furent, en corps, dîner chez leur président, M. le comte de Balleroy.

L'Assemblée tint ses séances à l'hôtel de ville et se divisa en plusieurs bureaux. Lamare en donne la composition et ajoute quelques remarques à la suite des noms de certains élus.

On trouve aussi, dans les cahiers de notre chroniqueur, des notes sur la fameuse affaire du Collier, dont la réputation de Marie-Antoinette eut tant à souffrir, et sur un procès célèbre qui passionna la province pendant plusieurs années, de 1782 à 1786: le procès de Victoire Salmon. Quelques affaires retentissantes avaient mis le peuple en défiance contre les erreurs judiciaires. Ce procès vint donner à ces défiances un nouvel aliment.

Victoire Salmon était servante, à Caen, dans la famille Huet-Duparc. En 1782, le sieur Huet mourut empoisonné. La justice, en effet, conclut à un empoisonnement par l'arsenic, et, après examen des vêtements de la domestique, dans lesquels on crut retrouver des traces de ce poison, celle-ci fut condamnée, par sentence du bailliage de Caen, le 13 avril 1782, à être brûlée vive. Cette sentence fut confirmée par un arrêt du Parlement de Rouen, le 20 juin suivant.

Heureusement pour cette malheureuse fille, des doutes très sérieux étaient venus à l'esprit de son avocat et de plusieurs autres personnes. Elles intervinrent auprès du ministre avec une telle insistance qu'il donna l'ordre de surseoir à l'exécution. Pendant quatre ans, son avocat, M⁰ Le Cauchois, adressa mémoires sur mémoires aux magistrats, fit démarches sur démarches, et provoqua enfin une revision du procès devant le Parlement de Paris. Cette nouvelle procédure aboutit à la constatation de l'innocence de l'accusée. On avait pris pour des traces d'arsenic des miettes de pain bénit trouvées dans la jupe de Victoire Salmon. De plus, le fils aîné du sieur Huet-Duparc, qui était mort, disait-on, supplicié à Bordeaux, était fortement soupçonné d'avoir commis ce crime.

L'arrêt de revision permettait à la servante de poursuivre ses dénonciateurs, et le procureur du Roi au bailliage de Caen était sommé de les nommer ou d'en répondre en son nom.

Les magistrats du Parlement de Paris la comblèrent de secours : à Caen, elle fut l'objet d'une manifestation sympathique. On lui envoya des sommes assez élevées: « cet exemple, ajoute Lamare, a été suivi partout où Victoire Salmon s'est présentée ; et jamais un acte de justice n'a été reçu avec des applaudissements plus universels. »

III

A côté de ces renseignements politiques ou judiciaires, le *Mémorial* en contient d'autres, parfois tout aussi intéressants, sur la ville de Caen, ses environs, son commerce et les diverses manifestations de la vie privée à cette époque.

C'est ainsi que l'on y trouve des indications nombreuses et très exactes sur les variations de prix du blé, du cidre, de l'orge, de l'avoine, du foin; des viandes de bœuf, de mouton, etc. En 1775, Lamare dressa même une statistique des prix qu'avait atteints le tonneau de cidre de 720 *pots*, depuis l'année 1768 jusqu'en l'année 1775. On y voit que ces variations étaient très fortes et que, de 78 livres le tonneau en 1768, le cidre était monté à 220 livres en 1772, pour retomber à 50 livres en 1775.

En 1786, la rareté et la cherté des pommes avaient fait inventer une recette pour fabriquer une boisson qui y ressemblait et dont Lamare avait bu, à Caen, « chez M. de la Prade, contrôleur des actes ». Il donne la composition de ce breuvage qui ne diffère pas beaucoup des différentes recettes dont on use encore actuellement.

Il parle aussi des vignes; la maturité du raisin subissait souvent de longs retards, ce qui prouve cependant que, dans la région de Bernay, d'où lui parvenaient ces renseignements, elles étaient, à cette date, l'objet de cultures étendues.

Si l'on ne cultivait pas la vigne à Saint-André, une note nous permet de dire qu'on savait au moins en apprécier les produits. Daudet ne connaissait certainement pas le *Mémorial* quand il écrivit sa charmante nouvelle : l'*Élixir du Père Gaucher*. Et cependant, il aurait pu la placer, sans rien sacrifier à la fiction, dans l'abbaye de Fontenay. Si ce n'était le Père Gaucher, c'était son frère en religion et en préparation d'élixirs tentateurs. En effet, au mois d'octobre 1784, un religieux, que Lamare ne nomme pas, « tomba dans une maladie qui lui fit perdre la tête ». Cette maladie lui causait des « accès de phrénésie », pendant lesquels il s'échappait du couvent, probablement par suite d'un besoin impérieux de changer d'air. Mais, où le brave Lamare fait preuve d'une discrétion mélangée de naïveté, c'est lorsqu'il ajoute très sérieusement « qu'on attribue son mal à la vapeur du charbon et *des liqueurs* qu'il faisait depuis quelque temps ». Nous ne savons si, comme pour le Père Gaucher, l'abbaye profita des découvertes de ce moine, martyr d'un nouveau genre. Lamare reste muet sur ce sujet, et il est probable que, dégoûté de ses recherches ou mieux conseillé par ses supérieurs, notre moine renonça aux mystérieuses surprises de l'alambic et de ses *vapeurs*.

A cette époque, la recherche des mines de charbon était
à l'ordre du jour (1). On faisait des sondages un peu partout. On prétendait même trouver du charbon dans des
endroits où il n'en a jamais existé, et la plupart des communes signalées dans le *Mémorial* comme ayant été explo-
rées à ce point de vue ne donnèrent ni alors, ni plus tard,
aucun résultat sérieux. Des particuliers y consacraient
cependant des sommes considérables et se voyaient forcés,
au bout d'un certain temps, à abandonner les travaux. En
1784 et pendant les années suivantes, il se fonda des associations qui tentèrent des fouilles dans les paroisses de
Littry, Étavaux, Troarn, Saint-André-de-Fontenay, May-
sur-Orne et Feuguerolles.

Les résultats furent négatifs, sauf à Littry. Du reste, ce
genre de recherches n'était pas spécial au Calvados; dans
la Manche, des spéculateurs faisaient aussi des fouilles qui
n'aboutirent pas mieux que les précédentes.

On ne recherchait pas que le charbon. Comme dans
toutes les contrées, il existait dans la nôtre certaine histoire de trésor caché qui, jusqu'alors, n'était pas sortie du
domaine de la légende.

Au moment de la révocation de l'édit de Nantes, et
lorsque les protestants, traqués de toute part, cherchaient
à se cacher sur nos côtes pour passer en Angleterre, un
trésor d'une valeur considérable avait été, disait-on, enterré
au village de Lébisey, dans les ruines d'un vieil édifice,
auprès du château qui appartenait aux D^lles de Montmo-

---

(1) Ce genre de travaux était encore dans l'enfance presque partout en France.
L'ignorance où l'on était sur la manière d'exploiter et de découvrir les mines
obligeait d'avoir recours à des étrangers; le gouvernement s'en était préoccupé
et avait fondé, dans ce but, une chaire de métallurgie et de minéralogie à la
Monnaie. Les lettres patentes furent données le 11 juin, et elles furent enregistrées le 8 juillet 1778. Cette chaire eut pour premier titulaire M. Sage, membre
de l'Académie des Sciences.

rency. Ce trésor se composait de deux statues : l'une d'or, représentant Guillaume le Conquérant ; l'autre d'argent, figurant une reine de France. Personne, et pour cause, n'avait encore essayé de retrouver ces statues.

Malgré le peu de crédit que méritaient de pareilles légendes, il se trouva cependant que le subdélégué de Caen, M. Le Paulmier-Duclos, sur des renseignements qu'il demanda à Londres et qui lui furent envoyés, s'associa avec plusieurs de ses amis pour tenter la découverte de ce trésor. Un grand trou fut creusé, une somme importante dépensée, et, au bout de quelque temps, il fallut bien se rendre à l'évidence et reconnaître que les fameuses statues n'existaient que dans l'imagination du public. La situation de celui qui s'était laissé entraîner à cette fouille le signala d'autant plus aux risées de ses concitoyens, qui s'en moquèrent ouvertement.

Ces croyances aux trésors cachés, à l'empirisme et à la sorcellerie n'étaient pas rares alors ; Lamare en cite un exemple curieux, à propos d'une maladie qui s'était déclarée sur les bestiaux d'une paroisse voisine. Les villageois attribuaient cette épidémie aux sorciers et surtout à leur curé, qui avait, disaient-ils, jeté un sort dans leur rivière. Les bruits les plus extraordinaires s'étaient répandus : « On dit, lisons-nous dans le *Mémorial*, que ce prêtre avait demandé à une femme quelques gouttes de son lait et des cheveux de son mari. Cette femme en fit le rapporté à son homme, qui lui persuada de donner au curé du lait de vache et des poils de cheval, ce qu'elle fit. Le prêtre en fit, dit-on, un sortilège qu'il envoya jeter dans l'eau, enjoignant à son commissionnaire de remarquer ce qui allait arriver.

« Celui-ci de retour, son curé lui demanda ce qu'il avait vu. Il répondit : « J'ai vu une troupe de bœufs, de vaches et de chevaux qui se battaient. » Alors le curé dit : « J'ai été trompé ! » et, peu de temps après, il s'est lui-même empoisonné. » Ceci se passait en 1787, et l'on voit jusqu'où allaient encore la sottise et la crédulité dans les campagnes (1).

A Caen, pendant cette même année, était morte une vieille fille appartenant à une famille de négociants estimés, les de la Fosse-Moisson. Leur fille, Jeanne-Victoire, vivait depuis longtemps dans un état de religiosité et d'ascétisme qui l'avait fait vénérer du peuple comme une sainte. On lui attribuait des guérisons miraculeuses. A sa mort, le 24 novembre 1787, la populace se porta en foule au domicile mortuaire pour voir le corps. Il y eut des bagarres et des attroupements tels que les magistrats furent obligés de mettre une garde de miliciens à la porte de la maison et de ne laisser entrer les personnes qu'une à une. Le souvenir des vertus et des mérites de cette pieuse fille a été conservé dans un petit volume assez rare, édité à Caen et à Rouen peu après son décès.

Lamare signale aussi, parmi les faits locaux, l'inondation du mois de février 1783, une des plus fortes qui aient dévasté la ville. Tout le quartier Saint-Jean, la rue Hamon, une partie de la rue Saint-Pierre, la place Royale, les

---

(1) Avant la Révolution et même après, les paysans normands croyaient que la connaissance de tous les secrets de la magie, des sortilèges, des conjurations, appartenaient de droit aux prêtres. C'était une faculté légitimement attachée à leur ministère, dit M. Pluquet, que d'entrer dans le secret de toutes les ruses de Satan. Aussi, quoique les bons prêtres ne fissent usage de leur pouvoir qu'en des cas extraordinaires, ils devaient toujours avoir le grimoire et les principaux livres de magie à leur disposition. On peut lire dans la *Normandie romanesque et merveilleuse*, de M{\super lle} Amélie Bosquet, les invraisemblables légendes et les croyances bizarres qui avaient communément cours dans nos campagnes à une époque encore peu éloignée. Les prêtres, disait-on alors, sont sorciers par devoir ; les bergers, par habitude ; les Juifs, les Italiens, les Égyptiens, par vocation innée. Les *Joueurs de verge d'Aaron*, les *Meneurs de loups*, les *Toucheurs de carreau*, formaient des spécialités et avaient leurs rites à part.

églises des Carmes, de Saint-Jean, de l'Hôpital, des Jacobins, des Jésuites, le champ de foire, etc., étaient submergés. On ne pouvait circuler qu'à cheval ou en voiture ; le commerce fut paralysé pendant quelques jours, et les dégâts s'élevèrent à une somme importante.

Nous pourrions noter encore des détails curieux sur la police des églises et le respect du dimanche (1) ; une sentence bizarre rendue contre le sieur de Beaudre de Saint-Enoux, seigneur d'Airan, qui, dans un placard affiché sur ses terres, permettait à ses vassaux de détruire les pigeons de ses quatre colombiers, mais les invitait cependant « à épargner ceux de ses voisins », placard, dit la sentence, « contraire aux ordonnances et contenant des assertions hazardées » ; la copie d'une lettre naïve, écrite en français du Pollet, par un matelot de Dieppe à sa femme, le soir du combat d'Ouessant ; le singulier cas de rage de M. Dufay, curé de Lacy, près de Vire ; une oraison funèbre des Jésuites, des ponts-neufs et des chansons contre les favorites et les ministres ; et bien d'autres anecdotes. Mais il est temps de terminer cette revue déjà trop longue.

A la fin de son *Mémorial,* Lamare a réuni quelques notes biographiques sur des Normands remarquables à divers titres : Dom Gallis Mesnilgrand, prieur de l'abbaye de Saint-Étienne ; Dom Martin Mauger, bénédictin de la même abbaye ; Pierre Le Cocq, supérieur général de la congrégation des Eudistes ; Alexis de Touchet de Beneauville, curé de Saint-Clair d'Hérouville et petit-fils, par sa

---

(1) Dès 1770, des ordonnances prescrivaient aux cabaretiers de mettre à la porte de leurs auberges tous ceux qui s'y trouveraient lorsque les cloches sonneraient l'heure de l'office. A Paris, en 1736, on avait fait défense d'étaler aucune marchandise le jour de l'Assomption, excepté les chapelets et les images de dévotion. Enfin, en 1788, des amendes étaient encore prononcées au profit du seigneur contre ceux qui avaient bu et mangé au cabaret pendant les vêpres.

mère, de Moysant de Brieux ; Claude Fauchet, l'évêque constitutionnel du Calvados.

IV

Nous avons essayé de donner un aperçu de ce journal qui, comme beaucoup d'autres, servira à faire mieux connaître la vie provinciale en Normandie, et contient, en outre, des copies de pièces et d'inscriptions intéressantes à conserver. Nous avons pensé que ces notes prises au jour le jour, écrites sans prétention par un homme qui s'était fait lui-même, pourraient intéresser les travailleurs, les curieux et les personnes qui aiment à vivre la vie des siècles passés.

Lamare n'était ni un érudit, ni un philosophe. Il aimait le travail pour le plaisir qu'il lui procurait, plaisir qui a été probablement le seul qu'il ait goûté pleinement dans sa longue existence. C'est à lui qu'il dut de traverser des situations pénibles sans s'aigrir et se décourager. Et certes, il vécut à des époques où le travail lui-même n'était pas sans demander une tranquillité d'esprit que les événements ne laissaient guère. Il est regrettable que ses notes sur la Révolution aient disparu. Elles nous auraient certainement intéressé au double point de vue de leur exactitude et de leur sincérité, car on ne peut refuser à Lamare ces deux qualités.

Telles qu'elles sont, celles qui nous restent constituent un document que l'on pourra consulter avec fruit pour les années qui précèdent 1789. Si la grande histoire dédaigne de s'occuper du fait local et de l'anecdote, en revanche, les manuscrits qui les recueillent permettront plus tard de rectifier des erreurs et de conserver des témoignages qui, pour être plus humbles, n'en serviront pas moins à rendre plus facile et plus sûre la manifestation de la vérité.

G. Vanel.

Nous tenons à remercier ici M. Decauville-Lachénée, conservateur adjoint de la Bibliothèque de Caen et de la Collection Mancel, de son inépuisable et amicale obligeance, ainsi que des renseignements qu'il nous a donnés pour cette publication.

Nous adressons les mêmes remerciements à M. E. Travers qui a bien voulu nous aider de ses conseils et de son expérience; à M. l'abbé Le Male et à M. l'abbé Deslandes qui nous ont gracieusement fourni des notes, lettres et documents dont la connaissance nous a été très utile.

MÉMORIAL

DE

MARTIN-PHILIPPE LAMARE

SERVITEUR ET SECRÉTAIRE DE DOM GOUGET,

ABBÉ BÉNÉDICTIN A L'ABBAYE DE SAINT-ÉTIENNE-DE-FONTENAY.

(1774-1788).

MÉMORIAL

AVERTISSEMENT

Quoique ce Mémorial soit assez mal en ordre, je prie celui qui le possédera après moi de ne pas le regarder comme entièrement inutile. Il renferme un abrégé incomplet des nouvelles courantes, tirées des papiers publics depuis 1774 jusqu'en 1776.

Je cessai alors de faire des extraits, parce que je commençai à avoir des gazettes à ma disposition. Le reste est une suite de faits particuliers, plus ou moins remarquables, la plus part relatifs au pays que j'habite (1).

(Sentence de la Police du Bailliage de Caen, qui condamne le nommé Charpin en 3 livres d'aumône envers les pauvres de la paroisse de Lyon et aux dépens de la présente, pour avoir occasionné du scandale et causé du tapage, dans l'église de la paroisse, le jour Pentecôte dernier, lorsqu'on allait dire la messe. Enjoint audit Charpin, ainsi qu'aux habitants de ladite paroisse de se comporter avec

(1) Ainsi que le dit lui-même Lamare, les premières années de son *Mémorial* contiennent surtout des extraits de *Gazettes*. Nous n'avons pas cru devoir les reproduire: nous n'avons conservé que ses notes personnelles, les copies des pièces concernant l'abbaye de Fontenay et les nouvelles de la région.

décence dans l'Église dudit lieu pendant le service divin.)

Le Vendredi, 10 juin 1774, en l'audience de police dudit Caen ; devant nous, Pierre Louis Nicolas de Touchet, E. (1).

Oui le rapport, fait à l'audience, par Me Adrien Bertot, conseiller du Roi, commissaire de police en ce siège ;

Lequel a dit que quelque soin que prennent les pasteurs pour inspirer à leurs paroissiens le respect qu'ils doivent avoir pour les lieux saints et la décence avec laquelle ils doivent y entrer et s'y comporter, il n'arrive que trop souvent que, par mépris pour la religion, on commet des irrévérences dans les Églises, qui scandalisent les fidèles et occasionnent des tapages : que le nommé Jean Jacques Charpin, de la paroisse de Lyon, méprisant les sages instructions qui lui ont été données, s'est avisé par mépris pour la Religion et dans la vue de gagner la gageure de deux pots de cidre, d'entrer le jour et fête de la Pentecôte dernier, avant la haute messe, lorsque le sieur curé s'habillait pour la célébrer, dans l'Église de Lyon, avec un gros bouquet attaché derrière le dos, en haut de son habit, ce qui attira les regards de tous les fidèles, les troubla dans leurs prières, les scandalisa et occa-

---

(1) Pierre-Louis-Nicolas de Touchet, écuyer, sieur de Courseulles, seigneur et patron d'Orbois, avait été installé comme lieutenant général de police en 1772. Le 17 juillet de cette année, il fit son entrée au bailliage, accompagné de la bourgeoisie sous les armes et de la musique du régiment de Navarre. A la suite de désordres et de difficultés à propos du prix du pain, il fut exilé à Haguenau le 4 novembre suivant et revint de son exil le 9 mars 1773, « au grand contentement du peuple ».

sionna beaucoup de bruit dans l'Église, lequel bruit ne cessa qu'après que ledit Charpin eût retiré ledit bouquet de derrière son dos et l'eût mis à sa poche.

Ledit Charpin n'ayant comparu. Sur quoi, faisant droit, nous avons ordonné défaut contre Jacques Charpin, l'avons condamné à 3 livres d'aumônes et aux dépends du commissaire ; de laquelle aumône Charpin sera tenu de représenter quittance au Procureur du Roi dans huitaine, à peine de prison.

Ordonne que la présente sentence sera imprimée et affichée... dont les affiches seront vérifiées par le commissaire Bertot, aux frais dudit Charpin. Les frais du commissaire taxés et liquidés à la somme de 19 livres, 1 sol, 6 deniers : en ce, non compris les droits royaux, impression, affiches, signification à domicile et vérification.

Scellé et contrôlé à Caen, le 12 Juillet 1774.

Par la présente sentence, que je n'ai fait qu'extraire, on maintient la police extérieure de l'Église. On ne saurait, à ce sujet, exécuter les lois avec assez de rigueur, la licence étant aujourd'hui au dernier période, ce qui devient tous les jours d'une dangereuse conséquence. Il serait à désirer qu'on fut toujours aussi exact à veiller à la police de la Religion, à déraciner des abus très préjudiciables et que l'avarice, qui les a introduits, s'efforce encore a présent à maintenir de tout son pouvoir, ne fut ce que les enterrements dans les églises, dont on a déjà vu les funestes effets. — Ce dernier jour de juillet 1774. *Signé:* Lamare.

M. Lenteigne, curé de Saint-Sauveur.

M. le Curé de Saint-Sauveur avait eu un ordre de M. Bertin, ministre, (à l'instigation de M. de Rochechouart, évêque de Bayeux) de venir à Paris, rendre raison de la conduite qu'il avait tenue dans l'Université de Caen (1). C'était pour l'intimider et lui faire dépenser de l'argent à Paris, en l'y retenant par autorité. C'était le dernier effort de M. l'Évêque, qui avait déjà essayé bien des fois de le mortifier par quelque endroit. Il lui avait défendu de confesser les fidèles des autres paroisses qui lui donneraient leur confiance. Il lui avait ôté un excellent vicaire, nommé M. Briouse, après l'avoir interdit de la prédication et lui avoir défendu même de rentrer dans l'Église de Saint-Sauveur, sa paroisse (2).

On lui donna pour successeur un prêtre que M. le Curé a scu se concilier ; de sorte que l'intention de M. l'Évêque a été trompée. Enfin, M. Briouse, victime de M. l'Évêque, à cause de son attachement à son ancien curé, a obtenu la cure de Saint Manvieu, que des gens de bien lui ont fait avoir pour l'indemniser en quelque sorte des affronts que le fanatisme lui avait fait essuïer.

Le vicaire, mis à sa place à Saint Sauveur, ayant eu

(1) Depuis longtemps, M. Lenteigne, accusé de jansénisme, était en butte à l'hostilité de Mgr l'évêque de Bayeux. Dès 1768, il avait été interdit à ses confrères et aux autres prêtres de prêcher, soit le carême, soit des sermons ordinaires, dans l'église Saint-Sauveur.

(2) En 1768, M. Briouze, victime de la persécution exercée contre son curé, avait été envoyé en exil, à 6 lieues de Caen, par une lettre de cachet qu'avait obtenue l'évêque de Bayeux.

aussi une cure, M. l'Évêque en a fait mettre un autre
à son gré, dont on ne veut que du bien. (Il est aujour-
d'hui curé de Parfouru L'Éclin et se nomme Gaugain.)

Le principe de cette haine inspirée à M. l'Évêque
par des fanatiques, contre M. le curé de Saint Sauveur, était son prétendu jansénisme, reproche chi-
mérique, et les efforts multipliés de M. le curé pour
empêcher que, dans l'Université, dont il était Recteur,
on ne soutint des systèmes philosophiques contraires
à la religion et aux bonnes mœurs, tels que *l'état de
pure nature,* etc., etc., auxquelles matières je ne
connais rien, sinon que les gens de bien disaient que
c'était par jalousie et par envie qu'on lui en voulait
auprès de M. l'Évêque.

M. Le Prêtre, qui est un prêtre de Saint Sauveur,
homme plein de mérite et de talent, a eu aussi le
malheur de se faire interdire de la prédication, à cause
de l'attachement qu'il a toujours fait paraître pour
son curé. Ce Monsieur, étant venu une fois trouver
M. le curé de Saint Martin de la même ville, pour lui
demander la permission de dire la messe dans son
église pour le repos de l'âme d'une demoiselle respectable de cette paroisse et amie de M. Le Prêtre,
laquelle était morte depuis peu, ce curé s'en excusa,
sous le prétexte ordinaire d'attachement au curé de
Saint Sauveur, contre la défense de M. l'Évêque,
auquel le curé de Saint Martin était fort soumis à cet
égard. De sorte que M. Le Prêtre eût la honte d'essuïer ce refus et de s'en retourner d'ou il était venu.

Ces divisions schismatiques sont un sujet de scandale pour bien des personnes : heureusement que

ceux de Saint-Sauveur ne sortent pas des règles du devoir. L'objet de la pièce de vers est de féliciter M. le curé de Saint Sauveur sur son heureux retour de Paris, ou MM. Bertin et de Rochechouart n'ont pu rien gagner sur lui, tant sa justification était sage et puissante (1).

M. Jacques Lenteigne, curé de Saint-Sauveur de Caen, naquit à Caen, paroisse de Saint Étienne, le premier may 1731, fils de... Lenteigne et de dame Lehot du Ferrage, marchands de papier, demeurant vis à vis la Belle Croix. Il n'avait pas d'autre nom de baptême que Jacques.

Il fut prêtre, docteur en théologie, ancien recteur de l'Université de Caen et curé de Saint Sauveur de ladite ville.

C'était un prêtre très recommandable par sa science, son zèle, sa sagesse et sa grande piété dans le gouvernement de son troupeau, dans lequel il fut souvent en butte à la persécution des fanatiques, sous le prétexte du jansénisme, qualité odieuse dont ils se sont toujours servis pour calomnier et persécuter ceux qui valaient mieux qu'eux.

Monsieur Lenteigne ayant été obligé de s'expatrier pendant la Révolution française, ainsi que la plus grande partie du Clergé de France, est mort d'apo-

---

(1) Ici Lamare transcrit une longue pièce de mauvais vers français, dont il est probablement l'auteur et dans laquelle se trouve un panégyrique du curé de Saint-Sauveur, de ses vertus et de son dévouement à la religion, malgré les persécutions dont il est l'objet. On y remarque un attachement à toute épreuve pour l'honorable pasteur et pour les doctrines jansénistes, dont il était un des plus fermes soutiens dans la ville de Caen. Nous ne reproduisons pas ces vers qui n'offrent aucun intérêt.

plexie dans son exil à Dublin, le 26 janvier 1802, âgé
de soixante dix ans huit mois. Il y avait 44 ans qu'il
était curé.

A Dublin, il était vicaire général de l'archevêque
catholique de cette ville (1).

MÉMOIRE DE DOM MORRÔSE, POUR SERVIR A L'HISTOIRE DE L'ABBAYE DE FONTENAY.

Les religieux de l'abbaye de Saint Wandrille prétendent avoir donné à celle de Saint Étienne de Fontenay son premier Abbé, vers le 7ᵐᵉ ou le 8ᵐᵉ siècle.
Ils le nomment Gaufride. D'autres disent que Saint
Évremont a fondé ce monastère et en a été le premier
abbé. Ces prétentions sont contredites par les chartes
de fondation et autres anciens monuments qui sont
rapportés au carthulaire de cette abbaye. Tous portent qu'elle fut fondée par Raoul Tesson, aux instances
du Pape et de Guillaume, duc de Normandie. L'année
de sa fondation ne se trouve nulle part marquée, mais
comme il est dit dans ces chartes que Guillaume était
alors Duc de Normandie, sans y ajouter la qualité de
roi d'Angleterre, il faut la mettre avant l'année 1066.

Raoul Tesson, son fondateur, était fils de Raoul

---

(1) Jacques Lentaigne fut nommé recteur de l'Université de Caen en octobre
1762, mars 1763 et octobre 1763. Renommé en 1767, le 25 avril, il donna sa
démission le 29 septembre de la même année. Le registre ms. n° 147, in-f°, de
la Bibliothèque de Caen (à la cote : Généalogie des familles Lentaigne et Le Hot
du Ferrage), contient une longue lettre de M. l'abbé Lentaigne, datée de Dublin
et adressée à ses sœurs peu de temps avant sa mort.

d'Anjou et d'Alpaïs : il avait épousé Albéride, fille du seigneur de Moulins, laquelle ne contribua pas peu à le porter à cette pieuse entreprise. Quelque diligence qu'il eût apportée pour son exécution, il n'eût pas la satisfaction de voir un abbé à la tête de la communauté qu'il avait fondée. Ce fut son fils, nommé Raoul, comme lui, qui lui procura le premier. Il se nommait Gauffride Vasprée. Guillaume le Conquérant, à sa prière, le tira du monastère de Notre Dame de Lyre dont il était moine.

Ce fils du fondateur ne le céda point à son père en zèle pour procurer à cette Abbaye tous les avantages dont avait besoin le nouvel établissement. Non content d'avoir confirmé toutes les donations qu'il avait faites, il en ajouta de très considérables. On en trouve le détail dans un mémoire fait par les religieux de ce monastère, pour en transmettre le souvenir à leurs successeurs. Ce Mémorial est d'autant plus intéressant que les chartes portant l'énumération des dons et aumônes faits par l'un et l'autre, ne subsistaient plus peu de temps après la mort du fondateur et de son fils.

Raoul, fils du fondateur, étant mort assez jeune, laissa pour héritier un fils nommé Raoul Tesson, dont Mathilde, sa femme, fille de Gautier, oncle de Guillaume le Conquérant, fut tutrice. Cette dame, quoique bien intentionnée pour l'abbaye de Fontenay, ne put empêcher quelques barons de travailler à la ruiner. Ils trouvèrent le moyen d'enlever la charte de fondation faite par Raoul Tesson Ier et celle de confirmation faite par son fils. Ils exercèrent plusieurs

violences contre l'abbé Gauffride et sa communauté.
Le Roi d'Angleterre, en étant informé, prit des
mesures pour faire subsister la fondation qui avait
été faite à son instance. Il indiqua une assemblée de
Barons en la ville de Caen, à laquelle il donna pour
Présidents, Richard, vicomte d'Avranches et Guillaume, abbé de Saint Étienne de Caen. Dans cette
assemblée, les Barons jurèrent sur les saints Évan-
giles, qu'ils déclareraient ce qu'ils savaient des donations faites à l'abbaye de Fontenay, par son fondateur.
Quatre d'entre eux, mieux informés que les autres
comme ayant été des principaux officiers de ce seigneur
et de son fils, déclarèrent tout ce qu'ils scavaient. On
en dressa une charte, qui fut confirmée par le Roi
Guillaume et signée par lui, par la Reine Mathilde et
par plusieurs seigneurs.

Jourdain Tesson, fils de Raoul IIIᵉ, fit aussi quelque
bien à cette abbaye ; mais il paraît, par une charte,
qu'il la dépouilla de quelques-uns de ses revenus. Son
fils Raoul Tesson, qui mourut en 1213, confirma
toutes les donations faites par ses ancêtres et y en
ajouta de nouvelles.

Erneiz Tesson, frère du fondateur de cette abbaye,
signala aussi sa piété envers elle, par ses grandes libé-
ralités. Son fils Robert marcha sur ses traces. Ses
descendants continuèrent à lui faire du bien. Cette
branche de la famille des Tesson manqua en la personne de Robert Tesson, VIᵉ du nom, qui, en mourant ne laissa qu'une fille ou une sœur, nommée
Philippine, qui épousa le seigneur Jean de Tourne-
but, qui eût un fils, nommé Gui, marié à Aliénor,

fille du seigneur d'Angerville. Ce Robert Tesson, dernier du nom, fit encore des donations considérables à l'abbaye de Fontenay, aussi bien qu'à celles de Barberi et de Hambie.

Après avoir remarqué ce qui se trouve de plus considérable dans les chartes rapportées au carthulaire de cette abbaye au sujet de ses fondateurs, il convient de marquer la succession de ses Abbés. Le successeur de Gauffride Vasprée fut Hugues : c'était un homme d'une grande piété et d'une vertu éminente; on le nommait le *Vénérable* et *Dieudonné*. Robert Tesson, fils d'Erneiz, frère du fondateur, fit des fondations considérables à cette abbaye en considération de sa vertu.

Depuis Hugues le Vénérable jusques à Alexandre, on ne trouve dans le Carthulaire que les noms de trois Abbés, scavoir : de Herbert ; de Robert de Cusley et d'un autre Robert, dit Robert second. Il y a bien de l'apparence que ces trois Abbés n'ont pas été les seuls qui ont gouverné ce monastère pendant cet intervalle.

Des chartes de 1213, 1215, 1217, marquent Alexandre, abbé de Fontenay.

Des chartes de 1227, 1234, 1241, donnent cette qualité à Raoul. D'autres de 1249, 1261 et 1271, à un nommé Robert.

D'autres de 1278 et de 1283, marquent André. Une de 1288 et 1289 donne le nom de Thomas à l'Abbé qui vivait alors.

Une de 1293, marque Richard, surnommé Septvents. Une autre de 1305 porte que Thomas avait été élu pour Abbé et qu'il n'avait pas encore pris possession.

Dans une charte de 1309, Alain est qualifié Abbé de Fontenay. Dans des chartes de 1334, 1335 et 1337, c'est un nommé Pierre, qui est marqué Abbé. C'est encore un nommé Pierre qui est marqué dans une charte de 1380 ; suivant une charte de 1394, l'Abbé de Fontenay se nommait Jean.

Une charte de 1403 donne l'Abbé, qui était alors du nom de Jean, aussi bien qu'une autre de 1423 et d'autres de 1461, 1464, 1474, 1480, 1484 ; ce qui fait croire que plusieurs abbés du nom de Jean, se sont succédé. Celui qui vivait en 1474, était surnommé Tostain. Une charte marque la mort du dernier, arrivée en 1486. Son successeur fut Laurent Lenou, suivant des chartes de 1491, 1497 et 1499.

Jean Conseil gouvernait cette abbaye en 1504. On trouve encore son nom dans une charte de 1527. C'est le dernier Abbé régulier de Fontenay.

Le Docteur Pierre Duval a été le premier abbé commendataire. Son nom se trouve dans une charte de 1548. Son successeur fut Martin Ruzé, conseiller au Parlement de Rouen ; celui cy eût pour successeur Joachim du Griffon, chapelain de la Sainte Chapelle. A Joachim du Griffon, succéda Thomas Angier ; et à Thomas Angier, Nicolas Fontaine, dont il reste trois procurations de 1582, 1592, et 1593 pour aliéner des biens du monastère à la concurrence de sept cents écus, à laquelle somme il avait été taxé. Il était encore Abbé en 1598.

Charles de Bourbon, archevêque de Rouen, jouissait de cette Abbaye en 1598. Guy Champion, seigneur de la Chaise, et évêque de Tréguier, l'eût après lui. Il eût plusieurs procès à soutenir contre le seigneur de Harcourt qui prétendait se faire reconnaître pour seigneur-fondateur de cette abbaye, comme étant aux droits des Tesson. Mais comme il ne représentait que par acquêt la branche du frère du fondateur, il y eût un arrêt du Conseil qui le condamna et adjugea au Roi cette qualité, comme étant aux droits de Jean Tesson, dont les biens furent confisqués au profit de Sa Majesté, pour cause de félonie.

Monsieur Guillaume Boivin, grand doyen de la Cathédrale d'Avranches et conseiller au Parlement, remplaça Mr Champion. Ses lettres sont du 1er février 1635. Il fit beaucoup de réparations à l'église, ses armes s'y voyant en plusieurs endroits et fut zélé pour la conservation des droits de l'abbaye. Il a été aussi abbé de Montmorel, qui est une abbaye de chanoines réguliers au diocèse d'Avranches.

Fin du mémoire de Dom Morrôse.

Après M. Boivin (1), l'abbaye de Fontenay fut donnée à M. Huet, évêque d'Avranches, et après lui, son parent, M. de Charsigné, en fut Abbé (2). Ce

(1) Guillaume de Boivin de Vaurony, conseiller au parlement de Rouen du 17 janvier 1633 ; chanoine de Rouen et d'Évreux ; abbé de Fontenay en 1649, à la mort de l'évêque de Tréguier ; abbé de Montmorel et prieur de La Roche-Moreton et de Challiac, mourut le 25 janvier 1665. Il fut remplacé par Louis de Beringhem. Lamare corrige son erreur un peu plus loin.

(2) Michel-Gabriel de Piédoue de Charsigné, docteur en théologie de la faculté de Paris, chanoine de Lyon : c'était le neveu de Huet qui entretenait avec

dernier étant mort à Caen en 1775, on l'a donnée à Pierre Jean Charles de Montazet, neveu de M. l'archevêque de Lyon, qui en jouit à présent.

Ce jeune abbé est venu voir son abbaye, pour en affermer les revenus plus de 30.000 livres et faire détruire son jardin, auquel M. de Charsigné a mis plus de 60.000 livres, pour le rendre le plus beau de tous ceux de la campagne de Caen, tant par ses serres, bassins, oiselleries, buis à l'anglaise, bosquets, demi lunes, labyrinthes, etc., etc., pour lesquelles dépenses ledit sieur de Charsigné avait vendu pour 4 à 5 mille francs de bien de son patrimoine. On aurait, de tout cet argent, employé en dépenses purement vaines et inutiles, fait plus de cinquante mariages de pauvres gens qui auraient eu chacun plus de 50 livres de rente. Rien n'est plus capable de nous persuader que ceux qui aiment tant les délices de la vie sont des hommes vains et que les choses qui nous enchantent jusques au point de nous aveugler et de nous asservir aux plaisirs des sens et aux choses extérieures, fragiles, périssables, soumises aux vissicitudes des choses de la terre, qui sont aujourd'hui et ne subsisteront plus demain, et d'y consacrer des sommes immenses, au grand préjudice de la classe indigente de nos semblables, — rien, dis je, n'est plus capable de nous persuader du danger qu'il y a à avoir toutes ses commodités sur la terre ; car on ne peut, dans ce cas, sentir assez les misères des

lui une fréquente correspondance à cause de ses nombreux procès, lorsqu'il se fut réfugié à Paris « après avoir compris trop tard, dit-il dans ses *Mémoires*, qu'autre chose est de jouir de la vue d'un séjour, autre chose de l'habiter ».

autres, ni être assez sensible. Et il est à craindre qu'à la mort il n'y ait plus de félicité à espérer.

Suivant des lettres de clameur révocatoires accordées aux Abbés et religieux de Fontenay, le 19 avril 1450, par le Roi Charles VII, pour par eux rentrer en possession d'un fief, — suivant ces dittes lettres les religieux de cette Abbaye furent réduits au pain et à l'eau, à cause des guerres que nous eûmes avec les Anglais. L'Abbaye fut pillée et on emporta tous les titres et chartes, etc. Ce pays fut le théâtre de la guerre pendant 33 ans.

Les chartes et autres pièces, concernant cette Abbaye, m'ont été prétées par M. Buisson, feudiste de la communauté ; desquelles j'ay tiré les copies cy dessus (1). Le même m'a aussi donné la note suivante, qui est de lui, concernant trois tombes qui sont dans l'église sous les cloches.

« Dans la chapelle de la Vierge, ou sont actuellement les stalles du chœur, il y avait trois grandes tombes de pierre de voidri de May, plantées sur le côté, contre le mur, et qui y étaient, sans doute, du temps que l'on avait fait paver les bas côtés de l'église.

« Ces trois tombes en ont été tirées lorsqu'on y a mis les stalles, au mois de juin 1771, et ont été mises pour paver sous les cloches, devant la porte du sanctuaire.

(1) Lamare profita des communications que voulait bien lui faire M. Buisson, pour copier entièrement le *Cartulaire* de l'abbaye de Fontenay, dont il donne une description p. 170 du ms. 110 (C. M.). Cette copie comprend les pages 11 à 118 de ce manuscrit, qui ne commence qu'à cette même page 11.

« Sur celle du milieu est écrit en gravure dans la pierre, en écriture gothïque :

« Qui Fontaneti pastor quadraginta per annos et septem monacos rexit in pace Johannes Tostain de Maio (1), jacet hoc sub marmore clausus ; transiit œternis civibus cœli sociandus ; anno milleno centum quater, octoque geno, adjuncto sexto, duodena luce novembris per ave. » (1486, 12 novembre.)

« Sur celle du côté nord est écrit comme dessus :

« Cy gist le corps Monsieur Laurens Levon, natif de May, Père Abbé de scéans (2). Prions tant Dieu que son âme le voye au Ciel, où sont ses bons amis scéans de ce siècle. Lessa les resscéants l'an de grâce cinq cent sept après mil, le dixain jour du mois nommé Avril. »

« Et sur celle du côté du midy est aussi escript comme devant :

« Cy gist vénérable religieux Monsieur Jehan Conseil (3), natif de Bayeux ; en son vivant Abbé de scéans trente quatre ans ; Prieur de Manhilreux et de Rouverou ; lequel décéda l'an 1533 le dernier jour de septembre. Priez Dieu pour luy (4). »

(1) Le *Gallia Christiana* porte seulement cette mention : « XXIII ; Michael Tostain : 1525 ; humatur in ecclesia. »

(2) Même ouvrage, à la suite : « XXIV.... Le Von, bajocensis, apud Fontanetum sepultus. »

(3) Même ouvrage, à la suite : « XXV.... Conseil, patria bajocensis, ibidem, in ecclesia tumulatur. »

(4) Dans un article sur les *Carrelages funéraires en Normandie* (*Bulletin de la Société des Antiquaires*, tome XI, 1883), M. de Beaurepaire s'est occupé, d'après la *Statistique Monumentale* de M. de Caumont, de quelques tombes de l'abbaye de Fontenay, détruites depuis longtemps. La première représentait un chevalier revêtu de la cotte de mailles, la tête nue et les mains jointes. La deuxième offrait l'image d'une femme vêtue d'une ample robe longue, retenue à la taille

J'ai tiré toutes les copies précédentes au mois de décembre 1776. *Signé :* Lamare.

J'ai dit immédiatement après le mémoire de Dom Morrôse, que M. Huet a succédé à Monsieur Boivin. Mais M. Buisson m'a instruit qu'après M. Boivin, l'Abbaye de Fontenay eût pour Abbé Jacques Louis de Beringhem (1) ; lequel se maria ensuite et épousa le 14 octobre 1677, Marie Magdelaine Elizabeth Fare d'Aumont. Après lui, ce fut Clair Gillebert d'Ornaison, comte de Chamarande (2), lequel mourut à 78 ans, le 25 janvier 1699. Ensuite ce fut M. Pierre Daniel Huet (3), évêque d'Avranches, lequel mourut chez les Jésuites de Paris, en 1721. Ceci a été tiré de la *Gallia*

par une ceinture. D'après ce qui restait de l'inscription, c'était une D^lle de Brucourt, femme de Raoul Tesson, seigneur de Saint-Vaast et de Fontenay. La troisième, très bien conservée, représentait un ecclésiastique tenant un calice et revêtu d'une chasuble. L'inscription apprenait que c'était la tombe de Guillaume Croisilles, recteur de Saint-Martin-de-Sallen, décédé en 1340, le samedi avant Noël : elle se trouvait dans le milieu du chœur.

(1) J.-Louis de Beringhem, fils cadet de Henry et de Anne de Blé d'Uxelles, succéda à Dom Boivin de Vaurony et démissionna en 1677, pour épouser Marie-Madeleine-Élisabeth d'Aumont.

(2) C.-Gilbert d'Ornaison, comte de Chamarandes, fut le prédécesseur de Huet.

(3) On sait qu'après sa démission d'évêque d'Avranches, en 1699, Huet, dont la mauvaise santé et peut-être aussi la difficulté de concilier sa passion pour l'étude avec les devoirs de l'épiscopat avaient influencé la décision, reçut du Roi, comme retraite, l'abbaye de Fontenay. Il se rapprochait ainsi de son pays et, dans l'effusion de sa joie à cette nomination, il écrivit qu'il rentrait enfin au port de sa vieillesse. Il fit restaurer les bâtiments, aménager les jardins et se plut à pourvoir la communauté de tous les meubles nécessaires. Il y reçut, nous dit l'abbé Laffetay, la visite de Dom Mabillon, qui vint en explorer les chartes et les titres, alors qu'il travaillait à l'histoire des Bénédictins. Mais les déceptions et les contrariétés ne tardèrent pas à fondre sur le malheureux abbé : les « coups de bec et les langues venimeuses de sa chère patrie » ne l'épargnèrent pas. Il fut inondé d'une pluie de procès et tenta inutilement d'introduire la réforme dans l'abbaye. Cette tâche était réservée à son neveu Piédoue de Charsigné, qui lui succéda en 1721.

Christiana, ce qui m'a occasionné de vérifier la suite des Abbés dans cet ouvrage, en la conférant avec celle du Mémoire de Dom Morrôse, et j'y ai vu quelques omissions d'Abbés. D'autre part, on y en trouve qui ne sont pas rapportés dans le Mémoire. On peut recourir audit ouvrage, si l'on veut faire soi-même cette comparaison. Cela fait voir du moins que le Mémoire n'a pas été fait dessus, mais plutôt suivant le Cartulaire de l'Abbaye de Fontenay, dont il est parlé plus haut.

Épitaphe de M. Piédoue de Charsigné, abbé de Fontenay, seigneur et patron d'Héritot, Ernetot et autres lieux.

Voici l'épitaphe de cet Abbé, laquelle est sur sa sépulture en l'église de Fontenay :

« Hic jacet D. D. Michael Gabriel de Piédoue de Charsigné, vir venerabilis et Abbas commendatorius de Fontaneto ; sacræ facultatis Parisiensis Doctor Theologus ; ecclesiæ collegialis Sancti Justi Lugdunensi canonicus et Baro honorarius ; nec non Cleri Bajocensis diocesis syndicus. Aucthoritate regia fultus, unionem abbatiæ Sancti Stephani Fontanetensis aliis congregationis Sancti Mauri monasteriis obtinuit.

« Obiit Cadomi, 24 Janv. anno ætatis suæ 60, Christi 1775. Cujus corpus Fontanetum allatum, terræ mandatum est et quo decebat honore sepultum, die vigesima sexta.

« Requiescat in pace. »

Le cartulaire de l'abbaye de Fontenay était écrit sur vélin, en gothique, nous dit Lamare, qui en copie dix lignes en tâchant de reproduire l'aspect des lettres. Il ajoute :

Cette présente écriture est un peu semblable à celle du Cartulaire de Fontenay. Toutes les lignes dudit Cartulaire depuis la première page jusques à la dernière, sont réglées par un trait bien droit et délié en couleur rouge, qui n'est point de crayon, mais d'une espèce d'encre faite exprès, sur de très beau veslin.

Il y avait à Dozulé un homme qui s'appelait *Salutare*. Le seigneur du lieu, croyant que cet homme était nommé dans la Préface de la Messe, où se trouve ce mot, voulut aussi s'y faire nommer avant lui ; ce qui a donné lieu à la chanson suivante, faite par le curé de Dozulé, pour être chantée sur le ton de la Préface :

« C'est Monsieur de Dozulé qui m'a donné deux acres de son pré, pour être mis avant *Salutare*. Ah ! l'idiot. » (Ces mots font allusion à ceux-ci de la Préface : *Et ideo.)*

Vers dont chaque mot contient une semaine du carême, et la première lettre de chaque mot, celle de l'*Introït* de chaque Dimanche, depuis les Cendres. Les mots du vers sont de sept syllabes chacun, pour faire allusion aux sept jours de la semaine, excepté le premier mot qui n'en a que quatre, parce qu'il n'y a que quatre jours.

Cend.	I Dim.	II Dim.	III Dim.	IV Dim.	V Dim.	VI Dim.
Mors	imperat	regibus :	odiosam	linguam	judicat	dominus
Misereris	Invocabit	Remiminiscere	Oculi	Levate	Indica	Domini

C'est M. Goujet qui me l'a appris, ainsi que le suivant.

Vers scholastique, dont chaque syllabe contient une Épitre de Saint Paul. Il a été fait exprès pour retenir le nombre de ces Épitres.

« *Ro. Corin. Gal. Eph. Phi. Co. Thessal. Timoth. Ti. Phil. Hebr.* »

Ro : aux Romains. *Corin :* aux Corinthiens. *Gal :* aux Gallates. *Eph :* aux Éphésiens. *Phil :* aux Philippiens. *Co :* aux Colossiens. *Thessal :* aux Thessaloniens. *Timoth :* à Thimothée. *Ti :* à Tite. *Phil :* à Philémon. *Hebr :* aux Hébreux.

Jean Olivier Tournières, prêtre, curé de May, était né à Saint Jean de Caen : habile homme et bon pasteur, il mourut à May, le 11 juillet 1757, à 56 ou 57 ans (1). Il eût la patience d'écrire lui même très élégamment et très proprement les livres de chant à l'usage de sa paroisse, croiant que les imprimés se vendaient trop cher.

Voiçi une enigme sur son nom, faite par lui-même, ou plutot un logogriphe :

> Je porte trou : je porte tour :
> Je porte jeu : je porte jour :
> Je porte roi : je porte reine :
> Je porte encor : vin, verre et veine :

(1) L'abbé Jean-Olivier Tournières était né sur la paroisse Saint-Jean, à Caen. Il mourut curé de May et honora le clergé par ses vertus et la sainteté de ses mœurs. Il s'occupa beaucoup de recherches sur le diocèse et en 1744, il fit un *Pouillé* de Bayeux, partagé en deux grandes cartes ou tableaux. L'un contenait le chapitre de la cathédrale, dans l'état où il était alors; l'autre celui des paroisses du diocèse, par ordre alphabétique.

Les ouvrages dont il s'occupait, dit Lamare dans l'introduction de son *Pouillé* manuscrit, ont été vendus avec ses livres, au moment de sa mort, en 1757 et ont rendu sa perte plus sensible à ses amis et à tous les gens de bien. Lamare n'eut

Nom propre enfin je suis, composé de neuf pieds.

Crains surtout les quatre premiers ;

Car, s'ils tombaient sur ta cervelle,...

Adieu, lecteur, de toi ne serait plus nouvelle.

Sur la lettre R.

Une chose est au Roi, mais Louis ne l'a pas.

Elle est en son pouvoir, mais non dans sa puissance,

Elle est dans ses trésors et non dans sa finance,

Elle est dans son royaume et non dans ses États.

Sur l'arbre.

(dont on fait les chaises, fauteuils et généralement tout ce qui sert à asseoir.)

Utile après ma mort, comme quand j'ai vécu,

Je tends les bras à tous, ne cherchant que leur aise,

Et bien qu'à pas un d'eux ma façon ne déplaise,

Chacun, hélas ! me foule et me tourne le c..

(Saint-Jean, qui avait été domestique de M. Tournières, m'a appris tout ce que dessus).

Monsieur de l'Isle, (Constantin Le Bourguignon Duperré de) écuyer, d'abord avocat du roi et aujourd'hui, lieutenant général du Bailliage et siège présidial de Caen (1), a été annobli en ... à la demande de toute la noblesse de Caen, dont M. le maréchal d'Harcourt a porté le vœu. (Ce sont les paroles de

connaissance de ces recherches qu'en 1776. Il en comprit de suite l'utilité et, sur les conseils qui lui furent donnés, il entreprit de les mettre à jour et de réparer, dans la mesure du possible, les erreurs qui s'y étaient glissées. Telle fut l'origine du *Pouillé* qu'il écrivit pendant son séjour à l'abbaye de Fontenay, de 1776 à 1786, et qu'il a toujours annoté depuis, jusques à sa mort, arrivée en 1832.

(1) Constantin Le Bourguignon du Perré de l'Isle, né en 1740, avait été installé le 20 juin 1766 dans la charge d'avocat du Roi, à Caen. Il devint, le 10 juin 1782, lieutenant général civil du bailli et mourut le 19 novembre 1804, à l'âge de 64 ans. Lorsqu'en 1776, il présenta à Rouen ses lettres de noblesse, le Parlement, se rappelant sa fermeté avec le chancelier Maupeou, les accueillit avec joie et vota le *gratis* par acclamation, « *voulant,* disait l'arrêt, *donner au sieur du Perré de l'Isle, une marque d'estime particulière* ».

Dom Mesnilgrand, dans son oraison funèbre du maréchal d'Harcourt.) Il appelle M. de l'Isle, à juste titre, un magistrat vertueux, qui a si bien mérité de son pays et que la sagesse et l'équité de ses jugements en ont rendu l'arbitre... La noblesse a voulu s'honorer elle même par une adoption à laquelle tous les ordres ont applaudi, *(unanimi voto)* comme on le voit sur ses armes.

L'abbaye de Fontenay, sur la rivière d'Orne, de l'Ordre de Saint Benoît, à deux petites lieues de Caen, diocèse de Bayeux, a été occupée jusqu'en 1752, par des religieux de l'ancienne observance. Ces religieux y vivaient très religieusement. M. de Charsigné, issu de la famille du célèbre Huet, évêque d'Avranches, était abbé de cette abbaye et l'a possédée jusqu'à sa mort, arrivée en 1775. C'est lui, qui, pour se venger des religieux de l'ancienne observance qui s'acquittaient de l'office divin dans ce monastère, les en a expulsé en y introduisant des religieux de la Congrégation de Saint Maur (1). Je dis, *pour se venger,* car

(1) Cette opinion est au moins contestable. Lamare, secrétaire de Dom Goujet, religieux de l'ancienne observance, qui avait eu des démêlés assez graves avec sa Congrégation, précisément au sujet de cette réforme, a subi son influence et ne voit pas favorablement ce changement, devenu cependant nécessaire d'après l'opinion générale.

Les Bénédictins de Saint-Étienne-de-Fontenay ne faisaient pas exception. Ils s'étaient, au contraire, affranchis de toute règle et menaient une vie peu édifiante. Le service de l'Église, à cause de leurs absences fréquentes, avait été confié à des chapelains réguliers et l'abbaye, ouverte à tout le monde, était au pillage.

Huet lutta pendant dix-sept ans pour rétablir l'ordre et dut se retirer. Il écrivait au Roi au sujet de ces moines qu'il appelait des *Malédictins :* « Le seul remède prompt et efficace que Sa Majesté peut apporter à cet état, est la réforme; non seulement pour faire reprendre à cette abbaye la forme d'une maison consales anciens religieux demandaient à l'abbé une augmentation de pension (parce qu'il possédait seul tous les revenus.) Mais, la leur ayant refusée, il les força de se pourvoir devant les juges ordinaires aux fins de partages. Ils les obtinrent par sentence du Bailliage de Caen, du 3 décembre 1749, confirmée au Parlement de la Province, par arrêt du 29 mai de l'année suivante. Ce qui fut bientôt mis à exécution et confirmé de nouveau par un autre arrêt du premier juillet de la même année.

Cette opération, qui diminuait considérablement les revenus de l'abbé, préparait la voie à une autre demande non moins importante : c'était celle des réparations négligées entièrement depuis 60 ans, et qui auraient occasionné à Monsieur l'Abbé une dépense de plus de 60.000 livres. Les anciens religieux entreprirent la cause, dont le succès indubitable, (si on eût rendu justice) aurait entraîné la ruine entière de l'Abbé. Mais quand il s'agit d'intérêts chez des avares ou des intéressés, combien de ressorts ne fait on pas

crée à la gloire de Dieu et empêcher la continuation des dérèglements, mais encore pour la conservation du temporel, pour la garde des titres, pour faire revenir les usurpations et pour prévenir la ruine totale de la maison. Pour confirmer la vérité du contenu du présent mémoire, Sa Majesté est très humblement suppliée de donner ordre à M. l'Intendant de la généralité d'en faire des informations secrètes et d'en donner son avis. »

Son neveu et successeur, M. de Charsigné, réussit, comme on l'a vu, à introduire la réforme dans l'abbaye ; mais les religieux qu'il avait appelés se montrèrent peu reconnaissants envers lui et tinrent même à sa mort une conduite que Lamare flétrit avec raison.

On a vu que Lamare dit que les religieux de l'abbaye « *y vivaient très religieusement* ». On peut consulter, au sujet de la façon dont ils entendaient la vie monastique, la copie des lettres adressées en 1744 et 1748 aux Bénédictins de Fontenay, par Mgr Paul de Luynes. (Voir pièces justificatives.)

jouer pour les maintenir, aux dépens même de toute justice? C'est ce que fit Monsieur de Charsigné. Voyant bien qu'il ne pourrait jamais empêcher les religieux de démontrer et de poursuivre la justice de leur cause devant les Tribunaux et prévoyant que s'ils parvenaient à la gagner, c'en était fait de toute sa fortune, il pensa à faire crouler la leur ; et, pour mieux réussir, il proposa à la Congrégation de Saint Maur d'introduire la Réforme dans son Abbaye.

Cette congrégation, toujours avide de richesses, quoique déjà excessivement riche, ne pût se refuser à des offres aussi flatteuses. Ainsi, l'Abbé, par des insinuations calomnieuses et aidé du crédit de Monsieur de Luynes, évêque de Bayeux, sut se délivrer des anciens religieux, ennemis dangereux qui le menaçaient depuis longtemps des coups les plus violents. Aussi, la congrégation de Saint Maur, malgré l'opposition des anciens religieux, prit possession de cette Abbaye en 1752. Après trois ans écoulés, les religieux intrus suscitèrent à leur tour un grand procès à leur bienfaiteur (encore pendant au Bailliage de Caen) et lui apprirent à se repentir de les avoir introduits. Cependant, l'Abbé étant mort en 1775, les religieux de Saint Maur, pour mettre le comble à l'ingratitude, répondirent au vicaire de Saint Jean de Caen, qui leur rendit le corps du défunt, décédé à Caen, qu'ils étaient fachés qu'il fut mort sans sacrements et qu'ils voulaient bien l'inhumer dans une chapelle déserte et abandonnée. Mais les domestiques du défunt, outrés d'un procédé aussi injurieux, menacèrent de remporter le corps à Caen et contraignirent ainsi les moines à l'inhumer dans l'Église, devant une chapelle. Toutefois, ils se dédommagèrent de cette honte en renvoyant à Caen, sans leur offrir même un verre d'eau, le vicaire de Saint Jean, les deux clercs, et tous les domestiques du défunt. Peut-on ne pas être indigné d'un procédé aussi outrageant ?

Tant de fiel entre-t-il dans l'âme des dévots !

Mai 1775. — Pour calmer l'esprit de tumulte et de révolte, on a affiché dans tout le royaume le placart suivant. Je l'ai vu affiché à Caen, au coin de la place Saint Sauveur, ou je l'ai copié de ma main, tel qu'il est ci après :

« De par le Roi : il est défendu, sous peine de la vie, à toutes personnes, de quelque qualité qu'elles soient, de former aucun attroupement, d'entrer de force dans les maisons ou boutiques d'aucuns boulangers, ni dans aucun dépôt de grains, graines, farines et pains. On ne pourra achepter aucunes des denrées susdites que dans les rues ou places. Il est défendu de même, sous peine de la vie, d'exiger que le pain ou la farine soient donnés, dans aucuns marchés, au dessous du prix courant. Toutes les troupes ont reçu du Roi l'ordre formel de faire observer les défenses cy dessus avec la plus grande rigueur, et de faire feu en cas de violence. Les contrevenants seront arrêtés et jugés prévôtalement sur le champ.

A Paris, de l'imprimerie royale : 1775. »

Ce placart, affiché à Caen le 10 mai, jour anniversaire de la mort du Roi Louis XV, a eu son effet, quoique le peuple, toujours soupçonneux et défiant sur les projets et intentions du gouvernement, dont il a été souvent la dupe, ait un peu murmuré sur la rigueur dudit placart, dont il ignorait la nécessité. Le peuple a été intimidé, non détrompé (1).

Jamais il ne sera possible de le convaincre des vues bienfaisantes et des projets désintéressés de prospérité, dont on s'occupe aujourd'hui à la Cour, tant qu'il n'en ressentira pas les effets. « Voilà, s'écriaient quelques-uns, les belles promesses qu'on nous faisoit et dont on nous a endormis ! On n'a jamais fait cela, ajoutaient-ils, sous le précédent règne. »

De Paris : le 12 may 1775.

« Les mêmes brigands qui avaient enlevé le bled, la farine, le pain à Pontoise, Saint Germain, Versailles, sont venus içi piller la Halle aux Grains, les différents marchés et les boulangers. Ils se sont ensuite répandus dans les villes, bourgs et villages qui avoisinent cette capitale. On dit que ce n'est pas

(1) Ces mesures avaient été rendues nécessaires par la publication de l'édit sur les grains que Turgot avait fait rendre par le Roi, pour détruire des monopoles désastreux et permettre la libre circulation des blés et des farines. Il avait compté sans ses ennemis qui avaient intérêt à maintenir l'ancien état de choses, dont leur association (Pacte de famine) tirait un bénéfice considérable. Aussi excitèrent-ils une disette en faisant piller les marchés, brûler les moulins, jeter les grains dans les rivières par des brigands soudoyés, qui vinrent même épouvanter le Roi jusque dans Versailles. Louis XVI voulut d'abord user de patience et de modération : il promit de faire abaisser le prix du pain. Mais les désordres continuèrent; toutes les provinces furent peu à peu atteintes et il fallut réprimer ces brigandages par la force.

On peut voir, par la suite des détails que donne Lamare, combien la pacification complète fut difficile : des troupes de gens sans aveu, coureurs de grands chemins et déclassés de tout rang. continuaient encore de terroriser les campagnes en 1776.

le besoin qui a porté ces malheureux à cet excès, qu'ils ne manquent ni de pain, ni d'argent, qu'ils laissent même de l'or dans les lieux ou ils fixent les bleds et le pain au dessous de leur valeur ; qu'il est évident qu'ils n'ont d'autre but que de dépouiller les propriétaires, de ruiner les fermiers et les laboureurs et d'anéantir les subsistances qu'ils jettent et qu'ils dispersent. Le gouvernement a pris de justes mesures pour rétablir la tranquilité. »

Le 12 may 1775, on afficha à la Halle de Caen le placart suivant :

« De par le Roy. — Extrait des registres du Parlement de Rouen.

Ce jour, 6 may 1775, toutes les Chambres assemblées ; la Cour a ordonné et ordonne aux officiers de la maréchaussée et à tous autres qui seront requis, de prêter secours et main forte aux laboureurs et à tous ceux qui apporteront des grains aux Halles. A laquelle fin, le présent arrêt sera imprimé et affiché partout ou il appartiendra. Par la Cour ; signé : Mustel. »

Autre arrêt de la Cour du Parlement de Rouen, qui fait défense à toutes personnes de s'attrouper au nombre de plus de *cinq* sous peine de prison et de punition exemplaire : 3 may 1775.

Tous les tribunaux ont interposé leur autorité, pour étouffer, intimider et prévenir l'esprit de sédition qui s'est fait craindre et sentir en plusieurs villes de France. Les troupes qu'on a envoyées à la recherche des auteurs de ces troubles et celles qu'on a postées dans les endroits ou ces brigands ont fait leurs ravages, ont généreusement refusé l'augmentation de paye qu'on leur avoit assignée à cette occasion.

Le 11 juin 1775, dimanche de la Trinité, M. Le Curé de Saint Martin de Caen (1) a lu à la grand messe une lettre circulaire de l'Évêque de Bayeux, aux curés de son diocèse, concernant les révoltes des peuples et la cherté des grains. Il a lu ensuite une lettre circulaire du Roi aux Évêques de son royaume, sur le même objet. Enfin, il a lu l'instruction que Sa Majesté joint à la lettre aux Évêques pour les curés du Royaume ; laquelle instruction contient les intentions de Sa Majesté et les divers moyens par lesquels les curés peuvent instruire les peuples sur l'objet des grains et le danger des émeutes populaires.

Après avoir lu ces trois pièces, Monsieur le curé a dit que ce qu'il venait de lire était touchant les grains et plusieurs émeutes que la cherté avait occasionnées dans quelques villes de ce royaume : *qu'il était bien consolant que dans ce pays la tranquilité se soit maintenue ; qu'il fallait adresser à Dieu des vœux et des prières ardentes pour la conservation du monarque qui nous gouverne.*

Le vendredi, 23 juin 1775, les magistrats de Caen ont donné une sentence de police générale, portant

---

(1) Le curé de Saint-Martin était alors le sieur Jacques Nicole, docteur en théologie, qui permuta l'année suivante avec le sieur Jacques Dedouit.

fixation du prix du pain, scavoir : le blanc, 42 deniers la livre ; le second, 37 deniers ; le bis, 32 deniers ; provisoirement et en attendant un nouvel essay qui se fera.

On a envoyé, (outre les placarts qui furent affichés par tous les quartiers de la ville, le jour Saint Jean et la veille) ladite sentence, le dimanche 25 juin 1775, à tous les curés de Caen, pour la faire lire, par extra-ordinaire, à l'issue des messes des paroisses. En conséquence, je la lus au peuple, par ordre de M. le curé de Saint Martin de Caen, à l'issue de notre grand messe, le jeudi, 29 juin, parceque, le dimanche précédant, la paroisse était allée processionnellement en pélerinage à Notre Dame de la Délivrande.

Le dimanche, 2 juillet, à la fin de vespres, s'est tenue une assemblée des paroissiens de Saint Martin, (comme il s'est fait dans les autres paroisses) pour nommer un député qui doit assister à l'essay qu'on doit faire sous la présidence du Lieutenant général de police. La paroisse a donc nommé le sieur de la Pleignière, écuyer, chevalier de l'ordre de Saint Lazare et tenant l'Académie de Caen pour les chevaux, ancien militaire.

De Caen ; le 8 Juillet 1775.

Le 8 de ce mois, cinquième dimanche après la Pentecôte, M. le vicaire de Saint Martin a lu au prône une lettre circulaire du Roi aux Évêques de son Royaume, accompagné d'un mandement de Monsieur l'Évêque de Bayeux, pour faire chanter le *Te Deum*, en actions de grâces de l'heureux sacre de Sa Majesté.

Ce même jour, en conséquence, on l'a chanté à l'église Saint Pierre de cette ville, ou tout le clergé séculier et régulier, les Magistrats, les Officiers municipaux, l'Université, etc., ont assisté, au bruit du canon du Château et de la mousquetterie des bourgeois, rassemblés sous les armes, devant le carrefour, entre l'Église et l'Hôtel de Ville. Le soir, toute la ville a été illuminée. Le sieur intendant a distribué, à cette occasion, 400 livres de pain aux pauvres ; l'Hôtel de Ville, 12 sacs ; le Bailliage, 16 sacs ; qui font environ 5.600 livres de pain.

L'Université a aussi donné 6 sacs de bled, ainsi que l'Abbaye de Saint Étienne et celle de Sainte Trinité, etc.

Il en a été de même dans tout le royaume pour le chant du *Te Deum,* qui a été ordonné par le Roi dans sa lettre circulaire aux Prélats.

Madame la Comtesse d'Artois est accouchée le 6 août, d'un garçon, qui porte le nom de Duc d'Angoulême, nom que le Roi lui a donné. Il a été ondoyé le même Jour, à Versailles, par M. l'Évêque de Cahors, aumônier de Monseigneur le Comte d'Artois, assisté du curé du lieu (1).

______

(1) Louis-Antoine de Bourbon, duc d'Angoulême, fils aîné du comte d'Artois (Charles X), mourut à Goritz en 1844. Il avait épousé à Mittau, pendant l'émigration, la fille de Louis XVI, Marie-Thérèse, sa cousine. Il accompagna Louis XVIII à Varsovie et à Hartwel, rentra en France en 1814, essaya vainement de s'opposer à la marche de Napoléon en 1815, fut fait prisonnier et remis en liberté par l'Empereur. Il commanda l'armée d'Espagne en 1823, s'empara du Trocadéro et signa l'ordonnance conciliatrice d'Andugar. Il céda en 1830 ses droits au duc de Bordeaux et vécut depuis sous le nom de comte de Marnes.

(Il est faux que le duc d'Angoulême, dont la naissance est içi marquée, ait été tué, en octobre 1792, par le colonel des hussards de Chamborant, dans une action entre les patriotes français et les émigrés) (1).

De Rennes ; le 6 août 1775.

On a fait, depuis quinze jours, une trouvaille considérable à Vitré, petite ville à 9 lieues de poste de Rennes, sur la grande route de Paris. Il y a sept ans qu'un Monsieur vint à Vitré, avec un roullier, chargé d'environ six à sept milliers, qu'il dit être des marchandises. Il afferma une salle 40 livres ; paya deux années d'avance ; y déposa ses caisses et malles. Au bout de deux ans, il est revenu et a enlevé deux malles, qu'on dit être des papiers. Il paya encore une année, ou deux.

Depuis ce temps, on ne l'a point vu ni reçu aucune nouvelle de lui. Après avoir fait arranger portes et fenêtres, il avait emporté les clefs. Le propriétaire de cette salle, qui est un prêtre âgé de 94 ou de 95 ans, craignant que ses héritiers ne se fussent emparés de ces marchandises, ou que la justice ne l'eût taxé de vouloir lâcher ce dépôt, a prévenu les juges, qui ont fait ouverture. On a trouvé 7 malles ou caisses : on en a ouvert deux seulement. On a trouvé d'abord des livres avec les constitutions des Jésuites et Jacobins. On a trouvé une pendule qu'on estime plus de deux cents louis, avec deux autres qu'on estime aussi beaucoup. On a aussi trouvé deux flambeaux d'or, garnis

(1) Note ajoutée postérieurement par Lamare.

de pierreries ; calices d'or et autres meubles très précieux. On n'a point ouvert les autres malles ; on les a transportées au Château.

Il y a un conflit de juridiction. Le Parlement, doit, après la vacance, y envoyer des commissaires. Il y a des malles que six hommes ont de la peine à porter. On espère y trouver de l'or en espèces et en lingots. On dit que tout cela vient de Paraguay et a été débarqué à Saint-Malo, d'où ces colis ont été conduits à Vitré. N'ayant osé passer le bureau de la Graville, ou l'on aurait fouillé et vu tout, on a déposé le tout à Vitré en attendant des temps plus favorables. Les politiques ont matière à raisonner, ils donnent ce dépôt aux Jésuites, qui n'osent rien dire, ni le réclamer. On attend l'ouverture et vérification des autres malles, où l'on compte trouver beaucoup de bien.

· La cathédrale de Bayeux est fort belle, tant extérieurement, qu'intérieurement. Au reste, la ville n'a rien de remarquable: sa situation n'est même pas très agréable.

Il y a dans cette ville 7 boisseaux au sac, (pour le bled) et le boisseau contient 16 pots. Ce 13 octobre 1775 ; jour que suis revenu de Bayeux. *Lamare.*

De Caen ; le 1ᵉʳ Décembre 1775. — Écrit en ce lieu ledit jour et an. Il a été dit précédemment qu'en cette ville, on a fait un essai public de trois sacs de bled qu'on a convertis en pain, selon les trois espèces différentes de pain que les boulangers débitent et qu'on a cuit. Un quatrième sac de bled pour faire du pain bis, a été ajouté, parceque le troisième sac destiné pour le pain de cette dernière qualité, n'avait pas bien réussi. Cet essai n'ayant pas plu à la communauté des boulangers de Caen, on en vient de faire un second, pareillement de trois sacs de bled converti en pain, des trois qualités ordinaires. Ils ont été employés dans la boulangerie des Bénédictins, sous l'inspection de huit députés, scavoir : pour le Parlement, les sieurs de Ranville, Charles, un greffier et un huissier. (Le bled fut moulu à Bretteville-la-pavée.) Pour la ville de Caen : les sieurs Guilbert, échevin noble ; Duperré, échevin vivant noblement ; Le Bourguignon de l'Isle, avocat du Roi et le Procureur du Roi du Bailliage, avec le commissaire Canivet.

On soutient que ce nouvel essai, qui s'est fait à la fin de Novembre dernier, est plus avantageux aux boulangers que le précédent. Ceux qui voudront scavoir plus en détail ce qui concerne cette affaire, peuvent consulter les procès verbaux des opérations et les discours prononcés en cette occasion ; notamment celui que M. Lair prononça à l'Hôtel de Ville le 14 août 1775 (1).

.Cette affaire, qui a fait naître deux procès pendant actuellement à Rouen en Parlement, et qui intéresse beaucoup toute la ville de Caen, est d'autant plus importante qu'elle touche de près la classe indigente du peuple.

---

(1) Reg. de l'Hôtel de Ville. C. 181, p. 106 verso. — « Samedi, 14 août. Après lecture des rapports des sieurs de la Baudinière et Lair, sur les expériences faites sur la mouture, arrêté que les expériences continueront et que lesdits rapports seront déposés au greffe, ou M. M. du Bailliage sont invités à en prendre connaissance avant de statuer définitivement sur le nouvel essai. »

Nous avons eu, cette année, abondance de cidre et nous mériterions que la Providence nous en privât entièrement, par le mauvais usage que nous en faisons. Quelques fermiers, qui ne scavaient que faire de tout le fruit qu'ils avaient, ont mieux aimé le laisser pourrir ou le faire manger aux bestiaux que de permettre aux pauvres de le ramasser. D'autres, l'ont enfoui en terre pour le garder au risque de le perdre, afin de le brasser lorsqu'ils auront des futailles vuides.

Le prix commun de cette année pour un tonneau de cidre tenant 720 pots, (1440 pintes de Paris) tenure ordinaire du boscage et du voisinage de Bayeux, était, (sans y comprendre l'entrée) de 50 livres. Même quantité, prise au même lieu, coûtait en 1774, 100 livres ; en 1773 : 143 livres ; en 1772 : 220 livres ; en 1771 : 150 livres ; en 1770 : 90 livres ; en 1769 : 100 livres, et en 1768 ; 78 livres. Ce fut à Saint Vast, proche Villers Boscage que tous ces cidres ont été acheptés.

Une société de citoyens auxquels le Duc d'Orléans avait permis de tirer au blanc un prix de plaisir à Romainville, y a fondé, avec la même permission, et de l'agrément du marquis de Ségur, seigneur du lieu, une fête annuelle à l'imitation de celle de la *Rose de Salency* (1), pour l'encouragement et la conservation

(1) La fête de Salency avait été instituée en 535 par saint Médard, évêque de Noyon. Le seigneur de Salency remplaça plus tard l'évêque. Le couronnement de la rosière avait lieu le 8 juin, jour de saint Médard : elle recevait une couronne de roses et 25 livres. Louis XIII procéda une fois, par procuration, au couronnement et ajouta un anneau d'argent et un ruban bleu à la couronne. C'est à

des mœurs. On délivrera pour la première fois, le dimanche, 21 may 1775, le prix, consistant en une somme de trois cent livres, à la fille de ce village qui aura été jugée la plus attachée à ses devoirs, la plus modeste, la plus respectueuse envers ses parents et la plus douce avec ses compagnes. Les habitants se chargent des frais de son mariage et des dépenses de couches pour son premier enfant, qu'ils promettent de tenir sur les fonts de baptême. La marquise de Ségur, jalouse de contribuer à la récompense de la vertu, s'est chargée du trousseau de la mariée.

On a changé en France, depuis le mois d'août 1775, l'ancienne administration des Messageries, diligences et carosses de voiture du roïaume, qui estaient cy devant affermée à différents particuliers (1). Elle a été mise en régie pour le compte du Roi et rendue

l'exemple de cette fête, que des cérémonies semblables furent établies, comme on vient de le voir, dans plusieurs villages par des seigneurs et des associations privées qui dotaient tous les ans une jeune fille dont la conduite et le dévouement filial avaient été remarqués. Anciennement on n'imposait pas aux rosières l'obligation de se marier dans l'année du couronnement. Quelques-unes de ces fêtes ont été rétablies au XIXᵉ siècle, après la Révolution qui les avait abolies.

(1) Les Universités furent les premières qui établirent en France des services de *messagers*, auxquels nos rois accordèrent de nombreux priviléges. La Cour des Comptes, les Parlements suivirent cet exemple, puis on songea à créer des services réguliers de transport. Beaucoup de services particuliers se fondèrent au XVIIᵉ et au XVIIIᵉ siècle. Mais la lenteur des coches était proverbiale et les améliorations étaient peu sensibles.

En présence de cet état de choses, Turgot réunit toutes les entreprises particulières et fonda en 1775 une entreprise générale, sous la direction de l'État. C'est à cette époque que le nom de *turgotines* fut donné aux voitures publiques. Le monopole d'État fut supprimé par la loi du 30 septembre 1797 et ce fut en 1805 que Napoléon Iᵉʳ forma les *Messageries impériales,* qui devinrent tour à tour *royales* et *nationales.*

plus lucrative pour Sa Majesté, et plus utile et même moins coûteuse à ses sujets. On peut voir en détail ce qui concerne cette branche des revenus du Roi dans les Édits et autres réglements faits à ce sujet, le 7 août 1775 et suivants, dans lesquels on verra la forme d'administration actuelle et les frais que les voyageurs sont obligés de payer pour en profiter.

Extrait d'une lettre de M. C. C. d'Évreux, en date du 7 décembre 1775.

« Je ne scais guère ce qui se passe à l'assemblée du Clergé qui, dit on, finit le 15 du courant. Ce qu'on en dit, c'est qu'il y a eu de vives altercations entre les Présidents et les Évêques. L'irréligion, que l'on reproche à quelques-uns des premiers, en a été le motif. Les derniers en sont aussi un peu infectés, dit on. Mais les plus zélés n'ont point pu se taire et se sont fort élevés contre ce monstre, qui fait un terrible ravage dans tous les États. » Et peu après, il dit : « L'abondance des pommes s'est assez fait sentir de nos côtés : il y a eu aussi bien du vin. L'une et l'autre boisson ont diminué considérablement. »

De Caen ; le 30 de décembre 1775. A dix heures et demie du matin, le temps étant beau et serein et le vent du Sud Ouest, on ressentit ici une forte secousse de tremblement de terre, qui dura une minute. Sa direction était du Nord au Sud. Elle a ébranlé les maisons, fait tomber quelques cheminées et mis toute la ville en alerte. Heureusement elle n'a pas causé de grands dommages. Cette secousse s'est aussi fait sentir en plusieurs autres lieux de la Province et à Rouen.

15 janvier 1776. — Le Roi est à la veille de faire une réforme considérable dans sa maison civile, ce que Monseigneur le Comte d'Artois a déjà fait dans la sienne. On parle aussi d'une prochaine suppression d'une grande partie des charges, ainsi que du Grand Commun. Il n'est pas douteux que Monseigneur le Comte d'Artois ne se conforme aux intentions de Sa Majesté, en réduisant plusieurs emplois auprès de sa personne (1).

Le Roi vient de réunir au département de Paris ce qui regarde les biens ecclésiastiques et tout ce qui a rapport aux biens des protestants fugitifs ; deux objets, dont l'un était du département de M. de Malesherbes et l'autre de celui de M. Bertin.

On dit que toutes ces vues d'économie ne plaisent pas à la Reine, qui donne beaucoup au luxe.

(1) Ces réformes ne purent être effectuées qu'en partie et même révoquées plus tard. Trop d'intérêts étaient en jeu pour que le Roi ne fût pas circonvenu. Le chiffre des personnes, attachées par leur service à la maison du Roi, était de 1400 au moins. La Reine, les princes avaient leur *maison*, composée comme celle du Roi et seulement moins nombreuse. Les sommes fournies par le trésor pour les dépenses de la famille royale s'élevaient à 40 millions, sans compter les revenus des apanages, les dépenses de la maison militaire, les traitements des grands officiers de la couronne, l'entretien des châteaux, les frais de voyage, etc. Le chiffre des pensions s'élevait à 28 millions en 1780, à 32 millions un peu plus tard. Aussi Necker put-il dire dans son *Compte rendu :* « Je doute que tous les souverains de l'Europe ensemble payent en pensions plus de moitié de pareille somme. »
La Reine, bien accueillie d'abord, s'était fait de nombreux ennemis à la Cour par ses amitiés trop exclusives et son dédain de l'étiquette. Sa légèreté blessait les courtisans et ses adversaires furent d'abord et seulement à Versailles. Ses besoins d'argent, qui devinrent par trop notoires, lui aliénèrent le peuple qui finit par l'appeler Mme *Déficit*.

On dit encore que le contrôleur général des finances n'a pas sa faveur, depuis qu'il a informé le Roi qu'il avait donné trois fois à la Reine cent mille escus.

On rapporte de M. Turgot une réponse vraiment digne de lui à la Reine. Sa Majesté, en lui montrant ses souliers verds, qui étaient tout unis, lui dit : « Voyez, Monsieur, combien je suis économe. » Le contrôleur général répondit : « Il est bien juste, Madame, que *l'univers* soit à vos pieds. » Cette réponse a paru très spirituelle à tous ceux qui sont le plus capable d'en juger (1).

1776. — Depuis l'avénement de Louis XVI à la couronne de France, les espérances que l'on avait conçues d'un meilleur gouvernement que le précédent, se sont réalisées, du moins en partie. Les impôts n'ont pas été augmentés : la monnaie n'a pas été changée ; le commerce funeste des grains de France chez l'étranger a été prohibé et la liberté de ce même commerce, pour toutes les provinces du roïaume seulement, a été accordée par Sa Majesté. Une partie des droits qui se percevaient dans les halles sur les grains de première nécessité, a été abolie ; la vigilance que les magistrats ont apportée sur l'article des denrées ; tout cela a fait que le pain, qui se vendait depuis longtemps et notamment en 1770, quatre sols la livre dans le roïaume, jusqu'en juillet 1775, temps où il se vendait encore 3 sols 6 deniers, ne se vend plus au-

---

(1) Ce jeu de mots a été aussi attribué à M. de Maurepas.

jourd'hui, (juillet 1776) que deux sols (1). La paie du soldat a été augmentée.

Mars 1776. — Malgré les efforts multipliés des citoyens intéressés à la conservation des jurandes et maîtrises et malgré les remontrances du Parlement de Paris, l'Édit portant suppression des jurandes et maîtrises fut enregistré audit Parlement, par l'ordre réitéré du Roi, avec cette clause : *Le Roi séant en son lit de Justice,* que Sa Majesté a permis de mettre. Ce lit de justice s'est tenu exprès à Versailles, le 12 mars 1776, pour y faire enregistrer les Édits suivants : 1° Édit du Roi, portant suppression des jurandes et maîtrises ; 2° Édit portant suppression des corvées et qui ordonne la confection des grands chemins à prix d'argent ; 3° Déclaration du Roi qui supprime les droits sur les grains à la halle de Paris ; 4° Édit portant suppression d'offices à ladite halle ; 5° Lettres patentes portant modération du droit sur les suifs.

Tous ces différents réglements ont été enregistrés par ordre réitératif de Sa Majesté. Le Parlement avait présenté au Roi ses réitératives remontrances (2) ;

---

(1) Turgot, en effet, avait d'abord réussi à ramener la confiance. Il rétablit les finances, remboursa la dette et créa une caisse d'escompte, origine de la Banque de France. La liberté du commerce des grains produisit d'heureux effets, mais, pour que la mesure fût complète et le succès assuré, il eût fallu que la réforme de l'impôt, rendu égal pour tous, fût admise et sanctionnée par le Roi. Elle échoua devant l'hostilité des privilégiés qui réussirent à l'empêcher.

(2) Dans le Parlement de Paris, le président d'Aligre et le chancelier Séguier avaient parlé violemment contre le nouvel édit. Supprimer les jurandes et les maîtrises, la corvée, etc., c'était, selon eux, ruiner l'art et les artistes, l'industrie et la confiance, enfin *ébranler les fondements de l'État.* Aussi le Parlement avait-il repoussé l'édit par 85 voix contre 15. — Le Parlement de Rouen, au

mais comme par la loi actuelle, le Roi persistait dans
sa volonté d'ordonner l'enregistrement, il ne doit pas
les réitérer à Sa Majesté, avant que d'avoir procédé
à cet enregistrement ; il lui a été enjoint de l'effectuer
aussitôt, ce qui s'est fait au lit de justice tenu à Versailles.

Les sentiments sont bien partagés sur ce qui doit
résulter de leur exécution ; mais il paraît certain que
la liberté accordée au commerce de toute espèce ne
pourra, dans la suite, subsister sans faire un bon effet,
parceque c'est le moyen et la faculté toute naturelle
de faire valoir les talents et l'industrie, d'exciter
l'émulation parmi les gens de toute espèce de négoce
et même de faire vendre à un prix raisonnable, puisqu'il n'y aura que ceux qui réussiront bien et qui
excelleront dans leur profession, qui auront la confiance publique, puisque les valeurs et prix des différents objets étant à la connaissance de tout le monde,
on sera obligé, si l'on veut faire aller son commerce,
de vendre à un prix modéré, de peur qu'en voulant
augmenter et hausser les prix, on ne se trouve abandonné du public et supplanté par d'autres qui vendront
à plus bas prix.

Cependant on ne peut nier que, pour le moment,

contraire, avait d'abord exprimé sa « reconnaissance à la vue des sentiments
d'équité et de bienfaisance » qui avaient inspiré les nouvelles mesures. Il avait
seulement demandé que l'Assemblée des notables fût consultée sur l'opportunité
des suppressions, sans, pour cela, se déclarer contre les vues d'un « ministre
vertueux, bien intentionné et qui honorait toute la Normandie, d'où sa famille
était originaire et où elle s'était signalée ». Ce que l'on craignait au fond, c'était
l'abolition de tous les privilèges et de toutes les franchises ; de plus, les suppressions ordonnées venaient à l'encontre de droits acquis et occasionnaient des
pertes sérieuses à la petite bourgeoisie.

cette suppression des jurandes et des maîtrises ne
soit préjudiciable aux maîtres et généralement à tous
ceux qui emploient beaucoup de compagnons, puisque les uns ont dépensé inutilement l'argent qu'ils
ont payé pour faire cette acquisition, dont la nécessité
est aujourd'hui enlevée et que tous les autres vont se
voir tout à coup dépourvus d'ouvriers qui aimeront
mieux sans doute travailler pour leur propre compte,
puisqu'ils en ont maintenant la liberté, que de donner
leur temps et leur industrie à des maîtres, pour un
gain modique et au-dessous de celui qu'ils peuvent se
procurer en travaillant chacun pour soi.

Il est vrai que tous les garçons artisans n'auront
pas la faculté de se procurer les ustensiles et instru-
ments de leur profession et d'acheter les matières et
les autres marchandises qui sont les objets du commerce et des arts ; mais il est évident que, si tous ne
le pourront pas, du moins un grand nombre le pourra
et le fera en effet. Le temps nous apprendra si nous
sommes fondés en ce raisonnement.

Quant à présent, ce changement réveille tous les
citoyens, parcequ'il touche leurs intérêts et leurs
fortunes. On verra, par l'extrait suivant d'une lettre de
Paris, en date du 18 mars 1776, quelle sensation il
fait sur les esprits. « J'ai vu M. Brodon il y a quinze
jours ; je lui demandai s'il ne lui était rien arrivé de
mal au feu du palais, ainsi qu'à Madame sa parente,
(elle demeure Cour du May.) Il me dit que non et
qu'ils en étaient trop éloignés pour cela. J'y passai il
y a huit jours : on ne voit pour ainsi dire rien. Tout
est raccommodé en apparence ; la superficie (seule-

ment) : il faut scavoir que cela a été brûlé. Vous scavez, sans doute, que toutes les maîtrises et communautés sont abattues et qu'il est permis à qui bon semblera de s'établir à Paris, sans aucune qualité ni maîtrise. Jugez donc, je vous prie, quel crévecœur pour moi de voir cela ; et qu'il m'en a coûté plus de 2.000 livres (2.200), pour faire passer mon fils maître (carrossier). Plus de 2.200 livres de perdues ! ayant eu autant de chagrin pour en pouvoir venir à bout ; argent qui a été si malaisé à trouver et qui m'a tant coûté de larmes ! Voir aujourd'hui que c'est de l'argent jeté dans l'eau, pour ceux qui ont été passés maîtres ! Que la moindre personne puisse venir s'établir à la porte de chaque maître, sans qu'on puisse y rien trouver à dire... plus de six mois que mon fils a été sans rien vendre... Il en est ainsi pour mon gendre Vernier (teinturier) ; voilà 1.500 livres d'argent et plus, sans le temps perdu, qu'il lui en a coûté pour être nommé juré de sa communauté. C'est de l'argent jeté dans l'eau. Cela est donné depuis le mois de décembre dernier ; ils sont cassés aussi, il n'y en a plus. Ma fille (Madame Vernier) est comme une femme qui ne se connaît pas, de voir une perte aussi évidente que celle-là, sans ressource, dont on aurait pu se passer, parcequ'il pouvait dire qu'il n'avait point d'argent. Ils ne l'auraient point nommé ; mais l'envie d'avoir une perruque quarrée, un manteau et une espèce de rabat flatte l'amour-propre. Qui est-ce qui en souffre ? C'est tous ceux qui sont dans la maison ; la bonne mère n'y est pas oubliée, etc... »

« On a mis les sceaux dans tous les bureaux des

communautés (des arts et métiers.) On les a mis aussi à l'Hôtel Dieu : on dit même que dans toutes les communautés d'hommes et de filles on va poser les scellés partout. Paris est dans la consternation. Les droits féodaux vont être abattus, ainsique péages, caisse de Poissy ; les entrées renchéries. »

(La caisse de Poissy était supprimée dès le mois précédent et cette augmentation des entrées, dont parle cette lettre, ne regarde que la viande qui entre dans la ville de Paris seulement. C'est la suite de la suppression de la caisse de Poissy. Au reste, le prix de cette denrée n'a pas du hausser dans les boucheries de Paris, puisque les droits que les bouchers étaient obligés de payer à Poissy n'existent plus.)

« M. Turgot fait bien parler de lui et fait bien des mécontents (1). Il occasionnera des banqueroutes. On dit que l'on va supprimer l'Hôtel des Invalides et que l'on en fera l'Hôtel Dieu : d'autres disent que l'on ne le peut pas, attendu que la rivière en est trop

(1) Il n'est pas étonnant que les réformes proposées par Turgot aient eu une répercussion profonde dans toutes les classes de la société et aient été mal vues par tous les possesseurs de privilèges. Turgot qui avait, au dire de Malesherbes, le cœur de L'Hospital et la tête de Bacon, avait élaboré des plans si vastes qu'ils contenaient en germe toutes les réformes de la Révolution. Il demandait l'abolition des droits féodaux, de la corvée, de la gabelle, des privilèges en matière d'impôt, la liberté de conscience et la liberté du commerce, l'abolition des vœux monastiques, la refonte des codes et l'unité des poids et mesures, etc. Louis XVI parut d'abord approuver complètement les idées de son ministre et disait: « Il n'y a que M. Turgot et moi qui aimions le peuple. » Mais malheureusement il aurait fallu, pour froisser tant d'intérêts privés et briser tant de privilèges, une volonté souveraine et un caractère que Louis XVI n'avait pas. « Pendant sa vie, qui ne fut qu'un long martyre, dit M. Thiers, il eut toujours la douleur d'entrevoir le bien, de le vouloir sincèrement et de manquer de la force nécessaire pour l'exécuter. »

loin... Vous scavez que l'École militaire est réformée et que l'on mettra les élèves dans nos maisons de Bénédictins. Ceçi est pour le 1ᵉʳ Avril. »

1776. — Il y a à Paris une société et correspondance de Médecine, établie par arrêt du 29 avril 1776 et présidée par le sʳ Lassone, conseiller d'état, composée actuellement de treize médecins, auxquels on en joindra d'autres, au nombre de vingt-quatre. Cette société est destinée à porter des secours dans les différentes parties du royaume, et a entretenir une correspondance avec les médecins regnicoles. Elle s'assemble tous les mardis, sans vacances.

Il faut s'adresser au sieur Vicq d'Azir, médecin consultant de Monseigneur le Comte d'Artois ; premier correspondant avec les médecins du royaume : rue du Sépulchre, à Paris.

Le 4 juillet 1776. — Les colonies anglaises dans l'Amérique, se sont déclarées indépendantes de l'Angleterre et se forment en corps de république, composée de treize états. Elle s'est si bien défendue contre les Anglais, qu'elle a fait avec eux un traité de paix le 3 septembre 1783 (1). Ses troupes étaient comman-

(1) Ce n'est pas à cette date que les Américains avaient fait leur paix avec l'Angleterre. Depuis novembre 1782, une *paix particulière* avait été ménagée par Franklin, homme positif, qui se moquait de la France, de sa générosité et de ses illusions, entre ses concitoyens et l'Angleterre. Ce savant, qui faisait de la vertu un art et de la probité un calcul, joua M. de Vergennes en diplomate consommé. Tout était réglé quand la France négocia. M. de Vergennes écrivait à la date du 19 décembre 1872 : « Jugez de ma surprise quand, le 29 novembre,

dées par William Wasinghton, dont le patriotisme et le désintéressement ont été admirables. A la paix, ce grand homme est rentré dans l'obscurité d'un simple citoyen, malgré les importunités des républicains, qui le sollicitaient à prendre part au gouvernement, en acceptant quelque charge principale dans l'armée ou dans la magistrature.

Enfin, le 6 février 1778, les *Treize États Unis* avaient fait alliance avec la France, qui les a efficacement soutenus de troupes et d'argent dans leur lutte contre l'Angleterre (1).

Franklin est venu m'apprendre que les articles étaient signés contrairement à la promesse verbale et mutuelle que nous nous étions donné de ne signer qu'ensemble. Si le Roi avait montré aussi peu de délicatesse que les commissaires américains, il y a longtemps qu'il aurait signé avec l'Angleterre une paix séparée... Si nous jugeons de l'avenir d'après ce qui vient de se passer sous nos yeux, je crois que nous serons mal payés de tout ce que nous avons fait pour les États-Unis. » Tout ce qui s'est passé depuis ne semble pas contredire le jugement de M. de Vergennes.

(1) Cette paix excita en France une grande joie, quoiqu'elle ne donnât que des avantages médiocres. Mais dans ce temps où l'on voulait que la politique eût le caractère le plus noble et le plus désintéressé, on se trouvait payé d'une guerre qui avait coûté 1400 millions, parcequ'on avait affaibli la Grande-Bretagne, reconquis la liberté des mers, repris de l'ascendant en Europe, joué un rôle glorieux de protection en face des États-Unis, de la Hollande et de l'Espagne. Quant à l'intérieur, cette guerre n'eut pas les résultats qu'on attendait d'elle : elle ne fut pas assez décisive pour relever la royauté et la noblesse ; elle ne ranima pas la richesse nationale et augmenta la détresse du trésor. Loin d'empêcher la crise révolutionnaire, elle ne fit que l'accélérer ; les Français étaient revenus d'Amérique pleins d'enthousiasme pour une démocratie qu'ils voyaient sous l'illusion de leurs idées et dont le point de départ et la base morale leur restaient cachés. La présence de Franklin à Paris, personnifiant la République, savant dont nous avons apprécié le rôle plus haut, exerça une grande influence morale. Nos philosophes, en discourant avec lui sur la constitution américaine, se préparaient à discuter les lois futures de la Révolution française. Un publiciste royaliste, Mallet-Dupan, a conservé un mot que Franklin répétait souvent à ses *élèves de Paris :* « Celui qui transporterait dans l'état politique les principes du christianisme primitif, changerait la face du monde. » De nos jours, nous pouvons voir cette thèse reprise par quelques-uns.

1776. — Extrait d'une lettre de Séez, en date du 8 août 1776 :

« Les bruits des voleurs ont été si fréquents et si terribles, que je n'ai osé t'écrire dans la crainte que tu ne fis une malheureuse rencontre ; car, en effet, personne n'ose plus se montrer. On les dit plus de 800 répandus partout : il y en a de pris, dans nos cantons, au moins 300. Toutes les semaines on en conduit à Alençon par charretées ; on ne sait plus où les mettre. Ils se mettent en toutes sortes de façons, on les trouve en prêtres, en seigneurs, en mendiants, en marchands et même dans des caissons en forme de marchandises, pleins et chargés. Une charretée, au nombre de vingt-sept, y compris le conducteur, sont aussi avec les autres à Alençon. On les prend dans nos meilleures auberges. On vient encore d'en prendre un et d'en manquer deux : ils ne tarderont peut-être pas à l'être aussi. On espère que quand les campagnes seront découvertes, on sera un peu plus tranquille. Ce sont, soi disant, tous les mendiants qu'on avait laissé sortir des maisons de force, lors des réformes qu'on a faites. »

Depuis la date de cette lettre, ces voleurs se sont répandus dans les environs de Falaise, Caen, Bayeux, et rendent les routes de ces cantons peu sûres : on entend tous les jours parler de vols et d'assassinats. Les cavaliers de la maréchaussée sont répandus de tous côtés et on a envoyé à Falaise, à cause de la foire qui s'y tient à présent, au faubourg de Guibray, des troupes pour la sûreté du public et la protection du commerce. On ne sait à quoi attribuer la cause de tant de voleurs, maintenant surtout que le pain n'est qu'à deux sols la livre, et les denrées à meilleur compte qu'autrefois. Il paraît, en effet, que ce pourraient être les vagabonds expulsés des maisons de force et les commis renvoyés lors de la réforme de quelques bureaux et notamment de celui de la guerre, par M. de Saint Germain. On est porté à croire que ces différents sujets auront pris le parti de voler, parcequ'ils ne savaient mieux faire ; le dégoût du travail, la vie molle et fainéante, et le désespoir pour plusieurs, auront été probablement les motifs qui les auront porté à faire le métier de scélérats.

De Saint André de Fontenay, le 29 septembre 1776.

M. Le Tellier, curé de cette paroisse, homme vénérable et digne d'une place plus éminente, a fait lecture au prône d'aujourd'hui, d'une lettre qui lui a été adressée, par M. L'intendant de Caen, au sujet des orphelins et autres enfants en bas âge, qui sont dans l'indigence ; la voici :

« A Paris, le 15 août 1776. — Le gouvernement, Monsieur, s'occupe des moyens de rendre utiles à la société les enfants de l'un et de l'autre sexe, encore en bas âge, qui, faute de moyens de subsistance, se trouvent enfermés dans les dépôts destinés à la mendicité : c'est surtout dans le temps où ils n'ont pu contracter aucune habitude vicieuse et où les mauvais exemples qu'ils ont peut-être eus sous les yeux, n'ont pas encore eu sur eux de fâcheuse influence, qu'il est possible d'en tirer un parti avantageux pour l'État et pour eux-mêmes.

Afin de les soustraire à l'oisiveté, de leur inspirer de bonne heure le goût du travail et de les accoutumer à une vie active, l'administration est disposée à faire des sacrifices en leur faveur, et de les entretenir, à ses frais, chez d'honnêtes laboureurs ou chez des artisans qui se détermineront à les reçevoir et à en prendre soin. Je me propose de ne répandre dans les campagnes que ceux qui seront reconnus sains et bien constitués. Mon intention est de faire payer tous les six mois ce qui sera du pour leur pension. Elle ne sera pas au dessous de 40 livres pour les enfants en bas âge et jusqu'à ce qu'ils aient atteint leur 18me année. Je ferai payer au moins 30 livres par an à ceux qui les entretiendront depuis 12 ans jusqu'à 16, et je pourrai même porter ces pensions à une fixation plus considérable si le cas l'exige et suivant les circonstances.

Votre concours, Monsieur, peut beaucoup contribuer au succès de ce projet que la religion avoue et qui est si conforme à l'humanité. Je vous en fais part avec la confiance que votre état et votre zèle inspirent; celle que vos paroissiens vous doivent et qu'ils ont sûrement en vous les déterminera facilement à se prêter dans cette occasion aux vues bienfaisantes du gouvernement. En leur faisant connaître quelles sont ses intentions et son vœu sur cet objet intéressant, donnez leur, je vous prie, toute assurance sur l'exactitude du paiement. Dissipez les préjugés qu'ils pourraient avoir et la répugnance qu'ils pourraient vous témoigner à admettre, dans le sein de leur famille, des enfants qui n'ont pu être élevés par leur père et mère.

Ce sont des enfants de l'État, qu'il remet entre leurs mains pour en faire des compagnons de leurs travaux et des sujets utiles. Ce n'est point une charge qu'on leur impose, mais un dépôt qu'on leur livre et qui ne peut que les honorer. Accepté librement, il établit entre eux et l'administration une relation intéressante et qui leur deviendra avantageuse, soit par la protection qu'ils mériteront en prenant soin de l'éducation de ces enfants, soit par l'emploi qu'ils feront de leurs bras et de leurs facultés, pour la culture de leurs terres, leur exploitation ou l'exercice de leur profession.

Ils en disposeront comme de leurs domestiques et lorsque les garçons, qu'ils auront ainsi élevés, auront atteint l'âge et la taille requise pour la milice, ils pourront les substituer à leurs propres enfants, qui dès lors, en seront exempts.

Ces avantages seront surement sentis, si vous voulez bien vous prêter à les développer et à les faire valoir. Vous me ferez plaisir d'entrer en correspondance avec mon subdélégué sur tout ce qui peut avoir rapport à cette proposition et de vous concerter avec lui sur les mesures à prendre pour l'admission de ces enfants chez les laboureurs ou les artisans de votre paroisse, qui se seront décidés à en prendre soin. Je l'ai autorisé à recevoir toutes les soumissions qui seront revêtues de votre attache et il prendra avec vous, sur ce sujet, les arrangements qui seront les plus convenables. S'il vous reste quelques doutes, quelques difficultés, je me ferai un plaisir de vous donner tous les éclaircissements que vous pourrez désirer.

J'ai l'honneur, etc. *Signé:* Esmengart (1).

Cette lettre était imprimée et signée de la main de M. l'intendant, parcequ'elle était circulaire, c'est à dire qu'on en a envoyé une de sa part, à un chacun des curés de la généralité.

M. de Rochechouart (2), évêque de Bayeux depuis 23 ans, ayant remis son évêché dans le mois de Novembre 1776, le roi l'a donné à M. de Cheylus (3),

(1) Le baron Orçeau de Fontette avait pris sa retraite au mois ¡de septembre 1775. Il était arrivé à Caen en 1752. Son successeur, Charles-François Esmengart, chevalier, seigneur des Bordes de Feyne, Pierrerice et autres lieux, fut installé le 21 octobre suivant. M. Le Lorier, avocat et professeur de droit à l'Université de Caen, lui dédia une pièce en vers latins, avec traduction en vers français, dans laquelle il rappelait que M. l'Intendant, dans le grand procès soutenu par sa compagnie à l'occasion des biens confisqués sur les Jésuites, avait fait un rapport favorable à l'Université. M. Esmengart cessa ses fonctions en novembre 1783 et fut remplacé par M. Charles Henry de Feydeau, marquis de Brou, dont le père avait été intendant à Rouen.

(2) Rochechouart (Pierre-Jules-César de) était né en 1698. Il fut nommé évêque d'Évreux en 1734 et transféré à Bayeux le 9 août 1753. Il donna, par suite de son grand âge, sa démission le 17 novembre 1776 et mourut à Montigny, où il s'était retiré, le 30 décembre 1781.

(3) Cheylus (Joseph-Dominique de), né à Avignon en 1719, évêque de Tréguier le 15 avril 1762 transféré à Cahors en 1766, et à Bayeux le 17 novembre 1776. Il était premier aumônier de la comtesse d'Artois et avait été d'abord doyen et vicaire général de Lisieux.

Pendant la Révolution, ce prélat, ayant imité la presque totalité des évêques et des prêtres de France, qui rejetèrent la constitution civile du clergé et refusèrent de prêter les serments prescrits par la loi, subit comme eux la peine de la déportation. Il mourut dans l'île de Jersey, le 22 février 1797.

En 1781, M. de Cheylus avait donné trente mille francs, qui faisaient quinze cents livres de rente, pour pensionner dans la ville de Bayeux une école gratuite, administrée par des frères des Écoles Chrétiennes, vulgairement appelés les *Grands Chapeaux,* au nombre de quatre. Il leur avait fait bâtir une maison, rue et paroisse Saint-Laurent, qui lui coûta encore au moins 30.000 livres. L'emplacement avait été donné par la ville de Bayeux, en faveur de laquelle se faisait cet établissement.

évêque de Cahors; et cet évêché a été donné à M. de Nicolaï, grand vicaire de Bayeux. M. de Rochechouart s'est réservé, sur ces deux évêchés, une forte pension, savoir: sur celui de Bayeux, 40.000 livres, et sur celui de Cahors, 20.000 livres; ce qui fait une somme de 60.000 livres.

Voiçi une lettre de Madame de la Frette à M. Goujet, en date du 30 novembre 1776, par laquelle on peut voir quelle sensation ces conventions de MM. les évêques font sur les esprits. Les uns y voient de la simonie; les autres, et ce ne sont pas les plus scrupuleux, ne font pas difficulté de les approuver. Et les plus sages ne disent rien (1).

« Vous me faites plaisir, Monsieur, de me donner bonne espérance de M. de Cheylus. Je n'ai, jusque là, ouï dire que des choses équivoques sur son compte.

(1) Voici, d'après M. l'abbé Laffetay, qui a eu à sa disposition les *Mémoires* de l'abbé Bisson sur les quatre derniers évêques de Bayeux sous l'ancien régime, ce qui se passa à cette occasion. La suppression du Conseil supérieur de Bayeux et la réinstallation du Parlement causèrent à Mgr de Rochechouart, alors âgé de 78 ans, la plus profonde douleur. Il résolut de se démettre en faveur d'un de ses grands vicaires, M. de Nicolaï, ecclésiastique de grande naissance et qui avait tous les droits à l'épiscopat. Se croyant sûr de réussir, il s'arrangea avec lui au sujet des revenus de l'évêché, renouvela les baux des fermiers et imposa la condition d'un *pot de vin*, payé par les contractants. Ces mesures avaient pour but de « liquider ses dettes et de mettre ses affaires au courant ». M. de Nicolaï avait accepté ses arrangements « avec reconnaissance », quand, tout à coup, M. de Cheylus fut nommé à Bayeux et M. de Nicolaï à Cahors. La *temporalité* de l'évêché de Bayeux allait donc changer de maître. Ce fut alors que Mgr de Rochechouart fut assuré d'une pension que s'engagèrent à lui servir MMgrs de Cheylus et de Nicolaï. Mgr de Cheylus cassa les baux des fermiers et l'on prétendit alors que cette opération avait pour but d'extorquer aux parties une autre somme d'argent. Son intendant usa d'une telle sévérité qu'une révolte éclata. Une compagnie de soldats dut venir mettre les anciens fermiers à la porte et ce fut un concert de malédictions dans tout le pays. Aussi l'opinion publique se prononça-t-elle fortement contre ces agissements et la haine contre le haut clergé y trouva-t-elle un nouvel aliment.

Bon à Lisieux (1), mauvais à Cahors, plaise à la miséricorde divine de le rendre bon à Bayeux et nous tous avec lui, et donner à M. de Rochechouart les grâces dont il a besoin pour faire un bon usage de son repos et des quarante bonne mille livres de rente qu'il s'est, dit on, réservé sur les deux évêchés, sans doute pour en distribuer la meilleure partie aux pauvres, car il n'en faut pas tant pour se disposer à la mort. Notre pasteur (2), qu'il a cru devoir haïr d'une haine parfaite, nous édifie davantage. Il vient de mettre tout en usage pour engager ses paroissiens à profiter des grâces offertes par le Jubilé et le terminer par des actes publics de reconnaissance. Il célébra mercredi une haute messe à cet effet, vespres solennelles, ensuite un sermon admirable. Après quoi, salut et bénédiction et *Te deum*. Ce jour a été précédé par sept à huit sermons, dont un, chaque jour, des meilleurs prédicateurs de Caen. Les Capucins, les Jacobins, les Carmes, ont encore de bons sujets, grâce à Dieu ! si c'est leurs ouvrages qu'ils nous ont débité. Il y a, entre autres, un père Besnard, aux Jacobins, qui m'a paru très profond. Ce ne serait rien si j'étais seule, mais on en fait grand cas. »

Il y a quelque temps, le Roi, se promenant au jardin de la Muette, demanda à deux femmes qui ôtaient les mauvaises herbes, combien elles gagnaient par jour à ce travail ? Six sols, dirent elles. C'est bien

(1) Il a été grand vicaire à Lisieux. (Note de Lamare.)

(2) M. Lentaigne, curé de Saint-Sauveur de Caen. (Note de Lamare.) Mme de la Fretté était janséniste, comme son curé, et entretenait une correspondance suivie avec Dom Gouget.

peu, dit le roi. De retour au Château, Sa Majesté fit venir le jardinier et lui demanda combien il donnait par jour à celles qui nettoyaient le jardin : vingt sols, dit il. Le Roi fit paraître les deux femmes, et le jardinier, convaincu de prévarication, fut renvoyé. Les femmes ont eu une indemnité pour le passé, et auront à l'avenir vingt sols par jour. On peut juger de l'impression qu'a pu faire un tel acte de bonté et de justice jusque dans la plus basse classe des citoyens.

Le 1 Janvier 1777, M. Le Tellier, curé de Saint André de Fontenay a fait un petit prône familier à ses paroissiens, dans lequel il a dit entre autres choses : « Qu'il ne pouvait mieux leur souhaiter à tous une heureuse année qu'en leur disant quelques réflexions sur la rapidité du temps et sur l'usage qu'il faut faire de celui que Dieu nous donne encore cette année..... que plus on compte d'années, plus on approche de la mort ; qu'il faut donc penser souvent à ce terme redoutable de la vie présente. Les jeunes gens, dit il, me diront sans doute : à la bonne heure, pour vous, car qu'avez vous à attendre autre chose que la mort ? C'est vrai, continua t il, et je serais à plaindre si je ne m'en occupais pas. Cependant ce ne sont pas toujours les plus vieux qui partent devant ; l'expérience nous l'apprend et il est certain que tous ceux qui sont içi, n'y seront pas de même à la fin de la présente année. Cependant nous paraissons tous en bonne santé. »

Après cela, ce respectable pasteur exhorta chacun à remplir les devoirs de son état comme il s'efforçait lui même à remplir les siens à leur égard. Cet homme vénérable n'est pas riche, puisqu'il est à portion congrue, sans autre ressource du côté de son bénéfice, excepté la maison presbytériale et son jardin.

Tous les dimanches régulièrement, il fait le prône après la procession et avant la messe. Je ne sais pas pourquoi il a introduit cet usage : il a eu sans doute de bonnes raisons pour le faire, il prend ordinairement pour sujet de son prône l'épître ou l'évangile du jour, qu'il lit d'abord au peuple dans son missel : c'est encore un de ses usages. On sait que les livres liturgiques sont imprimés en latin : il cherche l'épître ou l'évangile qu'il lit tout haut en français, quoiqu'ils soient en latin dans le livre, ce qui l'oblige quelquefois de lire très lentement, afin de pouvoir rendre le sens exact.

Cet homme de bien fait chanter souvent les Dimanches un cantique en français à l'issue de vespres. Dans les grandes fêtes, il fait aussi chanter pendant la messe des vers français, à l'Offertoire et à l'Élévation.

Le sixième jour de Janvier 1777, j'assistai à 6 heures et demie du matin, au discours prononcé dans l'église des Bénédictins de Fontenay, par Dom Alix, religieux de ladite abbaye, sur la rénovation des vœux de la profession religieuse, ainsi qu'à la cérémonie de ladite rénovation. On n'y prêche qu'en cette occasion ; c'est à dire qu'une fois l'an, le jour de l'Épiphanie.

Le 29 Décembre dernier, j'avais été à vespres à la paroisse de May. C'était le dimanche dans l'octave de Noël ; ce qui me donna occasion de voir que les livres de chant de cette église étaient manuscrits (1), contenant l'office des bréviaires et missels réformés par M. de Luynes, lors évêque de Bayeux, aujourdhui cardinal et archevêque de Sens (2). Ces manuscrits de plein-chant que je remarquai, étaient très bien écrits, en lettres majuscules de différentes couleurs. Le curé, neveu de celui de Saint André de Fontenay, étant venu peu de temps après à la maison, je lui en parlai. Il me dit que c'était son prédécesseur qui s'était donné la peine de les écrire, s'imaginant que ceux qui étaient imprimés se vendaient excessivement cher.

La neige a couvert la terre depuis Noël jusqu'à l'octave de l'Épiphanie.

Le sieur Linguet, fameux avocat de Paris (3), qui

(1) Nous avons vu, par une note précédente de Lamare, que ces manuscrits avaient été copiés par Jean-Olivier Tournières, curé de May, qui mourut dans cette paroisse le 11 juillet 1757. Ce curé était l'auteur de nombreuses notes sur les abbayes et les paroisses de l'évêché de Bayeux, notes que Lamare a utilisées dans son Pouillé.

(2) Luynes (Paul d'Albert de), né le 5 février 1703, fut nommé évêque de Bayeux en 1729 et transféré à l'archevêché de Sens le 9 août 1763. Cardinal en 1756, commandeur de l'ordre du Saint-Esprit en 1768, l'un des quarante de l'Académie française, etc., il mourut à Paris, le 22 janvier 1788. M. de Luynes réforma, en effet, tous les livres liturgiques du diocèse de Bayeux.

(3) Simon-Nicolas-Henry Linguet, né à Reims en 1736, était le fils du principal du Collège de Beauvais. Après de brillantes études, il fut attaché au duc de Deux-Ponts et parcourut la Pologne et le Portugal. Avocat au barreau de Paris, il se fit remarquer par son talent et ses succès, mais fut rayé du tableau en 1774, à cause de son esprit mordant et caustique. Il fonda alors le *Journal Politique et Littéraire* et plus tard les *Annales ;* il se fit, par ces publications, de nombreux ennemis, et, après avoir beaucoup voyagé, il eut l'imprudence de revenir en France, où il fut mis à la Bastille. Il en sortit en 1782, s'exila à Bruxelles et ne rentra en France qu'après le pardon que lui accorda Louis XVI. Ses connaissances étaient vastes et variées, mais sa passion pour le paradoxe et le scandale le perdit. Il reparut à Paris en 1791, où, dénoncé, il dut se cacher. Découvert, il fut guillotiné en 1794.

a été rayé du tableau des avocats, a beaucoup fait
parler de lui à ce sujet, parcequ'il a publié pour sa
défense quelques écrits où il maltraite tous ses ennemis, sans épargner personne, même M. Le Duc
d'Aiguillon, dont il a été un des avocats, lorsque ce
duc eut le grand procès qu'il gagna injustement, les
années passées, au Parlement de Paris. J'ai lu
depuis peu avec plaisir sa requête au Roi, où il y a
des anecdotes très intéressantes sur les usages et la
conduite des avocats de Paris, et où il fait voir que
le duc d'Aiguillon, après s'être servi si utilement, ne
l'a jamais payé de ses peines que par l'ingratitude et
la cruauté la plus atroce, puisqu'il met le Duc à la
tête de ses ennemis. Cet avocat est à Bruxelles, ou
maintenant en quelqu'autre ville de Hollande ou de
Flandre, ne se croyant pas en sureté en France. Il a
fait imprimer quelques ouvrages. Ce que j'en ai lu
nous avait été prêté par Dom Deliée en Janvier 1777.

Écriture gothique que j'ai vue sur la muraille de la
maison de M. de Valendré (1), en l'abbaye de Fontenay, sur une fenêtre et au dessus d'une porte :

> Curae amoris domu'
> Jo. xv. M°.
> Pax ❦ huic domui. ❦

Cette écriture signifie à ce que l'on croit : *curae
amoris domus*. C'est à dire que cette maison était

(1) M. de Valendré était un des religieux de l'abbaye. Nous trouvons dans les
Registres des Insinuations de Bayeux, manuscrit 271, f° 142, v°, dans une attestation ou lettre de noviciat de Dom Gouget à l'abbaye de Fontenay, la mention

l'hotellerie. La suivante est : *pax huic domui;* paix à cette maison.

M. Buisson ayant envie de cette écriture, je pris une échelle et montai à la fenêtre après Noël 1776 et je l'écrivis sur un morçeau de papier, avec tout le soin possible.

Le 7 mars 1777, on a pendu, à Caen, deux voleurs, place Saint Sauveur. Ils ont volé un curé et pris une croix d'argent et d'autres meubles servant à l'usage de l'église. Ils ont d'autres complices.

Le 8, on a pendu, à Caen, place Saint Sauveur, un homme qu'on disait être aubergiste et recéleur des voleurs qui furent pendus hier : ceux ci ont été donnés après l'exécution aux écoliers qui étudient l'anatomie, ce qui est venu fort à propos pour les sieurs de Seulle et Aubraye, chirurgiens, qui vont commencer un cours d'anatomie, pour faire leurs démonstrations.

M. de Cheylus, évêque de Bayeux, a affermé les revenus de cet évêché, cent soixante quatre mille livres et quatre vingt mille livres de *pot de vin;* vingt quatre tonneaux de cidre, l'entretien et fourniture pour nourrir 12 chevaux, 400 chapons, 800 poulets, canards, etc., etc., etc.

Ceux de l'archevêché de Rouen montent aujourdhui à cent mille écus. Si j'avais quelque influence dans le gouvernement, je ferais tout mon possible

et la signature de Poullain de Valendré, religieux chantre en cette abbaye. (Voir aux pièces justificatives.)

pour que ces deux prélats donnassent chacun un bon
don gratuit au Roi, pour l'aider à acquitter les dettes
de l'État, et leur superflu aux indigents de leurs
diocèses, puisqu'il leur est ordonné de donner gratuitement ce qu'ils ont eux mêmes reçu gratuitement (1).
Gratis accepistis, gratis date.

Il y a environ quinze jours qu'il parut, sur notre
horizon, une espèce de comette qui fut remarquée
et vue de beaucoup de monde à Caen et aux environs,
à l'entrée de la nuit et qui se termina, dit on, par
une double explosion, semblable à deux coups de
fusil.

Aujourdhui, mercredi, 12 mars 1777, étant à Fontenay, (l'Abbaye de Fontenay) dans ma chambre,
avant de me coucher, je vois maintenant une espèce
d'aurore boréale ou lumière, semblable à celle du
matin avant le lever du soleil, quand le ciel est pur.
Elle parait du côté de Caen et de la mer, c'est à dire

(1) Les immenses revenus des évêchés et des abbayes provoquaient souvent à
cette époque des critiques dans le genre de celles de Lamare, qui était pourtant
profondément royaliste et religieux. Beaucoup de curés étaient fort riches, mais
beaucoup de vicaires mouraient de faim. Louis XVI, comme on va le voir,
mérita leur reconnaissance en fixant leur portion congrue à 350 livres.

Outre les évêchés, on comptait alors 715 abbayes *en commende*, c'est-à-dire
dont le titulaire pouvait commettre un ecclésiastique à sa place pour remplir ses
fonctions, sans toucher ses revenus, 705 prieurés, 19.000 religieux, 32.000 religieuses. Les évêques, abbés, prieurs et chanoines étaient au nombre de 12.000;
le clergé séculier dépassait 40.000 ; ce qui faisait, pour le clergé, plus de
105.000 membres, presque autant qu'il y avait de nobles. A sa sortie du ministère, Brienne, archevêque de Toulouse, avait pour 678.000 livres de revenus en
bénéfices. Mais les couvents se dépeuplaient chaque jour, l'esprit du siècle étant
dans une voie contraire. Aussi voulait-on des réformes et, dès 1769, une commission, dont Loménie de Brienne faisait partie, fit supprimer un grand nombre de
monastères. Turgot voulait aller plus loin, comme on l'a vu plus haut.

du nord, en tirant un peu vers l'ouest. Le ciel est pur, les étoiles assez brillantes, le temps froid, le vent du nord ayant été un peu fort pendant la journée.

Ce jourdhui, 19 de mars 1777, il y a eu un orage extraordinaire, accompagné de plusieurs coups de tonnerre et d'un vent d'ouest très impétueux qui dure encore à 11 heures du soir. L'orage a passé sur l'atmosphère à 4 heures après midi.

Le 23 mars 1777, Dimanche des Rameaux, M. le Curé de Saint André de Fontenay, a fait chanter à la grande messe la Passion par deux petits garçons, conjointement avec lui ; ce qui m'a un peu surpris, ne croyant pas qu'il fut permis à d'autres qu'aux évêques, aux prêtres et aux diacres de chanter l'Évangile. *(J'ai vu pratiquer la même chose à Caen, en 1827, à Saint Sauveur, ma paroisse.)*

M. Le Curé a eu la bonté, aussy, le même jour, de lire après complies la passion au peuple en français ; ce bon pasteur ne néglige pas la moindre chose pour le bien de ses paroissiens. Il se gêne même volontairement pour leur commodité, en disant, dans le carême, la messe à 5 heures du matin, afin que les artisans et gens de journée puissent y assister avant d'aller à leurs travaux et que personne n'ait des raisons de s'en dispenser. Quant aux personnes qui ne peuvent y aller de si grand matin, elles ont l'Abbaye à proximité, où il y a tous les jours au moins deux messes.

Aujourdhui, un malheureux meunier de Fontenay,

nommé L'Abbé, s'est brisé le bras dans les *alençons* de son moulin, pendant la grand messe. On a fait venir le bourreau de Caen pour y remédier.

Le 25, mardi de la semaine sainte, M. le Curé a fait chanter par les petits garçons, le *Stabat Mater* et *Vexilla regis,* pendant la messe, au moment des lectures de l'épitre et de l'Évangile, ce qui ne m'a pas paru trop sensé. Ces cantiques sont, il est vrai, analogues au temps, mais sont étrangers au sacrifice de la messe, dont on doit uniquement s'occuper alors : d'ailleurs, ce n'est pas dans le temps des lectures auxquelles les assistans sont attentifs, qu'il faut chanter, surtout le *Stabat.* C'est s'attacher plus à la lettre qu'à l'esprit de la religion.

Depuis le Dimanche de la Passion, M. le Curé fait tous les soirs la prière à l'église en présence du peuple, précédée de la lecture de l'Évangile du jour, dont il donne une petite explication. Le Jeudi Saint, jour auquel j'y assistai, il fit lecture du chap. 8e du 4e livre de l'*Imitation;* après lequel il dit quelque chose de très bon, dont cette lecture lui avoit fourni la matière. Tout le monde sait apprécier la morale de ce livre : c'est une marque non équivoque du bon goût de M. Le Curé, qui le préfère aux sermonaires et autres livres de piété, parcequ'il est d'ailleurs, par sa sublime simplicité, à la portée de tout le monde et plus particulièrement des gens de campagne. Il serait à désirer que ceux qui n'ont pas de talent pour la chaire, ni le don de la parole, n'eussent pas honte de recourir à ces sources.

Le 28, jour du Vendredi Saint, la Passion selon Saint Luc a été, comme dimanche dernier, chantée par M. Le Curé, avec ses deux petits garçons : ils sont avec leur habit de prison. M. le Curé de May fait la même chose, et au lieu de petits garçons, il prend des hommes faits.

Il est encore à remarquer que c'est Peronne, notre boucher, l'un des chantres de la paroisse, qui a chanté les *Fleclamus genua,* auxquels les autres répondaient : *levale ;* ce que je n'ai vu faire nulle part. Cela s'est encore pratiqué, aujourdhui Samedi Saint, par Me Jacques Le Cocq, autre chantre, en l'absence dudit Peronne.

Le 15 avril, j'ai vu à la Foire de Caen, un petit cheval savant qui connait la monnaie, distingue les pièces, connait l'heure qu'il est à une montre, en frappant du pied autant de coups qu'il y a d'heures ; il connait les cartes, les nombres, etc. Il répond aux diverses questions qu'on lui fait, soit en détournant la tête de côté pour nier, soit en l'abaissant pour affirmer. Je l'ai vu avec admiration et ne puis conçevoir après cela qu'on ose assurer que les bêtes sont de pures machines, montées comme des horloges. Pour moi, je crois que Dieu leur a donné une intelligence qu'on peut sans crainte appeler *âme,* puisqu'elle renferme plusieurs parties de la nôtre, telles que la volonté, la mémoire, le discernement, des sentiments d'amour et de reconnaissance, etc.; mais de dire que cette âme soit spirituelle et immortelle, je ne le croirai jamais. D'un autre côté, si cette âme des bêtes n'est pas spirituelle et immortelle, quoiqu'elle renferme plusieurs parties de la nôtre, il s'ensuit, dira peut être quelqu'un, que la nôtre n'est pas non plus spirituelle, ni immortelle, quoique plus excellente que celle des bêtes. Je n'ai içi d'autre réponse à faire que celle-çi: c'est un mystère que je ne comprends pas, et cela n'est pas étonnant, puisque nous voyons tous les jours une foule d'autres sujets sous nos yeux, sans les pouvoir comprendre. D'ailleurs, nous sommes bornés en connaissances. Notre faculté de concevoir les choses et même de les voir, ne nous les représente pas toujours telles qu'elles sont en effet. *Sensus sunt fallaces* et Dieu, qui est infini, dans tous ses attributs, ne proportionne pas ses ouvrages aux lumières de l'homme, afin qu'il y ait de la différence entre le créateur et la créature et que cette différence soit rendue sensible. Que ceux qui doutent de ceçi cherchent le moyen de savoir au juste ce qui en est et à quoi ils doivent s'en tenir à cet égard; car ils ont autant d'intérêt que moi à connoître une vérité si importante aux hommes et sans la certitude de laquelle tout est incertain dans notre malheureuse vie sur la terre.

Extrait d'une lettre de Paris, du 30 avril 1777. — « Je ne sais si vous savez que M. Petay, fils d'un procureur à Chartres, était grand pénitencier de Chartres. On a été chez lui: on a commencé par assassiner la domestique; ensuite on a été dans le cabinet de M^r, où il était à travailler; on l'a assassiné aussi. Les assassins les ayant laissés tous deux sur la place, s'en sont retournés. Ils ont volé deux sacs d'argent et ont pris la poste. Le lendemain, ne voyant pas Mr le Pénitencier à l'office du matin, on a été sonner: personne. On a fait *clef de Roi ;* on les a trouvés tous les deux baignant dans leur sang.

Un nommé Dérues, de Chartres, depuis bien du temps demeurant à Paris, épicier, avait acheté du bien d'un Monsieur et n'avoit pas payé. Il avoit fait des billets. Ce Monsieur ayant donné procuration à sa femme, (le mari ayant affaire à Lyon) elle s'en vint à Paris pour se faire payer. Dérues empoisonna cette femme. Elle avait un fils en pension au collège d'Harcourt, qui, sachant que sa mère devait être à Paris, vint pour la voir. Dérues le mène à Versailles et l'empoisonne en lui faisant prendre une tasse de café. Il le fait enterrer à Versailles comme étant un de ses fils.

Un Monsieur hier, dans la rue de Bourgogne s'est coupé le col: à Sceaux, on a aussi assassiné un homme... »

Extrait d'une lettre de la même personne datée du 25 mai, à Paris. — « Je vous envoie aussi par la même occasion, les estampes d'un nommé Des Rues et son portrait. Vous avez sans doute entendu parler de ce malheureux épicier, qui a empoisonné une dame et son fils. Il avoit acheté une terre de son mari et avoit pris des arrangements pour le payer. Cette terre était de cent trente mille livres. Vous verrez combien ce misérable a fait de choses. Tout ce qui est marqué est très véritable et cependant, il n'a jamais

rien voulu avouer. Ce malheureux est de Chartres.
c'est de ces Des Rues qui faisoient commerce de bleds.
Je pense que vous en avez connu (1) le grand père;
c'était de ces hommes à qui on donnait la clef des
greniers à bled pour les vendre et en avoir soin. Cela
ne demeuroit pas loin de votre maison de Saint Père.
Ils avoient des filles qui faisoient les demoiselles on ne
peut davantage. Je connais encore de ses plus proches
parents qui sont de très bons marchands rue Saint
Honoré. C'est bien triste pour ces gens là.

Vous me demandez des nouvelles de M. l'Empereur. Il a visité tous les hôpitaux, il a été à l'hôtel
Dieu qu'il a trouvé pitoyable: des quatre a six malades dans le même lit. Il tatait avec ses mains combien
il y avait de malades.

Il y a un abbé, paroisse de Saint Roch, (c'est l'abbé
Lépée) qui enseigne les muets et les sourds à
écrire (2). L'empereur s'est donné la peine de voir
comment il faisait. Il a été si satisfait de voir cet

(1) Le crime fit grand bruit à l'époque et a été classé dans les causes célèbres.
Il n'est pas étonnant que Dom Gouget ait entretenu pendant longtemps des
relations avec les Chartrains; il avait séjourné assez longtemps dans les
abbayes de Josaphat et de Saint-Père de Chartres.

(2) Charles Michel, abbé de l'Épée, fondateur de l'Institution des sourds-
muets, naquit à Versailles en 1712. Des accusations de jansénisme l'empêchèrent
d'abord d'entrer dans les ordres qui lui furent cependant conférés plus tard par
l'évêque de Troyes. Il se fit remarquer par son opposition à la bulle *Unigenitus*
et fut interdit par M. de Beaumont, archevêque de Paris. C'est alors qu'il se
chargea gratuitement de l'éducation de deux jeunes sœurs sourdes-muettes et
fonda son système de langage naturel des signes. Seul avec une petite fortune,
aidé seulement par le duc de Penthièvre, il forma le premier établissement de
sourds-muets. Pour que ses élèves ne manquassent de rien, il se contentait
d'aliments simples et de vêtements grossiers, et passait sans feu les hivers les
plus rigoureux. L'abbé de l'Épée mourut à Paris en 1789.

abbé qu'il l'a prié de bien vouloir apprendre à deux de ses sujets qui sont muets et sourds, et qu'il les lui enverrait. Pour que cet abbé se ressouvienne de lui, il lui a fait présent de son portrait et d'une boîte d'or.

Il est allé aussi voir les Invalides qu'il a trouvées magnifiques. Il en a parlé au Roy, qui lui a dit : *qu'il en avait plus vu à Paris que lui; qu'il ne les avait point encore vues.* L'Empereur lui a dit qu'il n'était guère curieux (1).

On tient M^r l'archevêque mort, à cause dit-on, que l'on donne encore de nouvelles peines aux Jésuites. Vous savez qu'il est sorti un arrêt, qui leur défend de faire aucunes fonctions, ni posséder aucuns bénéfices; de se contenter des pensions qu'on leur fait, ce qui donne beaucoup de chagrin à bien du monde et à bien des couvents dont ils étaient les directeurs. »

Le 10 mai 1777, M^r le Comte d'Artois (2) qui va

(1) Lorsqu'en 1777, dit M. Victor Duruy, l'empereur Joseph II vint en France, où il étudia de si près, et non sans une secrète envie, notre industrie et nos arts, il apprit avec stupeur que son beau-frère, loin d'avoir visité ses villes et ses provinces, n'avait même jamais vu ni les Invalides, ni l'École Militaire. Henry IV était le plus brave soldat de son armée ; son fils se battait bien encore. Louis XIV et Louis XV assistèrent à des actions de guerre. Leur successeur fut toujours inconnu de l'armée. Ainsi la royauté s'était peu à peu retirée du milieu de la vie nationale et s'étiolait dans la solennelle oisiveté de Versailles.

(2) Charles Philippe, né à Versailles en 1757, était le quatrième fils du Dauphin, fils de Louis XV. Il émigra des premiers en 1789 et parcourut l'Europe pour chercher des défenseurs à la cause royale. Lieutenant général du royaume après la mort de Louis XVII, il rentra en France en 1814, à la suite des alliés. Appelé au trône, sous le nom de Charles X, en 1824, il signala son avènement par des lois impopulaires et ne sut pas en 1830 céder au respectueux avertissement

visiter les ports du royaume, a passé par Fontenay, ce matin, (venant de Harcourt, ou il a couché). Il est arrivé à Caen après 10 heures du matin. Il est descendu de sa voiture à l'entrée de la ville qu'il a traversée à pied jusqu'à l'abbaye de Saint Étienne, ou il a monté en voiture et a ainsi continué sa route par Vire ou il a dîné, et est allé après coucher à Avranches.

Il a été reçu dans Caen par les députés de différents corps, au bruit du canon et de toutes les cloches. Le régiment qui est en garnison à Caen était rangé en haye des deux côtés de la rue par ou a passé le Prince, qui a été accompagné de quantité de seigneurs, avec lesquels il s'entretenait, précédé de la maréchaussée et suivi d'un certain nombre de soldats qui fermaient la marche, avec une grande affluence de peuple. J'ai eu l'honneur de le voir en cette occasion. C'est, quant à l'extérieur, un bel homme, très bien fait, et dont la physionomie est très gracieuse. Il n'a pas encore 20 ans, étant né le 9 octobre 1757.

Qu'il vive longtemps, ainsi que notre Monarque et toute la famille royale, par la grâce de Dieu, qui donne l'être à tous les hommes et qui les conserve à chaque instant par sa Providence. Que cet Être Suprême protège ce Prince et lui fasse la grâce de se

qui lui fut donné par l'adresse des 221 et aux légitimes revendications du peuple. Ses ordonnances excitèrent un soulèvement général les 27, 28 et 29 juillet 1830 et il dut abdiquer en faveur de son petit-fils, le duc de Bordeaux.

Charles X mourut en exil à Goritz, en 1836, après avoir habité en Angleterre et à Prague.

sauver. C'est aussi la grâce que je désire pour le Roy, la Reine et toute la famille roïale, par N. S. J. C. qui est le sauveur du Roy, aussi bien que de ses sujets.

Le soir du même jour, il y eût à Caen des marques publiques de joie à l'occasion du passage de son Altesse Roïale par cette ville.

Le sixième jour de juin 1777, l'Empereur (1) a passé par Caen, venant du Havre et conséquemment de Rouen. Ce Prince fut rencontré à Colombelles par la maréchaussée de Caen qu'on avait envoyée à sa rencontre. Il lui défendit de l'accompagner et lui ordonna de demeurer en ce lieu et de n'en partir qu'un grand quart d'heure après lui, afin de jouir plus facilement de *l'incognito,* qu'il se prescrit partout. M. le duc de Mortemart fit ranger la troupe et disposa tout pour recevoir Sa Majesté Impériale. Le peuple s'empressait de se mettre à portée de voir ce souverain, dont les éminentes qualités étaient déjà connues depuis longtemps. Les soldats avaient peine à contenir la foule. Un entre autres disait : « Pourquoi vous presser tant ? vous le verrez toujours bien ; d'ailleurs, tenez, je vous le montrerai, car je le connais bien. J'ai servi sous lui et il n'y a que cinq ans

---

(1) Joseph II, empereur d'Allemagne, fils de François Ier de Lorraine et de Marie-Thérèse d'Autriche, né en 1741, monta sur le trône en 1765, mais ne gouverna réellement qu'à la mort de sa mère, en 1780. Très libéral, mais ne consultant ni l'esprit de son temps, ni celui de sa nation, il promulgua coup sur coup des réformes qui lui aliénèrent le clergé et la haute classe. Ses manières étaient très simples et son instruction remarquable. Il mourut en 1790 ; ses dernières années furent attristées par la Révolution française, les périls qu'il entrevoyait pour la reine sa sœur, et l'insurrection des Pays-Bas. Sur les habitudes de Joseph II, voir une note de l'Introduction, § 3.

que j'ai quitté son service. Faites attention à celui que je vous montrerai ; ce sera lui. » Alors le peuple demeura tranquille, attendant le moment tant désiré.

Pendant tout cela, il passe deux carrosses de peu d'apparence, auxquels on ne fit qu'une légère attention, parcequ'on ne pensait pas que ce put être l'Empereur, et cependant c'était lui. Mais, comme on s'attendait à voir d'abord la maréchaussée précéder S. M. Imp. cela fit qu'on ne s'aperçut de rien. Il courut néantmoins, dans l'instant, un bruit que l'Empereur était passé, et qu'il attendait à Saint Pierre des chevaux de relais. Aussitôt M. de Mortemart court à pied, de toutes ses forçes, jusqu'au lieu ou était S. M. I. Il fut suivi de tous les officiers, de toute la multitude : on se portait les uns les autres. On l'environna de tous côtés. M. de Mortemart supplia S. M. d'accorder à la ville la grâce d'y passer la nuit ; mais Elle s'en excusa et remercia M. de Mortemart de la manière la plus flatteuse. Ce fut alors qu'Elle entendit des cris mille fois répétés de *Vive l'Empereur !* Il salua tout le monde, de tous côtés, se tenant toujours debout, et il se tint en cette posture, dans sa voiture, en passant par les rües ; saluant toujours, avec la bonté et l'affabilité la plus populaire, nos bas normands, qui ne cessaient de crier *Vive l'Empereur !* jusqu'à ce qu'enfin, étant sorti de la ville, il s'assit et continua sa route par les lieux ou avait passé M. le Comte d'Artois, qu'il est allé, dit on, rejoindre à Brest.

Ce Prince, chef de l'Empire, est Joseph, second du nom, fils de l'impératrice douairière, reine de Hongrie, et frère de notre Reine actuelle. Je ne l'ai pas vu malheureusement, mais je sais qu'il est de moyenne taille et qu'il porte sur son visage sacré l'empreinte de la bonté et de la vertu.

Quant il a passé à Caen, il avait un petit habit de camelot puce avec des boutons d'acier et ses cheveux noués en cadogan, avec un petit ruban noir. Il a été de Caen, coucher à Villers Bocage, à 5 lieues de là. Avant que d'arriver dans ce bourg, il demanda quelle était la meilleure auberge : on la lui enseigna. Ensuite, il demanda quelle était la plus mauvaise. On le lui dit aussi et ce fut à celle là qu'il prit gîte. On l'introduisit dans une chambre à trois lits : il demanda s'il n'y en avait point une ou il y eût seulement un lit. On répondit que non ; mais il fit tant que l'aubergiste lui dit : « à moins que l'on ne donne à ces Messieurs, (parlant de l'Empereur et de sa suite) une chambre là haut, que des dames occupent. » Enfin, comme l'Empereur penchait de ce côté là, sans cependant vouloir déranger les dames, l'aubergiste monta à leur chambre et leur dit qu'il venait d'arriver deux carrosses à six chevaux et que les Messieurs qui étaient dedans, voulaient absolument leur chambre, de sorte que les dames se levèrent du lit, car c'était à 9 ou 10 heures du soir et allèrent coucher ailleurs.

On mit donc Monsieur l'Empereur dans leur chambre ; mais auparavant il fit ôter courtepointe, couvertures, draps, matelas, paillasse, tout enfin, excepté la couche. On mit de la paille neuve dans une paillasse et, par dessus, un sac de cuir de chamois, qui était en forme de matelas, qu'on emplit de vent comme une vessie, un traversin de même et le reste que l'on portait dans les bagages de S. M. Impériale, qui passa ainsi la nuit.

Pour son souper, il ne mangea qu'un peu de fromage du pays. Avant de partir, le maître d'hôtel de S. M. paya la dépense, non de l'Empereur, (elle ne méritait pas qu'on y fît attention) mais de sa suite. L'Empereur ordonna de demander la carte : (le petit mémoire de sa dépense.) L'aubergiste dit en riant : « Pardié ! Monsieur ; je n'écrivons pas pour si peu : vous vous moquez, je crois. Allez, dites à ce Monsieur qui vous envoie que cela ne mérite pas de mettre la main au gousset. » On insista à dire que ce Monsieur voulait absolument payer. L'aubergiste persista à rejeter ses propositions, et comme ce petit dialogue durait trop longtemps pour l'Empereur, S. M. descendit elle même demander la carte et dit : « Vous auriez bien pu me dispenser de venir moi même. Voyons la carte. » L'aubergiste répondit : « Ma foi, Monsieur, je n'en avons pas fait. Écoutez, marchez, marchez ; belle bagatelle ! il ne faut rien, Monsieur. Ces Messieurs ont payé leur dépense, mais la vôtre ne vaut pas mettre la main à la poche. » L'Empereur récompensa la naïveté de cet aubergiste en lui donnant dix louis, dont celui-çi fut bien ébahi.

On raconte que S. M. étant allé à un collège de Paris, certain professeur avait choisi un de ses écoliers, pour le complimenter. Ce jeune homme s'en acquitta si bien et dit de si jolies choses, que l'Empereur, voulant voir si ce n'était pas un langage de perroquet, lui fit diverses questions auxquelles le jeune écolier répondit au mieux. L'Empereur en fut enchanté et lui demanda s'il avait quelque place de distinction dans sa classe. Il répondit : « Prince, quand Votre Majesté n'est pas içi, on m'appelle l'Empereur. » « Ah ! reprit S. M., si vous voulez bien venir avec moi à Vienne, au lieu d'un Empereur, il y en aura deux. » On ajoute que S. M. a énjoint au professeur d'écrire aux parents de l'écolier pour avoir leur consentement et qu'à son retour à Paris, il le prendra et l'emmènera avec lui.

Le 24 juin 1777, jour de Saint Jean Baptiste les sonneurs ayant fait un espèce de feu d'artifice dans la tour de l'église de ce Saint, à Caen, il se fit une explosion pendant l'office divin de l'après midi, qui ébranla l'édifice, fit tomber les plâtres de la voûte, fit tomber une poutre, etc., etc. Ce qui causa une telle peur aux fidèles dont l'église était toute remplie, que l'on crut d'abord que ce temple, qui menace ruine, s'écroulait effectivement. Dans l'instant tout le monde sortit précipitamment et même les prêtres et le reste du clergé, chacun cherchant à sauver sa vie. Heureusement personne n'a péri : ce qui est étonnant, à cause de l'affluence extraordinaire de peuple de tout âge que la solennité de la fête du Patron avait attirée dans cette église. Il n'y a eu que quelques personnes légèrement blessées.

La nuit du 30 juin au 1er juillet 1777, on a volé un jeune marchand de Caen, qui demeurait rue Saint Jean. La boutique est isolée, sans arrière boutique, n'y ayant personne qui y passat la nuit. (Le marchand et sa femme allaient coucher dans une chambre de l'autre côté de la rue et ne laissaient dans leur boutique qu'un petit chien.) On a enfoncé la porte de la boutique, coupé le col au chien et on a enlevé exactement toutes les marchandises et l'argent qui y estaient, sans rien laisser du tout.

Le Dimanche, 7 de Septembre 1777, des jeunes garçons étant à s'amuser dans la praierie de Caen, sur le soir, trouvèrent dans un fossé qui est un courant d'eau, le corps d'un homme à qui on avait coupé les cuisses, les bras et la tête et qui avait deux coups d'épée. On n'a pas encore trouvé sa tête, et l'on présume que c'est quelque soldat qui s'est battu en duel (1) et à qui on a fait cette horrible mutilation, pour empêcher qu'il ne fut reconnu et traîné sur la claie. Voila déjà plusieurs fois que cela arrive.

Au mois de Novembre 1777, j'ai été à Bayeux pour quelques affaires, et, par le moyen de ce voyage, j'ai eu la facilité de mesurer la nef de l'église cathédrale de cette ville et j'ai trouvé qu'elle n'a pas plus de douze toises de large, non compris les chapelles et vingt quatre toises de long, jusqu'à l'entrée du chœur. Cette église est belle, sans être bien délicate. Les collatéraux des deux côtés du chœur sont beaucoup plus bas que la nef : on y des-

---

(1) Les peines contre le duel étaient très sévères et les soldats cherchaient par tous les moyens à y échapper. En 1763, une sentence du bailli de Champlitte condamnait un cavalier du régiment de Conty, nommé *Vive l'Amour*, à être pendu, pour avoir tué en duel un autre cavalier en garnison à Gray.

cend par des degrés qui sont à l'entrée, au pied des grilles. Le chœur est très élevé, parce qu'il y a dessous une voûte qui renferme la chapelle sous terre. Il y a au grand portail deux clochers de pierre, d'une assez belle élévation : il y en a un troisième en forme de flèche, sur un petit dôme peu sensible, très orné et très beau, le tout en pierre et de la même hauteur que les précédents. Il est placé sur la croisée, entre la nef et le chœur. Ces clochers peuvent avoir environ cent cinquante pieds. Il y a douze églises parroissiales dans cette ville.

Comme j'avais entendu dire bien des choses merveilleuses de l'église Saint Exupère, je fus curieux de la voir. On me montra une fosse recouverte avec une petite cabane de bois faite exprès. Cette fosse qui est placée sous le grand autel du côté de l'Épître, est celle ou Saint Regnobert fut, dit on, enterré (1). Le corps de ce Saint n'y est plus, apparemment que la crainte des Normands ou des hérétiques l'a fait transférer ailleurs ainsi que ceux des autres Saints que l'on voit transportés bien loin pour cette raison.

On prétend que cette fosse de Saint Regnobert,

(1) L'abbé Béziers regarde cette église comme la plus ancienne de Bayeux. On en attribue l'origine à saint Regnobert, douzième évêque de Bayeux, qui assista au concile de Reims, tenu en 625, et mourut le 16 mai 666. Depuis un temps immémorial, on ne fait pas d'inhumations dans l'église, par respect pour les saints qui y sont enterrés : saint Exupère ; saint Rufinien ; saint Loup ; saint Patrice ; saint Manvieu ; saint Contest ; saint Gertrand ; saint Regnobert ; saint Gerbold ; saint Frambauld et saint Zénon, diacre de saint Regnobert. Plusieurs de ces corps avaient été enlevés et cachés au IXe siècle, pour les dérober à la fureur des Normands. Cette église est tellement vénérée dans le pays, que le peuple y accourt en procession dans les calamités publiques. *(Pouillé inédit de Lamare.)*

Selon la tradition, saint Regnobert aurait fondé l'église Saint-Sauveur de Caen.

évêque de Bayeux, n'a jamais pu être remplie. On m'a dit encore qu'on n'enterre point dans cette église, à cause de plusieurs corps saints qui y sont inhumés et qu'on ne veut pas lever. Il faut encore remarquer que la fosse en question est celle de Saint Regnobert et non celle de Saint Exupère ainsi qu'on me l'avait dit. Saint Exupère fut le premier évêque de Bayeux et Saint Regnobert le 12ᵐᵉ.

Le 21 janvier 1778, un grand coup de tonnerre et grand vent depuis plusieurs jours, que le vent est du sud, a été entendu.

Un particulier de Caen, avait vu, disait il, à la Tour de Londres, des titres qui font mention d'un trésor caché au village de l'Ebisey, proche Caen, dans une terre appartenant aujourd'hui aux demoiselles de Monmorency, proche un château qui n'y subsiste plus, avec les tenants et les aboutissants ; lequel trésor, caché en ce lieu par les protestants, qui, étant obligés de passer en Angleterre ne purent l'emporter, consistait en deux statues, l'une d'or massif représentant Guillaume le Conquérant, et l'autre d'argent, représentant une Reine de France. Suivant cet appas, plusieurs citoyens de Caen, à la tête desquels était M. Le Paulmier Duclos, subdélégué général de M. l'Intendant, se sont avisés de faire des fouilles à leurs frais, au lieu indiqué, jusqu'à la profondeur de 30 à 40 pieds. Mais voyant qu'ils ne trouvaient rien, ils viennent de faire remplir le trou et font maintenant courir le bruit qu'ils ne cherchaient que du charbon de terre. Leurs concitoyens s'en sont bien moqués : je m'en moque aussi volontiers. Ils ont été bien trompés et bien honnis et ont eu le nez cassé, avec une quarantaine de bons francs qu'ils ont avancé chacun, pour faire cette découverte.

Observation des fêtes et dimanches. — De par le Roy, Sentence de police, qui fait défense aux s^rs Charles Lesnault et Pierre Renouf, fermiers de la paroisse d'Avenay, et à tous autres de travailler les jours de fêtes et dimanches et notamment pendant le service divin.

Devant nous, Jean Louis Daigremont, sieur des Obeaux, conseiller du Roy, lieutenant particulier civil et criminel de police en Bailliage et siège présidial de Caen ;

Du Vendredy, 5 septembre 1777, en l'audience de la juridiction de police :

Sur le rapport fait en notre audience par Me Pierre de la Brière, conseiller du roy, commissaire de police en ce siège, lequel a dit qu'il est de son devoir de provoquer l'exécution des lois, tant ecclésiastiques que civiles : qu'il est de son ministère de veiller sur ce qui peut altérer le profond respect du à la religion et l'ordre de la police (1) : qu'il croirait manquer au principal de ses devoirs s'il n'excitait pas notre zèle à proscrire un abus qui n'est malheureusement que trop commun dans l'étendue de notre juridiction, en ce que des personnes de tous états, par manque de

---

(1) En 1788, des amendes étaient encore prononcées au profit des seigneurs, contre les contrevenants qui avaient bu et mangé au cabaret pendant les vêpres.

respect pour la religion et au mépris formel des jours
consacrés particulièrement au culte divin, jours nommés par excellence, jours que le Seigneur a faits, les
employent à un travail et une occupation qui les
détournent du service divin, surtout pendant la
moisson ; les uns en liant et faisant lier leurs grains,
les autres en les charriant même pendant le service
divin, contravention dans laquelle sont tombés
Charles Lesnault et Pierre Renouf Lavergée, fermiers laboureurs et décimateurs de la paroisse
d'Avenay : que ledit Renouf, dimanche dernier, affecta
de passer auprès de l'église de ladite paroisse au
moment ou l'on allait commencer vespres, à l'heure
ordinaire et indiquée par les statuts du diocèse, avec
un atelier nombreux et s'en fut dans une pièce de bled
à lui appartenant, ou il fit lier pendant les vespres 5
ou 6 cents gerbes de bled froment ; que Charles Lesnault, entraîné par l'exemple de Renouf, fut également
lier de l'orge ; que ce dernier est le plus coupable,
qu'il ne veut entendre aux sages remontrances du
sieur curé de la paroisse, qui, dans les années ou le
temps de la moisson est critique, est le premier a
exciter la vigilance de ses paroissiens, en leur permettant de profiter du beau temps, en exceptant les
heures et pendant le service divin : que l'année présente a donné la plus belle moisson que de longtemps
on n'eut vue ; que ce n'est donc que par un vil intérêt que Renouf et Lesnault ont enfreint les décisions
des conciles et notamment de celui tenu à Orléans en
538 ; ceux d'Arles en 813, de Tours, de Verneuil, de
Reims, en la même année, et de Paris en 829 ; dont

les termes sont précis et s'expliquent particulièrement
sur la défense des œuvres serviles, même pendant le
temps de la moisson ; que ces décisions ont été secon-
dées par la volonté de nos Rois, les capitulaires de 585
et 813, art. 15, ne permettant aucune espèce de travail les fêtes et les dimanches : l'ordonnance de Moulins, art. 4 et 5, enjoint l'exécution des ordonnances
d'Orléans et de Blois, par lesquelles il est expressé-
ment défendu de charrier ou faire charrier et mesurer
les bleds aux jours de fête. Louis XIV a renouvelé
ces défenses par ses ordonnances des 16 Décembre
1698 et 8 may 1701 et veut qu'il soit procédé contre
ceux qui y contreviendront. L'exécution de ces lois
est encore prouvée par les arrêts des cours souveraines et notamment par ceux de l'auguste Parlement
de cette province des 21 octobre 1720, 16 juillet 1721
et 12 juillet 1763. Qu'en conséquence de ces lois, si
respectables et sur les plaintes portées par M. de la
Brière, il aurait cité, requête du Procureur du Roy, le
2 de ce mois, lesdits Pierre Renouf et Lesnault pour
notre audience de ce jour ; à laquelle ayant été bien
et duement appelés, auraient comparu en personne.

Le commissaire a donné lecture de la citation et
fait son rapport, duquel il résulta que Renouf, par
un mépris formel du saint jour de dimanche, est allé
à l'heure et pendant vespres lier et faire lier du bled
au nombre de 5 ou 6 cents gerbes ; qu'à son exemple,
Lesnault a fait lier et a lié également pendant vespres, son orge, ce qui a occasionné un scandale
public dans la paroisse et aux environs ; qu'ayant
passé proche de l'église pour aller à leurs champs, la

plus grande partie des paroissiens et notamment les glaneurs, ont quitté l'office divin pour les suivre: que, de la vérité de ces faits, lesdits Lesnault et Renouf n'ont pu disconvenir, ni apporter d'excuses valables, vu le beau temps.

Sur quoi, faisant droit; ouï le Procureur du Roy en ses conclusions, qui a demandé l'exécution des règlements.

Nous en avons ordonné l'exécution, en faisant défendre aux particuliers cités et à tous autres, de travailler pendant l'office divin; et, pour leur contravention, eux condamnés solidairement en dix livres d'aumônes applicables aux pauvres de la paroisse d'Avenay, et aux dépens; lesdits dépens taxés et liquidés à la somme de 13 livres, 15 sols, 3 deniers; signification à domicile, impression, affiches, et vérification.

De Saint André de Fontenay, le 25 février 1778. — Aujourdhui, à 11 heures du soir, il y a une aurore boréale qui brille exactement au Nord: le milieu est d'une blancheur semblable à celle de l'aurore naturelle dans un jour serein; des deux côtés et un peu élevées vers le zénith, sont des vapeurs d'un rouge pourpré très vif. Le vent est du Nord et il fait très froid. Pluie, grêle, grand vent toute la journée et les jours précédents.

Extrait d'une lettre de Paris, en date du 18 mars. 1778.

« Je ne sais si vous savez que Mgr le Comte d'Artois, je pense le lundi gras, était au bal masqué avec bien d'autres seigneurs. Mgr le Comte d'Artois (1) a pris Madame la Duchesse de Bourbon pour une *fille* et lui a dit bien des choses pour qu'elle ôtat son masque ; elle n'a pas voulu. Il le lui a tiré de dessus son visage avec vivacité et en même temps, a continué à lui dire bien des choses désagréables. Enfin, cela a fait que les deux princes, M. le Duc de Bourbon et lui, ont mis l'épée à la main dans le bois de Vincennes. C'est M. le Duc de Bourbon qui a été le vainqueur et au premier sang, cela en est resté là. Le Roy a jugé à propos de les exiler, M. le Comte d'Artois à Choisy et M. le prince de Condé à Chantilly. Voila les nouvelles du moment. M. le Comte d'Artois est bien jeune : voila aussi bien des courses de chevaux qu'il fait, ou il perd bien des louis. Il en a fait avec M. le duc de Chartres, et c'est M. le duc de Chartres qui l'a emporté. »

Impromptu par Madame la Duchesse de Berry,

(1) Ce duel fit beaucoup de bruit ; dans ses *Mémoires*, Besenval entre dans des détails curieux sur l'aventure du comte d'Artois et du duc de Bourbon. *(Mémoires.* Paris, Buisson, 1805 ; t. II, p. 282.) C'est à la suite d'une rivalité peu honorable pour la duchesse, que celle-ci, au bal de l'Opéra, s'attacha aux pas du comte d'Artois, qui donnait le bras à Madame de C., et se permit des propos blessants. « Madame de Cani..., aussi embarrassée qu'on peut être, quitta le bras de M. le Cte d'Artois, qui chercha de même, mais inutilement, à se dérober dans la foule. Enfin, s'étant assis, Madame la duchesse de Bourbon se mit à côté de lui, et, poussant les choses à bout, elle prit la barbe du masque de M. le Cte d'Artois. En le levant avec violence, les cordons qui l'attachaient se cassèrent. Hors de lui, furieux, il saisit de la main celui de Madame la duchesse de Bourbon, le lui écrasa sur le visage et, profitant de la première surprise, il la quitta sans proférer un seul mot. » Des propos indiscrets rendirent une rencontre inévitable, malgré les ordres du roi qui les exila, après ce duel, pendant huit jours à Chantilly et à Choisy. Le public n'aimait pas le comte d'Artois, qui était le favori de la Reine. La version rapportée par Lamare ne concorde pas avec celle de Besenval.

fille de M. le Duc d'Orléans, régent, laquelle ayant fait un pet, en présence de M. le Président de Mesmes, lui en fit présent par l'impromptu suivant :

> O doux zéphir qui sortez de mes fesses,
> Allez trouver le nez de mon ami :
> Témoignez lui l'excès de ma tendresse ;
> Il vous dira ce qu'il aura senti.

Cette dédicace ayant fait rougir le Président, la Duchesse se justifia par le quatrain ci-dessous :

> Quoi ! pour un pet échappé sans malice,
> Ai je failli contre les règlements ?
> Dites moi donc, grand juge de police,
> Prétendez vous aussi juger les vents ? (1).

Le vendredi de la passion de cette année 1778, M. le Curé de Saint André a fait chanter durant la messe, le *Stabat mater, etc.*, et les *Litanies de la Sainte Vierge :* mais je ne puis m'empêcher de dire que cette pratique de notre bon Pasteur n'est pas trop réfléchie. Il est déplacé d'occuper les fidèles, pendant la messe, à des objets absolument étrangers au sacrifice. C'est aller contre l'intention de l'Église qui veut que ce temps soit consacré uniquement à J. C. C'est mettre de la confusion dans les prières de l'Église. C'est placer la Sainte Vierge au même degré que J. C. C'est, par cette raison, augmenter la superstition des ignorants qui, le plus souvent, ne séparent pas Dieu de la

---

(1) M. de Bièvre dit plus tard, à propos d'un pareil accident arrivé à Louis XVI, au milieu d'un groupe de courtisans qui parlaient de la guerre d'Amérique : « Bonne marque : voilà des bruits de *paix* qui courent à Versailles. »

Sainte Vierge, par ces expressions que nous leur entendons proférer tous les jours : que *Dieu et la Sainte Vierge vous bénissent, vous accompagnent, vous le rendent, etc.*, et cent autres semblables, qui sont réellement injurieuses à la Divinité, puisqu'elles sont absolument contraires à la vérité. C'est enfin s'exposer de nouveau à la risée des hérétiques, qui sont communs dans ce pays et qui se moquent souvent de nos usages, parce qu'ils voyent quelquefois des gens superstitieux qui rendent ces usages abusifs. Quand les Protestants voyent cela, ils en prennent occasion de blâmer toutes les pratiques de l'Église, quelques respectables qu'elles soient. Ils s'éloignent de plus en plus de nous, estimant leur discipline meilleure que la nôtre qu'ils croient pleine de puérilités. Ils nous comparent aux Pharisiens qui mettaient les traditions humaines à la place des commandements de Dieu et qui faisaient consister toute la religion dans les pratiques extérieures et arbitraires. C'est pourquoi, je désirerais que personne ne nous attirât ces reproches (1).

(1) Nous ferons remarquer, à propos de ce paragraphe et de plusieurs autres qu'on rencontrera dans le *Mémorial,* que Lamare fut accusé de jansénisme. Après sa mort, on trouva dans ses papiers une lettre qu'il écrivait à Monseigneur l'Évêque de Bayeux pour repousser cette imputation et protester de son orthodoxie.

Il est certain, qu'instruit et conseillé par Dom Gouget, dont les idées différaient sensiblement de celles adoptées par le clergé, les ordres monastiques et les usages admis à cette époque, Lamare a subi une influence qui se reflète à chaque page dans son manuscrit. Il ne faut pas aller chercher ailleurs la raison du peu de faveur avec laquelle ses travaux, et notamment son *Pouillé,* furent accueillis par Monseigneur de Cheylus. Malgré la recommandation de Dom Gouget et la réelle valeur de ses recherches, Lamare fut éconduit avec un sans-gêne dont il se plaint non sans raison et ne put jamais arriver à faire publier son volume.

Le Dimanche, 17 mai 1778, M. le Curé de Saint André, a lu au prône un arrêt de la Cour du Parlement de Normandie du 28 mars 1778, qui ordonne que, dans le délai de trois mois au plus tard, les curés et marguilliers des différentes parroisses du bailliage de Caen, ou il y a des fondations de *Pain de Pasques* et de *Pain de Charité,* seront tenus de justifier au Substitut du Procureur général du Roy audit bailliage, les titres, baux et bannie et renseignements concernant la nature et valeur des biens des dites fondations, etc. (1).

Au mois de mai 1778, j'ai vu brûler devant l'Église des Jésuites de Caen, de la farine de froment, que celui qui fournit le pain de munition à la garnison de Caen, avoit achetée 4 fr. le boisseau, dit on, tant elle était mauvaise et dont il faisait faire le pain de munition qu'il fournissait aux soldats, ce qui en a fait tom-

(1) Dans un grand nombre de paroisses, par suite de fondations pieuses, les pauvres se réunissaient le jeudi saint « pour faire la cène ». Cet usage, dit M. l'abbé Laffetay, avait donné lieu à des scandales. Dans certaines localités, le peuple, plus empressé de manger le pain matériel que de se préparer à recevoir le pain spirituel, célébrait la cène dans l'église. Cette cérémonie (pain de Pâques ou pain de Charité) qui consistait à faire apporter « du cidre et du pain », était souvent une matière de contestations et quelquefois une occasion d'intempérance. Il y avait des femmes qui se disaient grosses pour avoir part à une double distribution. Vers la fin du carême, les trésoriers allaient par les maisons quêter des œufs pour mettre dans ces gâteaux qu'ils appelaient *pains de Pâques* ou *de Charité* et en amassaient des quantités plus ou moins considérables, qu'ils vendaient à leur profit. Déjà, Monseigneur de Lorraine avait défendu de distribuer ces pains dans l'église après la communion pascale : en 1723, un arrêt du Parlement avait homologué cette défense. On voit qu'il avait été obligé de rendre un autre arrêt sur cette matière en 1778. On avait été également forcé de défendre de présenter à l'église le *pain bénit* avec « fusils et violons ». Il s'y mélangeait trop de cérémonies profanes.

ber malade un grand nombre. Un tel fournisseur mérite-t-il de vivre? Cette farine était en dépôt aux Jésuites.

Dans ces temps d'allarmes, où nous sommes dans une appréhension continuelle d'entrer en guerre avec les Anglois, on a fait amasser des bleds qu'on a fait serrer dans les Églises des Jésuites et de l'Abbaye de Saint Étienne de Caen, où probablement il y en aura bien de perdu et de volé suivant l'usage. Les citoyens n'ont pas le courage de faire construire des greniers publics : ce sont les plus belles églises qui en servent. Cependant, ces mêmes citoyens ne plaignent pas la dépense quand il s'agit de faire élever une façade magnifique à la salle des spectacles, de faire des fouilles à l'Ébisey, dans l'espoir d'un trésor, etc. L'Église des Croisiers sert maintenant au même usage.

L'Abbaye de Troarn, de l'ancienne observance de Saint Benoît (1), vient d'être éteinte en mai 1778. « Les religieux se sont réservés à chacun mille livres de pension. Ils sont libres d'aller demeurer où bon leur semblera. Ceux qui ont des prieurés, en jouiront

---

(1) L'abbaye de Troarn était très ancienne. Elle avait été fondée en 1022 par Roger de Montgommery, vicomte d'Exmes. Elle fut agrandie sous l'épiscopat de Hugues, évêque de Bayeux, en 1048. L'évêque Odon fit la dédicace de l'église abbatiale en 1059. Elle eut pour bienfaiteur Guillaume le Conquérant. L'abbé était chanoine titulaire de la cathédrale de Coutances. Son revenu était évalué à 38.000 livres.

Il y avait aussi à Troarn, dès le XIe siècle, une maladrerie de Saint-Léonard, fondée par le comte de Bellesme : elle était sous la juridiction de l'abbé et on y admettait les lépreux des paroisses qui dépendaient de l'abbaye.

indépendamment de leur pension. On se propose de mettre quatre chappelains à desservir, dans leur abbaye. Ils sont encore dix, desquels il y en a cinq, qui ont chacun un prieuré ; qui sont, M.M. Ygouf, Busnel, Toché, Yvon, et Delaux. J'ignore le nom du prieuré de M. Ygouf : le second jouït du prieuré du Goulet ; M. Toché jouit du prieuré de Ros ; M. Yvon du prieuré du Dézert et M. Delaux, du prieuré de Closvast. Le premier est de 1.500 livres ; le second de 8.000 livres ; le troisième de 800 livres ; le quatrième de 5.000 livres et le cinquième de 8.500 livres.

Il y en a cinq autres qui sont : Guilbert, aumônier ; de Guéroult, infirmier ; Varborel, chantre ; Poulain, sous chantre ; et Le Seine. Le premier jouit de l'aumônerie de 2.000 livres ; le second, d'une infirmerie de 900 livres ; le troisième, d'une place de 100 livres ; le quatrième d'une de 60 livres et le dernier n'a que sa place simple. Mais tous ces bénéfices leur seront otés et ils n'en jouiront pas, excepté ceux qui ont des prieurés. Ceux qui sont défunts, sont : M.M. Le Morigny, Hébert, Bourbey et Lamy » (1).

(1) En 1767, Monseigneur de Rochechouart essaya de réunir les religieux de Troarn à la collégiale du Saint-Sépulchre, à Caen. On se heurta à des difficultés, aussi bien d'un côté que de l'autre ; cependant, après de longues hésitations, on avait envoyé à Paris un projet de réunion. L'abbé Béziers, l'historien du diocése, était même un des commissaires. Dans son *Pouillé*, Lamare dit que le concordat fut signé entre les chanoines et les religieux et qu'il ne s'agissait plus que de poursuivre en cour de Rome la sécularisation du monastére, lorsque des raisons secrétes ne permirent pas d'aller plus loin.

Plus tard, Monseigneur de Brienne et M. de Véry, abbé de Troarn, essayèrent de relever l'abbaye et tentèrent d'installer à la place des religieux un chapitre de chanoinesses, sous la direction d'un abbé. On peut voir, plus loin, ce qui en advint.

Le 28 juin 1778, M. le curé de Saint André a lu au prône une lettre de M. Le Bourguignon de Lisle, advocat du Roy au bailliage de Caen, adressée aux curés du ressort avec une ordonnance de police ; ces deux pièces concernant la Sanctification des jours de Dimanches et fêtes.

La paroisse de Saint André de Fontenay étant dans le ressort du bailliage de Falaise, on ne pouvait pas espérer que les deux pièces çi dessus seraient envoyées à M. le curé pour en faire lecture : ce qui en a été la cause c'est qu'un cabaretier de ladite paroisse, nommé Dauge, donne à boire tous les dimanches pendant le service divin, au mépris des lois et des remontrances multipliées de M. le curé, ce qui est une source presque continuelle de désordres et donne du scandale, outre que ce cabaretier n'est retenu par aucun frein ; que c'est un homme sans religion et sans conscience, enfin un malhonnête homme. M. le curé s'adressa à M. de Lisle pour remédier à cet abus : le magistrat, dont tout le monde connait le vrai mérite, lui conseilla de s'adresser au Procureur du Roy du bailliage de Falaise, dans le ressort duquel se trouve la paroisse de Saint André, (mais cette affaire n'eut pas de suites) et cependant M. de l'Isle donna les deux pièces ci dessus à M. le curé, pour s'en servir contre l'abus qui subsiste dans sa paroisse. C'est le magistrat qui a requis cette ordonnance si nécessaire pour arrêter la licence de l'impie.

Voiçi le dispositif de cette ordonnance :

« Faisons défense à tous marchands et négociants de faire négoce et de tenir boutiques ouvertes aux jours de fêtes et de dimanches à peine de 200 livres d'amende pour la première fois et de plus grande peine s'il y échoit : à tous débitants, échopiers et revendeurs d'exposer pendant les dits jours aucune marchandise en vente, sous peine de saisie, de confiscation et de pareille amende : à tous joueurs, batteleurs et autres semblables, de donner à boire ou de laisser jouer chez eux auxdits jours et heures, à peine de 30 livres d'amende pour la première fois, et de prison, en cas de récidive, et autre plus grande, s'il y échoit. Défendu pareillement de tenir foires et marchés à la campagne les dits jours, à moins qu'ils n'y soient autorisés par lettres patentes, enregistrées ; ni d'exposer dans les bourgs et villages des marchandises à vendre, à l'exception du pain, de la viande, des œufs, et légumes, dont la vente est tolérée les dits jours, pourvu que l'exposition ne s'en fasse point pendant la célébration de la grande messe et des vespres de chaque paroisse. Défendu à toutes personnes de tenir danses publiques à la campagne, les dits jours de dimanche et fêtes, ni aucunes fêtes baladoires, sous les peines portées par les ordonnances. Et afin que notre présente ordonnance soit notoire, ordonné qu'elle sera imprimée, publiée, affichée partout ou il appartiendra ; lue aux prônes des messes paroissiales des différentes paroisses du ressort ; à laquelle fin un imprimé sera envoyé à tous les curés, requête du Procureur du Roy, pour qu'ils aient à y tenir la main.

Donné à Caen, en la chambre du conseil de la

juridiction de police, le jeudi, 4 juin 1778. — *Signé :* Daigremont; Dubisson; Roussel de la Berardière; Bacon de St-Manvieu; Le Tellier de Vauville; Quinette; Hue de Prébois et Le Pailleur de Villiers. »

L'Église des çi devant Jésuites de la ville de Caen, sert maintenant de poudrière aux soldats du régiment du Roi, qui y est en garnison. Ils y font leur toilette tous les matins. Les autels sont couverts ainsi que les tableaux, pour les garantir de la poussière et l'on a ôté le Saint Sacrement, sur quoi un soldat disait en ma présence: « Il est permis a présent de jurer içi; le bon Dieu n'y est plus. » Il dit encore : « On a bien fait de chasser ces B.... là, » parlant des Jésuites. Le même me dit qu'ils feraient pendant l'hiver l'exercice dans cette église à cause du mauvais temps. J'avoue que ces usages me font de la peine dans le royaume le plus chrétien de tous les États (1).

Le mercredi, 15 Juillet 1778, on a promené par la ville de Caen, un scélérat, nommé Jean Baptiste

(1) Ces prises de possession par le pouvoir civil des édifices religieux continuèrent par la suite. En 1785, les travaux exécutés au port de Cherbourg nécessitèrent un envoi considérable de troupes dans la généralité. La ville de Caen fut choisie pour le dépôt des approvisionnements. Avec l'autorisation de D. Mesnilgrand, on prit possession des anciens bâtiments de l'abbaye de Saint-Étienne où devaient être déposés 7 à 8.000 sacs de blé. Ceux-ci devenant insuffisants, on s'empara de la grande salle du rez-de-chaussée, au-dessous du dortoir des religieux, et on en vint même à demander l'église tout entière. Sur les plaintes énergiques du prieur, on se contenta de prendre les vastes appartements connus sous le nom de *Salle au duc,* de *Chambre des barons* et de *Salle des gardes de Guillaume,* dans lesquels on fit construire des planchers. D'un autre côté, la chapelle Hallebout était occupée par le génie militaire qui l'avait convertie en arsenal et y avait déposé des affûts de canons.

Gault, dit Péquet, qui gagnait sa vie à faire le métier de corrupteur de la jeunesse des deux sexes. Il procurait des filles à tous ces puants efféminés dont la contagion gagne de plus en plus, de la capitale jusqu'aux villes les plus reculées du royaume. Quant il n'avait pas de filles à livrer à ses pratiques, il leur livrait sa femme. Ce séducteur s'est fait prendre par sa faute, comme il le méritait. Il s'adressa à une fille sage, dont la mère, qui vend de vieilles hardes, était alors absente. Il dit à cette fille qu'il a chez lui de bonnes hardes à vendre et qu'il la priait de venir les voir. Cette fille s'en deffendit, sur ce qu'elle n'y connaissait rien et qu'elle y enverrait sa mère : mais il fit tant d'instances qu'il l'engagea à venir. Étant entrée dans la chambre, elle voit trois officiers à qui ce malheureux la livre. Cette fille, se voyant ainsi trompée, appela au secours, et ce malfaiteur fut pris. Il a été promené par les rues et fouetté par les carrefours. Il était monté sur un âne, à rebours, le corps nu jusqu'à la ceinture, un chapeau de paille, avec les mains liées et tenant la queue de l'animal, ayant écrit devant et derrière : « *Maquereau public.* » Il a été ainsi promené trois fois et la troisième marqué de la lettre M, avec un fer chaud, et enfermé à Bicêtre, pour neuf ans. Il l'avait déjà été, mais s'en était échappé. Il avait encore la noirceur d'acheter du cidre *à muche,* qu'il portait chez les commis, faisant aussi le lâche métier de délateur pour avoir de l'argent. Par ce moyen il faisait prendre ceux qui vendent à boire en cachette. Il y a aussi une femme impliquée dans cette affaire, qui est condamnée au bannissement pour avoir favorisé le libertinage de sa fille. Ce jugement marque encore un reste de respect pour les bonnes mœurs, qui m'a fait plaisir (1).

Le 9 août 1778, qui était un Dimanche, jour auquel on célébrait dans l'Église de Saint Sauveur, à Caen, la fête de la Transfiguration, le sermon fut prononcé par Dom Giot, Bénédictin de Saint Maur., Son discours roula sur la grandeur de J. C. comme Dieu et comme homme. La matière fut bien traitée et d'une manière sublime, comme il convenait, ce qui fit dire à quelques auditeurs « que ce sermon était trop relevé pour eux et au delà de leur portée.» Tout ce que je sais, c'est que j'ai été très édifié du sermon dont il s'agit. C'est la première fois que j'ai vu prêcher en public un Bénédictin. Celui çi, qui résidait alors au Mans, est de Saint Sauveur même. C'est lui qui a prêché, cette année, la Saint Thomas, chez les Jacobins de Caen. Ce qui lui a attiré un affront, de la part de ses confrères de Caen.

Étant allé descendre à l'Abbaye de Saint Étienne, on lui refusa l'hospitalité, sous divers prétextes.

---

(1) Ces exécutions n'étaient pas très rares. Nous trouvons dans le *Journal de Barbier,* le récit d'une exécution pareille à Paris. « La nommée Jeanne Moynon, m.... publique, a eu le fouet et la fleur de lys, et a été conduite depuis le Grand Chatelet jusqu'à la porte Saint-Michel, où s'est faite l'exécution du fer chaud, sur un âne, avec un chapeau de paille, la tête tournée du côté de la queue, avec un écriteau : *m.... publique.* Elle n'a point été fouettée dans les différents marchés, mais seulement en sortant du Grand Chatelet. Elle avait le visage couvert d'un mouchoir, ainsi que ses complices qui l'accompagnaient, ce qui se souffre par grâce. Après avoir eu la fleur de lys à la porte Saint-Michel, elle a été mise dans un fiacre, pour être conduite hors de Paris, à cause du bannisse ment... Cette exécution a beaucoup diverti le peuple. »

Ainsi il fut contraint de prendre son gîte chez les Jacobins. De même à Saint Sauveur, il est allé loger chez M. le Curé. Si les Bénédictins de Caen avaient pu, ils l'auraient empêché de prêcher la Saint Thomas, car ils en avaient grande envie. Ils tiennent cette conduite à l'égard de leurs confrères pour ménager leurs jeunes gens, auprès de l'évesque de Bayeux, à cause des affaires du temps. Ils disent que Dom Giot *pue comme un bouc, qu'il porte des bas troués, etc.* Tels sont les griefs qu'ils ont contre lui, lesquels, s'ils ne décèlent pas de l'animosité, marquent assez qu'ils sont inspirés par la haine.

Copie de la lettre d'un matelot du Pollet, de Dieppe, au sujet du combat naval de Brest, du 28 juillet 1778 (1).

« Ma chère femme,

Je t'écris pour te faire assavoir que je me porte bien et je souhaite que tu sois de même. Je te diray que j'avons vu les Angloys à midy et que je nous sommes battus comme des sacrés bougres. Ils ont été obligés de foutre le camp, car je leur foutions des coups de canon à tout éreinter. J'avons eu bien du mal jusqu'a présent. Je n'ai plus d'argent : tu n'as qu'à voir à m'en envoyer. Dépèche toi ; entends tu, Marie, ma femme. N'oublie point celuy qui est ton homme. Tu baiseras nos enfants pour moi, surtout ce petit

---

(1) Bataille d'Ouessant, livrée le 27 juillet 1778 par l'amiral comte d'Orvilliers, sorti de Brest avec 52 vaisseaux, contre la flotte anglaise commandée par l'amiral Keppel. L'issue resta au moins indécise et les Anglais durent se retirer.

sacré bougre de Jean, que j'aime de tout mon cœur. Tu iras au Cours, Marie, boire un pot de cidre : tu leur donneras à chacun un pain d'un sol. Je le paierai quand je serai de retour. A propos, j'oubliais, Marie, de te dire que tu feras dire une messe à Bon Secours et tu iras les pieds nus pour moi, car j'ai promis, avant que de me battre avec ces sacrés bougres là, que je verrons encore. Mais qu'ils se piettent bien, car je suis tout déterminé. Bonsoir, Marie, je suis ton très humble homme,   Jean SAUVAGE.

Mes compliments à mon frère Joseph, ainsi qu'à sa femme : tu embrasseras mon Père et ma Mère pour moi. Tu leur diras que je leur souhaite le bonsoir. Bonsoir, Marie. »

Extrait d'une lettre adressée à Dom Gouget :
« On m'a instruite, Monsieur, dans le temps, de la lettre des 17 évêques au Pape. L'archevêque de Paris étant à la tête des signataires, vous avez fort bien jugé qu'il était moins question de la philosophie moderne que de la doctrine de l'Église. Vous verrez, par le Bulletin que je vous envoie, les calomnies qu'ils continuent d'employer. Il n'y a pas lieu d'espérer que Pie VI invite son prédécesseur, ni même Benoit XIV. Il vient cependant d'interdire tous les ex-J. répandus dans l'état ecclésiastique. Mais il ne le fait qu'à la réquisition de la cour d'Espagne (1).

(1) Antoine Arnauld et l'abbé de Saint-Cyran avaient répandu en France, au XVIIe siècle, les doctrines que Jansénius avait tirées des livres de saint Augustin et qu'il avait exposées dans son *Augustinus*. Dès lors, les catholiques furent

Le 2 novembre 1778. (Copie du Bulletin mentionné en l'extrait précédent). — Depuis longtemps, la pauvre église de Hollande gémit sous l'oppression de la cour romaine. On ne se rappelle qu'avec douleur tous les mauvais traitements qu'elle a essuyés depuis près d'un siècle. Sous le pontificat de Benoit XIV, on avait eu quelque lueur d'espérance de voir finir sa dure captivité. Les méchants s'opposèrent aux dispositions de celui qui était assis sur la chaire de Saint Pierre, et à ses intentions pacifiques. Dieu s'est hâté de nous enlever l'immortel Clément XIV, qui n'était occupé que de la pacification universelle de l'Église. Quelles sont maintenant les dispositions du nouveau Souverain Pontife? Qu'on en juge par la conduite qu'il a tenue depuis le commencement de son Pontificat. Mais voiçi un nouveau trait qui le caractérise et qui doit faire juger de ce qu'on a lieu d'en attendre: c'est un bref tout récent portant excommunication contre M. l'archevêque d'Utrecht et tous ceux qui lui ont adhéré ou adhéreront. Je supprime toute réflexion.

partagés en deux camps : d'un côté, les *Jansénistes ;* de l'autre, les *Molinistes,* ainsi appelés du nom du jésuite Molina, adversaire des premiers. En 1653, Innocent X condamna les propositions tirées de l'*Augustinus,* sur la grâce et le libre arbitre, mais ne put parvenir à réduire les dissidents, qui persistèrent, tout en gardant un *silence respectueux,* à soutenir les doctrines de Jansénius. Ce fut alors que Pascal publia ses *Lettres Provinciales,* apologie des idées d'Arnauld, qui avait été condamné et exclu de la Sorbonne. Ces désaccords aboutirent à la paix de Clément IX, en 1669. Au siècle suivant, le père Quesnel renouvela la querelle et le jansénisme devint le *quiétisme.* La bulle *Unigenitus* trancha la question et suscita dans le clergé de longues et ardentes polémiques, qui se continuèrent pendant la plus grande partie du XVIIIe siècle. Malgré les *refus de sacrement,* les *billets de confession* et autres mesures, les jansénistes restèrent très nombreux en France. On voit qu'il en était de même ailleurs. Cette correspondance qui était adressée à Dom Goujet peut donner une idée de ses sentiments à cet égard.

Dix-sept archevêques et évêques de France ont écrit tout *novissime,* une lettre au Pape, et sur quel sujet? Pour ne pas vous faire prendre le change, il faut vous dire que c'est M. l'archevêque de Paris, qui, comme de raison, est à leur tête. Ces prélats osent dire au Pape que les Jansénistes triomphent parcequ'ils se voyent appuiés par les Jansénistes de Rome. Ils poussent la calomnie même jusqu'à dire qu'ils sont d'accord avec les incrédules. On sait combien le Pape est déjà fort mal disposé contre les gens de bien qui sont à Rome et l'on a tout lieu de craindre que cette nouvelle manœuvre ne soit pour le porter aux dernières extrémités. Une personne de grande qualité, *Jésuitesse* jusqu'à la moëlle des os, doit, dit on, partir incessemment d'içi pour Rome, avec le dessein de faire rétablir la Société. — Ce 21 août 1778. »

Le 8 novembre 1778, jour de la vénération des reliques, M. le curé de Saint André a fait un prône sur l'invocation des Saints, la vénération des Saintes reliques et le respect du aux images, et afin de donner plus de poids à ses raisons, il a cité les Pères et entre autres Saint Jérôme. Il s'est servi de l'autorité de M. Bossuet et de M. Pascal, dont il a lu un morçeau de chacun.

Il a blamé aussi avec raison la pratique des personnes grossières et ignorantes, qui, à La Délivrande, s'adressent à la statue de la Sainte Vierge, comme à quelque chose de divin, à laquelle ils font toucher leurs chapelets, leurs images, livres, etc., s'ima-

ginant superstitieusement que cette statue a quelque
vertu pour sanctifier ces choses.

Le Dimanche, 21 janvier 1779, jour de réjouissance
à Caen, à cause de l'heureux accouchement de la
Reine et de la naissance d'une Princesse, il est
arrivé un accident facheux. Lorsqu'on distribuait la
poudre, à 9 heures du matin, aux soldats qui devaient
faire leurs évolutions, l'appartement ou l'on faisait cette distribution ayant sauté tout d'un coup, il a fait périr
sur le champ, deux personnes et blessé deux autres.
Ainsi ces réjouissances ont été changées en deuil.
Elles consistaient, au reste, en illuminations, feu
d'artifice, repas chez le Gouverneur, etc., etc.

Sur quoi je m'étonne que l'on sacrifie de l'argent
pour des choses aussi inutiles que des feux et des
illuminations; qui, outre les frais considérables
qu'elles occasionnent, ne se font qu'en pure perte;
ne procurent aucun bien et sont très souvent vexatoi-
res, en ce qu'elles servent de prétexte aux Intendants
d'augmenter les impositions contre la volonté du
Roy, pour subvenir à ces sortes de dépenses. Car il
est rare que ces Messieurs, avec tout leur patriotisme
verbal, donnent des preuves d'un vrai désintéressement dans ces occasions. C'est bien alors qu'on doit
les appeler *sangsües;* puisque s'ils donnent des bals,
à grand frais, ils en ont le profit et l'honneur: mais
ils savent bien rattraper cela au moyen des impositions. Il en est de même de leurs prétendues larges-
ses au peuple. Personne n'en est dupe; mais personne ne peut l'empêcher.

O bon Roi! si vous voyiez toutes ces injustices, par lesquelles on écrase votre peuple, la plus utile classe de vos sujets! Mais, hélas! il est impossible que tous ces maux puissent parvenir jusqu'à vous. Encore si ces dépenses avaient quelques buts solides, on ne les regretterait pas. Si l'on convertissait cet argent en mariages, ou autres bienfaits de cette nature, il n'y a personne qui osât y trouver à redire et mon Roi serait heureux lui même et béni de son peuple, qui trouverait dans la félicité de son Prince la source de son bonheur; au lieu que ces événements, loin d'être désirables, sont plutot à craindre, puisqu'ils deviennent des occasions de vexations de la part de toutes ces bêtes féroces et cruelles qui ne savent que dévorer.

Ce qu'il y a de surprenant, c'est qu'une chose aussi frivole et aussi dispendieuse que les feux d'artifice et les illuminations, ait cependant gagné et pénétré dans tous les États de l'Europe. C'est encore bien içi le sujet de s'écrier: O temps! O meurs! (1).

(1) Tout ne s'était pas borné cependant à des illuminations et à des feux d'artifice. Pour être juste, voici la mention inscrite à ce sujet sur le Registre du Cérémonial de la ville de Caen: « *Te Deum* à l'occasion de la naissance de Madame de France. Le soir, il y a eu illumination dans tous les quartiers de la ville suivant qu'il avait été enjoint par M. le duc d'Harcourt. Le devant de l'Hôtel de Ville était illuminé par une grande quantité de lampions et de pots à feu et un *Vive le Roy !* Pour rendre cette fête plus célèbre et y faire participer les pauvres, M. de Sallen a fait aux pauvres des douze paroisses de la ville une distribution de pain : le corps de la ville a joint à cette distribution 24 sols par chaque pauvre. M. de Sallen a fait en outre distribuer aux pauvres prisonniers une livre de viande et une livre de pain. » — Les déclamations dans le genre de celle de Lamare étaient dans le goût du temps ; d'ailleurs il pouvait ignorer les secours que la ville avait donnés aux nécessiteux et la misère était grande à cette époque.

Le Dimanche, 7 février suivant, M. le curé de Saint André de Fontenay a lu à son prône le mandement de M. l'Évesque pour faire chanter le *Te Deum,* à même fin et pour demander à Dieu un Dauphin.

A ce mandement était jointe la lettre du Roi, qui était datée du 19ᵉ jour de Décembre 1778, jour de l'accouchement de la Reine. Le mandement était daté du 9 Janvier 1779. Mais il ne faut pas s'étonner si nous ne l'avons eu qu'aujourd'hui, 7 février, parce que c'est un second mandement; le premier n'ayant point passé à cause que l'on y avait omis les mots suivants : « Après en avoir conféré avec nos vénérables frères, les doyens, chanoines, et chapître de notre Église cathédrale, etc. »

En conséquence, le *Te Deum* a été chanté aujourd'hui après vespres, dans notre Église paroissiale et dans celle de l'Abbaye, au son des cloches; ce qui s'est aussi pratiqué dans les autres paroisses d'alentour et partout.

Lettre de M. le curé de Cagny, près Caen, à M. le curé de Saint André de Fontenay.

« Monsieur et très honoré confrère,

Comme vous savez que les prêtres vicaires des pensions congrues viennent d'être augmentés de leurs honoraires (1), j'ai l'honneur de vous écrire pour vous prier d'engager tous nos confrères que vous connaî-

(1) Louis XVI, par ses lettres patentes du 12 mai 1778, avait augmenté de 50 livres la portion congrue des vicaires, fixée ci-devant à 200 livres. (Note de Lamare.)

7

trez dans nos quartiers à pensions congrues, à présenter leurs requêtes à MM. les Ministres de Maurepas et Necker, pour tâcher d'en obtenir une augmentation. Nous avons déjà écrit en conséquence, plusieurs de mes confrères et moi : on nous a assurés que les ministres sont très disposés à nous l'octroyer. Agissez donc au plus tôt de votre côté. J'ai l'honneur d'être respectueusement; etc. Noël, Curé de Cagny. — A Cagny, ce 24 janvier 1779. »

Pour satisfaire à l'objet de cette lettre, M. le curé me proposa une idée de requête à copier, mais comme elle était informe et peu motivée, on y substitua la suivante.

Au Roi et à son Conseil;

Sire,

Supplient très humblement les Curés à portion congrue de la province de Normandie, soussignés, et prennent la liberté de représenter à Votre Majesté; que l'augmentation de 200 francs ajoutés à leur pension, par son édit du mois de mai 1768, a bien pu leur procurer un adoucissement dans la détresse extrême à laquelle ils étaient antérieurement réduits, mais qu'il s'en faut beaucoup que cette augmentation ait rendu leur pension égale aux besoins du plus étroit nécessaire (1). Comment, en effet, se persuadera-t-on qu'un

____

(1) Les monastères et les congrégations, titulaires de cures, les faisaient desservir par des prêtres séculiers, tout en se réservant la dime; le desservant recevait alors une rétribution fixe appelée *portion congrue*. Ainsi que le dit la requête insérée par Lamare dans son *Mémorial*, les curés à portion congrue étaient à cette époque dans un état voisin de la misère. Leur revenu avait varié de 180 à 350 livres, en y comprenant les fondations qu'ils étaient obligés de faire

curé puisse suffire à sa subsistance et à celle d'un domestique, payer les gages de celui cy, acquitter les décimes, faire les réparations journalières, s'entretenir d'habits et linges dans la décence la plus éloignée de toute superfluitée, en un mot, remplir tous les détails d'un ménage nécessaire et tout cela avec une somme annuelle de 500 livres ? Comment, en outre, pourra-t'il exercer un des plus importants devoirs de son ministère, c'est à dire le soin et le soulagement des leur pauvres ? Il est clair que cela est impossible. On objectera peut-être qu'indépendamment de la pension de 500 livres, chaque curé jouit d'un casuel qui souvent égale ou même surpasse le montant de ladite pension ? Mais c'est un fait notoire que, surtout dans les campagnes, le casuel n'est rien ou très peu de chose. Et quand on supposerait (ce qui est très rare) qu'il pût monter à cent livres par an, ne demeure-t-il pas toujours évident, qu'avec un léger secours

acquitter à leurs frais, en cas de maladie. Leurs profits éventuels étaient à peu près nuls ; ni les gros décimateurs, ni les curés primitifs n'étaient obligés de les secourir. Dès l'année 1765, dit M. l'abbé Laffetay, il parut à Caen un long mémoire, rédigé par un avocat, en faveur des curés congruistes et revêtu de leur signature. Ils demandaient un tiers des dîmes *en essence* et s'attachaient à faire sentir les inconvénients d'une pension soumise à toutes les variations du numéraire. En 1769, ils s'adressèrent à Monseigneur de Rochechouart, qui reconnut le bien fondé de leur demande et leur donna quelque espoir : ils adressèrent, dans cette vue, un placet au Roi. Ils prouvaient que n'ayant pas suffisamment pour assurer leur existence, ils se trouvaient souvent à la merci de leurs paroissiens. En effet, la portion congrue, qui était de 120 livres sous Charles IX, de 200 livres sous Louis XIII, avait été fixée à 300 livres par Louis XIV. En 1768, elle fut portée à 500 livres. Or, ce qui coûtait 10 livres à la première de ces époques, valait 100 livres à la fin du XVIIIe siècle. Le prix d'un chapon, que l'on achetait à Caen, du temps de M. de Bras, 3 ou 4 sols, variait, deux siècles après, de 30 sols à 2 livres. En 1778, Louis XVI améliora le sort des vicaires, et l'année suivante il augmenta le traitement des curés de 200 livres.

joint à la pension, il ne serait pas plus possible de suffire à tous les objets qu'on vient de marquer.

Il résulte de cette impossibilité qu'un curé, se trouvant nécessairement le premier pauvre de sa paroisse,
il est contraint de chercher des secours dans la bonne
volonté de ses paroissiens. Or, une telle situation qui
l'avilit et intervertit l'ordre commun, anéantit au
même degré le premier et le principal but de son
ministère. Car quel est le devoir d'un curé, sinon de
veiller sur les mœurs, de reprendre, d'exhorter, de
réformer les vices et de maintenir le bon ordre dans
sa paroisse? Or, comment un curé pourra-t-il remplir
ce devoir auprès des plus aisés, qui sont communément les plus vicieux et que ses besoins journaliers
retiennent dans leur dépendance ? Il n'aura pas plus
d'empire sur les pauvres ; ceux cy, gémissant sous le
poids de leur misère, prêteront difficilement un cœur
et une oreille dociles à des discours froids, infruc-
tueux, qui les laisseront dans leur indigence. Oui,
Sire, le pauvre sera toujours sourd à la voix d'un pasteur, lorsque celui-çi ne portera aucun secours à sa
misère.

C'est pour cette raison que le Chef de tous les Pasteurs faisait toujours accompagner ou précéder ses
instructions, soit par la guérison des maladies, soit
par la nourriture qu'il faisait distribuer à ceux que
l'affaiblissement ou la faim auraient rendu peu sensibles à sa Doctrine.

Cependant, Sire, lorsque dans la circonstance d'une
guerre dispendieuse, à laquelle Votre Majesté par les
ressorts prodigieux de sa sagesse et de son économie,

trouve les moyens de suffire, sans affliger ses peuples par de nouveaux impôts, les suppliants osent demander à V. M. un accroissement de pension. Ils sont très éloignés de vouloir surcharger l'État ou aucune classe de citoyens. Non : des événements récents, dictés par la religion, leur font envisager une ressource toute préparée pour subvenir à leurs besoins. La suppression de plusieurs corps, qui étaient inutiles, ceux encore qu'on pourra supprimer pour la même cause, (ou dont on réduira l'opulence à la modestie de leur état,) fourniront trois fois plus qu'il ne faut pour porter la pension des curés à la somme de mille livres. Or, quel usage plus légitime peut-on faire de ces biens consacrés à Dieu qu'en les appliquant à la subsistance des ministres essentiels de la Religion? Lesquels, après les premiers Pasteurs, contribuent le plus à l'ordre public par le gouvernement des consciences, et le règlement des mœurs?

Ce considéré, Sire, il plaise à V. M. d'ordonner, qu'une partie des biens des ordres supprimés ou à supprimer, (et de ceux qu'on réduira à une mesure d'opulence proportionnée à leur état,) sera appliquée à l'accroissement de la pension des suppliants, qui ne cesseront de lever leurs mains vers le Ciel, pour attirer vers la personne sacrée de V. M., sur celle de notre auguste Reine, sur toute la famille royale, ainsi que sur tous les ordres de l'État, la continuation de la protection divine et une abondance de bénédictions qui puissent passer, avec de perpétuelles actions de grâces, jusqu'à la postérité la plus reculée. (Après sont les signatures qui suivent.)

P. Héroult, curé d'Étavaux ; P. Le Tellier, curé de Saint André de Fontenay ; J. Le Fortier, curé d'Allemagne ; M. Creveuil, curé de Cintheaux, doyen de Vaucelles ; F. Adam, curé de Lyon ; G. F. Le Manissier, curé de Bréville ; J. Maresq, curé de Neuilly ; H. Fleury, curé d'Avenay ; Loiseau, curé de Venoix ; Briand, curé de Verson.

Je ne sais si cette requête fut envoyée à la Cour ; mais les portions congrues des Curés qui étaient fixées à 500 livres, ont été augmentées par le Roy Louis XVI et portées à 700 livres ; et celles des vicaires, fixées à 250 livres, ont été portées en même temps à 350 livres.

Le Dimanche, 17 octobre 1779, arriva à l'Abbaye de Fontenay, à 6 heures du soir, M. de Cheylus, évesque de Bayeux, qui y confirma le lendemain, les fidèles des paroisses de Saint André, May, Saint Martin, Ifs, Marmion et Roquancourt, depuis 8 heures jusqu'à 9 h. et demie du matin. Le 19, il partit à 8 heures du matin pour Cintheaux, ou il conféra aussi la confirmation.

Le 14 novembre 1779, la journée a été très froide avec pluie, grêle et grand vent et, le soir, il y a eu une espèce d'aurore boréale : à 7 heures du soir a paru un éclair, accompagné d'un grand coup de tonnerre. Les aurores boréales sont très fréquentes dans ce pays ; je m'abstiendrai donc d'en parler désormais. (Il en a paru une le 8 novembre 1787, dont on trouve la description dans les Affiches de Caen, n° 45, année 1787.)

Au mois de décembre 1779, M. le curé de Saint André a lu au prône une ordonnance du Roi Henry second, donnée en 1556, contre les filles qui cellent leur grossesse criminelle et font mourir le fruit de leur ventre. Il joignit à la lecture de cette pièce une autre loi de Louis XIV, confirmative de la première. Il ajouta qu'il avait ordre (1) de faire cette lecture : il l'a faite encore en septembre 1780 et l'a rappelée de temps en temps depuis.

A la fin de may 1780, j'ai été à Évreux : voiçi la route que j'ai prise.

De l'abbaye de Fontenay à Ifs, une lieue : à Bras, hameau d'Ifs, de l'autre côté du chemin de Falaise à Caen, un quart de lieue : à Soliers, demie lieue : à Cagny, trois quarts de lieue : içi est la route de Paris à Caen.

De Cagny à Vimont, une lieue : à Moult, ou est la poste, une lieue : à Croissanville, ou est une boëte pour les lettres du pays, une lieue. C'est içi le commencement du pays d'Auge.

De Croissanville à Corbon, deux lieues ; à Estrées, au bas de la côte Saint Laurent, demie lieue ; à Saint Laurent du Mont, au haut de la butte, demie lieue : à Saint Aubin, ou est la poste, une lieue. A Lisieux, deux grandes lieues.

(1) Cet ordre est dans les Rituels. (Renvoi de l'auteur.)

Lisieux est une petite ville très ramassée et très peuplée. Il y a des fontaines publiques qui sont une grande commodité. La cathédrale n'a rien de bien rare : il y a un clocher en pyramide. L'évêché est fort beau, ainsi que l'Église de l'Abbaye de Saint Désir, communauté de Bénédictines. L'Église paroissiale de Saint Jacques est assez belle, avec de grosses cloches. Les maisons et autres édifices sont bâtis en bois ou en briques.

Depuis la butte de Saint Laurent jusqu'à Lisieux, la route est très mauvaise en hiver, surtout pour les gens de pied.

De Lisieux à l'Hostellerie, 3 lieues : belle route en tout temps. Là, je prends le chemin de Bernay, passé l'Église de l'Hostellerie et du même côté, c'est à dire, à droite ; à une porte sur laquelle il y a une *bonne vierge* qui fait l'encoignure d'une petite rue que l'on prend et qui mène à Drocourt ; une lieue : de là, au moulin de ...., une lieue ; de là, à Bernay, une lieue.

Bernay est dans une vallée assez agréable ; mais la ville est fort mal pavée, partie en cailloux pointus. Il y a trois Églises passables, dont deux paroissiales et une Abbaye de Bénédictins de Saint Maur ; plusieurs communautés et Chapelles.

De Bernay, à ....., une lieue : à Beaumesnil, ou il y a un assez beau château, appartenant aujourd'hui à M. le Duc de Charost, par sa femme, une lieue. De là, au Noyer, une lieue : à Grosmont, une lieue ; c'est une communauté de Grammontains. A Bougy, trois quarts de lieue ; à Romilly, ou il y a un château, demie lieue ; au Thilleul des Manoirs, (des manais), demie lieue ; à Louvernay, demie lieue ; à Buray, demie lieue. C'est içi le lieu de ma naissance, ou j'ai plus d'amis que de parents.

On voit que je n'ai pas suivi la route de Caen à Paris, parce que mon village, qui est à demie lieue de Conches, se trouve écarté de cette route de 3 lieues sur la droite.

De Buray à Oissel, par Le Coudray, une grande lieue ; à Morant, une lieue ; c'est un château qu'on laisse à gauche et qui appartient à l'Abbaye de la Noë. A Saint Jean de Marsan, un quart de lieue ; à...., un quart de lieue ; à Navarre (1), un quart de lieue. C'est un très beau château ou les ducs de Bouillon font leur résidence ordinaire. On le laisse à droite. A Évreux, un quart de lieue.

Évreux est une jolie petite ville épiscopale, qui embellit tous les jours. Il y a une église cathédrale fort délicate et très ornée tant en dedans qu'en dehors, deux abbayes, huit paroisses et plusieurs autres églises, tant communautés, que séminaires et autres. Il y a dans la cathédrale, dans la croisée du côté de l'Évêché, une tombe en métal de cloche sur laquelle on voit la figure d'un évêque, avec cette inscription autour et un chien à ses pieds.

---

(1) Le château de Navarre se trouvait à deux kilomètres d'Évreux. Il avait été bâti par Jeanne de Navarre en 1330 et reconstruit en 1686 par le duc de Bouillon. Mansard en avait fait une résidence royale et un des plus beaux châteaux de France.

Après son divorce, l'impératrice Joséphine habita pendant deux ans cette magnifique résidence, qui lui avait été donnée par Napoléon. Elle se retira ensuite à la Malmaison, où elle mourut le 29 mai 1814. Le château de Navarre a été détruit en 1836.

« *Sâme Deus : si forte reus fuit iste, reatum*
Tolle suum, qui quemque tuum facis esse beatum.
Civibus Ebroicis dum præfuit iste Johannes,
Sub vice Pontificis vitiorum sorbuit amnes.
Juni prima dies, anni quoque mille ducenti,
Sex quini decies finem dant huic morienti. »

Inscription que l'on voit écrite sur du vélin, enchâssée dans le 5ᵐᵉ pillier, du côté de l'Évangile, de la nef de l'Église Saint Pierre, à Caen, et un verre devant pour la conservation de laditte inscription, et pour empêcher l'effet de l'air et de la poussière qui pourraient effacer les lettres (1). Elle est de la teneur suivante :

« Épitaphe du défunt Nicole Langloys, en son vivant bourgeois de Caen et Trésorier de cette église, lequel trespassa au mois de juillet l'an mil iijᶜᶜ xvij.

1317.

« Le vendredy devant tout droit
La Saint Clair que le temps n'est froid,
Trespassa Nicole Langloys,
L'an mil trois cent et dix sept.
Son corps gît cy ; l'âme à Dieu soit.
Chacun en prie ; car c'est bien droit.
Bourgeois était de noble guise,
Moult bien fist en cette église.
Trésorier en fut longuement,
Et par luy et par sa devise
Fut la tour en sa voye mise,
D'être faite si noblement.
Prudhome estait, courtois et sage,
Et sans orgueil et sans oultrage,

---

(1) Sur cette inscription, voir l'*Introduction*, § III. Lamare n'a pas suivi exactement l'orthographe du document qu'il a copié.

De tous gens chéri et aimé.
De sa mort ce fut grand dommage.
Son esprit en l'héritage
De Paradis soit hoir clamé.
O luy gît sa femme première,
Qui moult fut de noble manière,
Et estoit nommée Germaine;
Envers Dieu fust moult osmonière,
Qui les mettra en sa prière :
Dieu les mettra en bonne sepmaine.
Du jour que ce monde passa
Et des siècles trespassa,
Ce fut le second jour d'octobre,
L'an mil trois cent, ôtés en deux.
Grand dommage fut et grand deuil,
Car elle estoit sage et sobre.
Priez Dieu par dévotion
Qu'ils ayent planière rémission. »

« Cette épitaphe a esté escrite sur le vieil original, sans y advoir rien changé, par l'advis et délibération de nobles hommes Maître Guillaume Artur, sieur d'Amayé et vicomte de Caen ; Maître Jehan du Chemin, sieur d'Eschalou et honorable homme Gilles Fillastre, bourgeois de cette ville de Caen, trésoriers de cette église. Faict au mois de janvier 1575. »

Autre épitaphe, au dessous de la précédente, 5me pillier de la nef.

« Cy gisent et sont inhumés, au bout de la table, Antoine et Antoine de Malherbe, escuyers, sortis en secondes nopces de M^{tre} François de Malherbe, escuyer, sieur du Bouillon (1), conseiller du Roy, prési-

(1) Nous lisons dans le *Mémorial généalogique* de la famille des Malherbe de Saint-Aignan, de la branche des seigneurs du Bouillon et de Juvigny, qu'un bibliophile et un érudit, M. le comte de Blangy, a fait luxueusement imprimer

dent au bureau des Finances de Caen ; et de noble dame Anne Le Clerc, aussi inhumée en cette église, dans leur chapelle de Saint Quentin ; ou, pour marquer leur piété, ils ont fondé trois messes, le lundy, en l'honneur du Saint Esprit et pour la bénédiction de la famille ; le mardy et le vendredy, pour le repos de leurs âmes et des fidèles trespassés. Et, en oultre, une haute messe d'obit, chaque année, le 18me janvier, jour du décès du feu sieur de Bouillon. »

« Mre Françoys de Malherbe, sieur de Saint Vaast,

en 1901 et tirer à 50 exemplaires : « François Malherbe, fils aîné de Jacques Malherbe, écuyer, et de damoyselle Marie Anger, fut né le jeudy vingt troisième d'octobre mil V^{ct} IIII^{xx} et six (1586), sur les quatre heures après midi et fut baptisé le XIIe jour de novembre en suyvant. Et nommé en l'église de Sainct Sauveur de Caën, par noble homme François de Nocy, s^r de la Scuhardière, du Torquesne et du Coudray. Et noble homme Olivier Moges, s^r de Montenay et damoyselle Magdaleine Anger, sa marraine. » « L'an de grâce mil six cent cinq, le mardy quinziesme jour de febvrier, le dit François Malherbe, fils aîné des dits Jacques Malherbe et Marie Anger, fut marié à damoyselle Judith Le Valois, fille et héritière de feu noble homme Jean Le Valois, sieur d'Ifs et de Montenay et de damoyselle Jeane de Mainbeville, ses père et mère. »

« Le 3 novembre 1622, ledit François Malherbe, s^r du Bouillon, conseiller du roi et thrésorier de France à Caen, espousa en secondes nopces damoiselle Anne Le Clerc, fille de noble homme Jacques Le Clerc, s^r d'O, conseiller du roi au siège présidial de Caen et de damoiselle Anne de Cauvigny. »

François de Malherbe devint président de sa compagnie en 1647, par suite du décès du s^r Morin d'Escajeul, et mourut le 18 janvier 1650. Il était l'ami et le correspondant de son cousin, le poète. Il eut sept enfants ; l'aîné, François de Malherbe, s^r de Saint-Vaast et de Juvigny, continua sa descendance. Il avait acheté des échevins de la ville de Caen, l'hôtel Loraille, rue de Geôle.

Sa première femme, Judith Le Valois, mourut le 27 mars 1619, et sa seconde, Anne Le Clerc, le 3 mars 1660. Ses deux fils, dont il est question ici, sont : Antoine Malherbe, né le samedi 7 octobre 1630, baptisé le 10 de ce mois en l'église Saint-Pierre de Caen, mort le 16 novembre de la même année et inhumé « au bout de la table des reliques, derrière le chœur », et Antoine Malherbe, né le jeudi 25 novembre 1632, baptisé le 29 de ce mois en l'église Saint-Pierre de Caen, mort dans « la première année de son âge et inhumé à la place cy dessus désignée. »

Juvigny et Lébisey (1), conseiller du Roy, cy devant grand prévôt de Normandie, frère aîné des dits Antoine, a fondé en la même chapelle de Saint Quentin, deux messes en l'honneur de Notre Dame de Suffrage et pour le secours des agonisants, l'une un dimanche et l'autre un jeudy ; et, de plus, un service avec diacre et sous diacre, le samedy après la feste de Saint Jean Baptiste. Toutes les basses messes se doivent dire pendant l'Avent, Caresme et Octave du Saint Sacrement, à l'issue du sermon ; à la réserve du dimanche qu'elle se dit à la fin du prône, et en autre temps de l'année, à 9 heures en hyver et à 8 en esté. Et aux jours de l'obit et service, on est obligé d'advertir de l'heure et sonner les closches, le soir et le matin. Les contrats des dittes fondations ont estés passés avec MM. les curés, prestres, chapelains fondés et trésoriers de la paroisse Saint Pierre, le 9 9bre 1654, le 13 janvier 1661 et le 14 may 1678. Et faulte d'acquitter les charges, les deniers seront appliqués aux hôpitaux de la ville.

« Cette inscription a esté gravée sur ce marbre pour la mémoire des défunts de la famille du sieur

---

(1) « François Malherbe fut né le mercredy 8 novembre 1623, sur les onze heures du matin. Il fut baptisé le 26 dudit mois en l'église de Saint-Pierre de Caen et nommé par noble homme Jacques de Cauvigny, sr de Bernières, de Coulomby, de Boutonvillers, de Bertout et de Beauxamis, son bisayeul maternel et damoyselle Louise Malherbe, vefve de Gilles de Guierville, escuyer, sieur de Coulombières, sa marraine. Ledit François de Malherbe fut pourveu par Monsieur son père de la charge de grand prévôt général de Normandie, le 21e de septembre 1650 et y fut reçu le mois de décembre en suivant au grand Conseil. »

« Ledit François de Malherbe est mort le 24 novembre 1708, à une heure après-midy, âgé de 85 ans, 16 jours moins, et a été enterré dans la chapelle Saint Quentin, paroisse Saint Pierre, sépulture de ses prédécesseurs. » (Cte de Blangy : *Mémorial généalogique de la famille de Malherbe.)*

de Malherbe du Bouillon, qui en est présentement le chef et pour se conserver et à ses successeurs le droit de banc, attaché contre ce pillier et de sépulture en cette église, dont les ayeulx, tant du côté paternel que maternel, se sont rendus les bienfaiteurs. Et, tous les dimanches au soir, méditation, fondée en 1686, avec salut et bénédiction du Très Saint Sacrement et la Mission de dix ans en dix ans. »

Épitaphe de la chapelle Saint Quentin, en la même Église :

« Fondation de cinq messes en cette chapelle, pour et au nom de la famille de M^tre Françoys de Malherbe du Bouillon, dont les ayeulx ainsi que ses père et mère et enfants, sont inhumés en ce lieu, suyvant les épitaphes qu'on y voit gravées. Lesquelles messes se doivent dire en laditte chapelle et non ailleurs, le dimanche, le lundy, le mardy, le jeudy et le vendredy de chaque semaine ; tant pour la bénédiction des vivants, que le repos des défunts, à qui Dieu fasse grâce par son infinie miséricorde. Attendant le même sort, avec dame Charlotte Bigot, sa chère et dernière épouse (1), décédée le

---

(1) « Le 19 avril 1665, ledit François de Malherbe espousa en secondes nopces, damoiselle Charlotte Bigot, fille de Messire Guillaume Bigot, seigneur et patron de la Turgère, conseiller du roi et doyen en sa Cour des Aydes de Normandie et de dame Marie de Beaulieu, ses père et mère... » (François de Malherbe avait épousé en premières noces, comme on le verra plus bas, Suzanne de Costentin.)

« Ladite Charlotte Bigot décéda à Caen le 4 aoust 1703 et fut inhumée en la chapelle de Saint Quentin, paroisse Saint Pierre de Caen. Présents : Messire Pierre de Mathan, chevalier, seigneur dudit lieu, escuyer ordinaire du Roy, et Jacques Blouet, escuyer, seigneur de Thaon, conseiller au Bailliage. »

(Cte de Blangy : *Mémorial généalogique de la famille de Malherbe.*)

4 aoust 1703, qui gist içy. Priez Dieu pour son âme. »

« Cy gist Demoiselle Jeanne Wardel, jadis ornée d'une singulière beauté de corps et d'esprit et illustre tant par sa naissance que par toutes les grâces qui rendent une âme recommandable. Après avoir vécu en très parfaite union avecque Jacques de Chauvigny, escuyer, seigneur et patron de Colomby, Bernières, Bretonvilliers, Bertout et Beauxamis, son espoux, par l'espace de vingt ans et six mois ; enfin âgée de 38 ans, elle rendit son âme à Dieu le 18 de may M D IIIJ^{xx} VIIJ (1588). De son mariage sont sortis douze fils et quatre filles. Six fils et deux filles sont encore superstants, auxquels Dieu, s'il lui plais, donnera sa crainte et bénédiction. Ainsi soit il. S. M. A. L. L. A. F. C. F. En l'an Mil D IIIJ^{xx} IX. »

« A la plus grande gloire de Dieu. Icy a esté mis le corps de Charles Françoys de Malherbe, sorti en leg. mariage de M^{tre} Françoys de Malherbe et de noble dame Suzanne de Costentin (1), n'ayant vescu que 3 ans 9 mois. Mortel, loue son bonheur. »

(1) « Le 12 février 1656, contrat de mariage fut passé entre François de Malherbe, grand prévôt de Normandie et Suzanne de Costentin, fille unique et héritière de Robert de Costentin, escuyer, seigneur du Val, gouverneur de Coustances, et de noble dame Marguerite de Roncheroles. » (Cte de Blangy: *Mémorial généalogique de la famille de Malherbe.)*

« Le dernier jour d'août 1659, est sorti du même mariage, grâces à Dieu, un fils qui nasquit en la ville de Coustances, sur les quatre heures du soir, en la maison de sa mère, sise paroisse St Nicolas, qui fut sur l'heure baptisé par la sage femme qui trouva l'enfant en péril et lequel a esté nommé depuis en la ditte église de Beuzeville au botois, le 22 octobre 1662, Charles François, par M^r le Baron d'Hurville, son grand oncle et mademoiselle de Guéhebert, sœur de

« Hoc conduntur tumulo Johannis Baptistæ de Malherbe (1), equitis marchionis et patroni de Juvigny,
domini Castellani et patroni de Saint-Vaast et
Préaux ; domini temporalis de Lebisey, du Bouillon,
etc. ; apud regem olim armigeri et cataphractorum
equitum antisignani terrestres exsuviæ.

Latissiman illi sortem inter Cælites spondet, exi-
mia, dum vixit, in Deum pietas ; vitæ probæ et reli-
giosæ institutæ tenacitas firma : paternæ in pauperes
beneficientiæ liberalitas æmula nec degener. Ingenium liberalibus disciplinis tam excoluit diligenter
quam viro nobili expedit. Animum omni virtutum
genere, ut Christianum hominem dicit, feliciter exor-
navit. Justum de se quærendi locum dedit nemini.

Madame de St Simon ; et estant mort à l'âge de quatre ans, en la ville de Caen, a
esté inhumé en la chapelle de Saint Quentin, ou est la sépulture de ses ancestres,
paroisse Saint Pierre. »

« Ladite Suzanne de Costentin, estant en sa maison de Coustances, y décéda le
29 mars, veille de Nostre Dame, en l'année 1661, âgée de 26 ans et fut inhumée en
l'église du séminaire de Coustances. » (Ibid.)

(1) Voici comment François de Malherbe rend compte, dans le *Mémorial de
famille*, de la naissance de Jean-Baptiste, son fils : « Du mesme mariage est né
un second fils qui vint au monde le huictiesme janvier de l'année mil six cent
soixante et dix sept, dont grâce à Dieu, ma femme accoucha heureusement en
ma maison de Caen, une heure après minuict et fut le lendemain baptisé en ma
paroisse Saint Pierre, sur les trois heures après midy. Et fut nommé par deux
pauvres honteux, Jean Baptiste, pris pour parrains, savoir : Nicolas de la Porte,
âgé de quatre vingt ans, trouvé fortuitement en ladite église et par Jeanne Erce,
qu'il eût pour commère, de mesme âge à peu près l'un et l'autre, demeurants au
faux bourg Saint Gilles. »

Jean-Baptiste de Malherbe, fils de Messire François et de noble dame Charlotte
Bigot, chevalier, seigneur patron et châtelain de Saint-Vaast, Juvigny et autres
lieux, fils unique et seul héritier de la famille des Malherbe de Saint-Aignan,
enseigne des gens d'armes du Roi, épousa, le 19 janvier 1704, Marie-Françoise-
Henriette Le Prévost de Reviers et mourut à Caen, le 16 février 1732 (le *Mémorial* porte : *le 15 février*), à l'âge de 55 ans. Il fut enterré dans la chapelle de
Saint-Quentin et son épitaphe est gravée sur une plaque de marbre fixée contre le mur.

Magnum sui desiderium reliquit omnibus. Obiit die 16 februarii ; anno domini 1732, ætatis suæ 55. Perenne hoc amoris et pietatis monumentum uxor et liberi mærentes posuerunt. Requiescat in pace. »

AUTRE

« Cy gît Messire Jean Baptiste Antoine de Malherbe (1), prêtre, chanoine de l'Église de Paris, docteur de la maison et société de Sorbonne, cy devant grand vicaire du diocèse de Rouen à Pontoise, abbé de Tyron. Nommé depuis par le Roy à l'Évêché de Beziers qu'il n'accepta pas ; mort à Caen, à l'âge de 59 ans, le 5 février 1771 ; inhumé dans cette chapelle de ses ancêtres. Aimable, bienfaisant, vertueux, il a laissé à sa famille et à ses amis de tendres regrets ; aux pauvres, le souvenir de sa charité ; au public, l'exemple d'une vie irréprochable. Priés Dieu pour le repos de son âme. ».

AUTRE

« Cy gist Jacques Le Clerc, escuyer, sieur Do :

(1) « Du mesme mariage est sorti un fils dont Madame de Malherbe accoucha le 12 janvier 1712, à six heures et demie du matin, qui fut baptisé et nommé Jean Baptiste Antoine, le mesme jour, par deux pauvres, en la paroisse Saint Jean. » « Au mois d'octobre 1745, le Roy nomma mon frère, pour lors abbé de Tiron, chanoine de Paris et grand vicaire de Pontoise, à l'Évesché de Béziers. Mais, par désintéressement et humilité, il remercia et refusa cette dignité, quoi qu'il n'eust pas encore alors trente quatre ans et qu'on le pressat de la façon la plus flateuse de l'accepter. Et depuis l'Archevêché de Tours étant devenu vacant, il fut proposé pour remplir le siége qu'il ne voulut point accepter et enfin en 1757, le Roy luy donna l'Abbaye de Livry, diocèse de Paris, depuis par luy remise au Roy. Mort à Caen le 5 février 1771, âgé de 59 ans 1 mois environ et enterré en nostre chapelle de la paroisse de Saint Pierre, lieu de nostre sépulture. » (Cte de Blangy : *Mémorial généalogique.)*

doyen des conseillers du Roi au baillage et siège présidial de Caen ; garde des Sceaux de la Chancellerie et l'un des capitaines de la ville (1) ; illustre par son mérite et son grand sçavoir ; lequel décéda âgé de 78 ans, le 26 mars 1649 et fut enterré en la chapelle de Saint Quentin, par la cession de droits que Monsieur de Barneville et la Dame sa femme, héritière en sa partie de feu Jacques de Cauvigny, escuyer, sieur de Bernières, lui en auroient fait, en raison de l'alliance et étroite amitié qui estoit entre eux, comme il est porté par contrat devant tabellions, à Caen, du 8 Décembre 1632. En ce même lieu, noble Dame Anne de Cauvigny, son espouse, après avoir vescu ensemble longues années dans un heureux mariage et parfaite union de cœur ainsi que de vertus. Son décès arriva le 21 aoust 1654, en sa 86me année. En ce même lieu ont esté inhumés, avec leurs maris, les dames Le Clerc et du Bouillon, sa fille, qui a fondé les vendredys une messe pour les Deffuncts.

Passant, priés Dieu pour le repos de leurs âmes. »

AUTRE

Piis manibus nobilissimi pueri Caroli Francisci de Malherbe, epitaphium (2).

---

(1) Jacques Le Clerc, sieur d'O, conseiller du Roi au siège présidial, et noble dame Anne de Cauvigny, femme de Jacques Le Clerc, étaient les aïeux maternels des enfants de François de Malherbe, sieur du Bouillon, et de demoiselle Anne Le Clerc.

(2) Cette épitaphe concerne le premier fils de François de Malherbe, seigneur du Bouillon, conseiller du Roi, président du bureau des finances, et de sa seconde femme, Charlotte Bigot. Il était né le 4 avril 1666 et mourut le 15 mars 1672, à Caen.

Nobilibus prognatus avis hoc marmore Carlus
Clauditur Olenici lausque, decusque soli.
Non flos lucidior, non clarium exstitit astrum.
Non magis in rubro gurgite concha micat.
Nec satis est: teneris olli maturius annis
Ingenium et roseis gratia terna labris.
Atropos invidit: tantos prædatur honores,
Et pulchram illustri spem rapit atra domo.
Pro dolor! et risus Charitum geminique parentis
Spes et delicias hoc levis urna tegit.

Jacobus Auber.

AUTRE

« Icy reposent les corps de Messire Françoys de
Malherbe, seigneur du Bouillon, chevalier, conseiller du Roi en ses conseils et premier président
au Bureau des finances en la généralité de Caen,
lequel, après s'être diligemment acquitté de toutes
les charges et emplois où il a passé, est rendu
recommandable par l'éclat de ses vertus qui l'ont
accompagné jusqu'au tombeau ; est mort en sa
64ᵐᵉ année, le 18 Janvier 1650 et a choisi le lieu de
sa sépulture en cette chapelle, comme héritier du
feu Sieur et Dame Le Clerc ; ayant, pour marque de
sa piété, laissé plusieurs fondations en l'Église de
Saint Pierre, pour faire prier Dieu pour lui et sa
famille, suivant le contrat passé devant tabellions à
Caen, le 9 Novembre 1654; et, à son exemple,
noble dame Anne Le Clerc, sa fidèle espouse en
secondes nopces, après être demeurée 10 ans veuve,

est décédée le 3 mars 1660; a esté pareillement inhumée en la même chapelle et a fait aussy quelques donations à cette Église, ainsi qu'il est porté par contrat devant tabellions à Caen, du 15 février 1660. Le sieur de Malherbe, fils aîné du second lit et grand prévôt de Normandie, qui a pris soin de faire élever ces monuments aux Défuncts, te convie, Lecteur, à dire pour eux un *Pater* et un *Ave*. »

AUTRE

« Hic Jacet prope carissiman conjugem franciscus de Malherbe, vir probus, rectus, integer vitæ ; quem non reddidit arrogantem majorum nobilitas, nec opes minus modestum, nec elatiorem bona fama. Omnibus benevolus, nullis nocuit. Votis publicis si concedi potuisset quemdam non mori, hunc maxime cives optassent immortalem. Illum fecerat virtus in fide firmum, christiana legis observantissimum, divini verbi avidum, non auditorem obliviosum, sed factorem operis. Suave domini jugum a pueritia impositum, et adolescens et senex, non dificiens portavit. Quis majore constantia, pleniore manu, animo hilariore intellexit super egenum et pauperem ? Totus fuit in paupertatem ignotam indagando, notam juvando, egentibus quibuscumque abunde pecunias erogans. Quin et suorum civium Religioni consuluit. Dominicæ vineæ cultores et præcones sacri eloquii in hanc urbem, revertente quoque anno decimo mittendos curavit. Hac in œde serotinum cunctis domini diebus sermonem fundavit.

Quid plura? Qui tranquillus pater, dilectus socer, felix avus, piam, justam et sine labe vitam duxerat ; qui bonis operibus et annis plenus, forte unus, Deo remunerante in desinenter ante obitum beatus vixerat. Obiit anno salutis reparatæ 1708, 24 nov. die, ætatis suæ 85 » (1).

Autre inscription dans la nef, 3me pillier.

« Icy est inhumé honorable homme Gilles Fillastre, bourgeois de Caen (2), marchand de soie audit lieu ; lequel après avoir donné plusieurs fois certains tesmoignages de sa dextérité ès armes, fut par le Roy Henry deuxiesme, que Dieu absolve ! establi capitaine des

(1) Cette inscription, gravée sur une plaque de marbre noir, vient d'être acquise par M. É. Travers, secrétaire de la Société des Antiquaires de Normandie, pour le Musée de la Société.

(2) Voici les lettres patentes de Henry II, qui, en 1557, organisèrent définitivement les confréries d'arquebusiers et nommèrent capitaine Gilles Fillastre, bourgeois de Caen :

« Comme défunts Nos prédécesseurs et Nous, curieux d'exerciter nos sujets à l'Art militaire par quelque récréatif et honnête moyen, auroient de tout temps permis aux habitants de plusieurs villes de notre royaume, même de notre païs de Normandie, tirer de l'arc, harquebute et arbaleste, aux jeux de Papegault et autres ordonnez... Sçavoir faisons que Nous, désirant la conservation, sûreté et décoration de notre ville de Caen... Il Nous est apparu Gilles Fillastre, bourgeois de ladite ville, avoir, par trois années consécutives, abbatu avec la harquebute, le Papeguay accoutumé à être tiré en ladite ville ; l'expérience duquel peut à ce moyen témoigner de sa suffisance pour la conduite des autres Harquebutiers... Avons iceluy Fillastre créé, ordonné et établi, par ces présentes, capitaine, chef et conducteur des autres habitants de ladite ville, tirant au dit jeu de la Harquebute ; pour dudit état de capitaine jouïr et user dorénavant par ledit Fillastre et ses successeurs audit état ; à tous droits et exemptions, franchises, libertés de tous et chacun, les Tributs, Aides, Tailles, Quatrièmes, Subsides, Impositions et autres par nous mis et à mettre sus, soit par le trafic de sa marchandise, ou autrement par quelque manière que ce soit ; desquels droits, franchises, etc., nous avons iceluy Fillastre et ses successeurs audit état, affranchis, quittés, déchargés et exemptés... permettant néantmoins audit capitaine résigner et soi démettre dudit état quand bon lui semblera. » G. Lavalley : *Les Compagnies du Papeguay à Caen*, p. 81.

Arquebusiers de cette ditte ville et confirmé au dit estat par les Roys successeurs dudit seigneur; et pour sa prudence, esleu gouverneur et conseiller d'icelle. Même à raison de sa vigilance et affection religieuse, esleu thrésaurier de cette Église et continué en cette charge par 9 années; dont les insignes remarques, édifiées pendant sa charge, en rendent fidèle tesmoignage. Ayant iceluy vescu en second mariage et paisible concorde, par l'espace de 34 ans avec Catherine Le Masseclier, sa femme et en iceluy engendré deux fils et une fille. Après avoir esté malade l'espace de deux mois et demie, âgé de 70 ans, 8 mois, est décédé le 15ᵐᵉ jour de Septembre 1584. Sa femme, Pasques et Gilles Fillastre, ses fils, restant dudit mariage, pour leur affectionné devoir avecques lamentables regrets lui ont fait dresser ce tombeau. Dieu lui fasse pardon. »

Le 18 février 1781, les mandements pour la milice ont été lus à l'issue de la messe de Saint André de Fontenay, par lesquels ladite paroisse, jointe à celle de Frénouville, est tenue de fournir un homme cette année pour la milice. Et le sort est échu, le 9 mars suivant, sur Baptiste Doret, fils d'un tailleur de Saint André. Cet événement porta le père à faire une quête en faveur de son fils, pour acheter un homme à sa place. Ils ont gardé le produit de la quête, n'ont point acheté d'homme et ce milicien n'a jamais sorti de la maison paternelle pendant tout le temps de son engagement.

Épitaphes qui sont dans l'Église de Fontenay.

1re.

Cy gist le corps de Dom Guillaume de Hottot, en son vivant prieur de cette maison, qui, après l'avoir gouvernée l'espace de XXX ans, décéda le 15 novembre 1693, âgé de 78 ans. Priés Dieu pour son âme.

2me.

Cy gist le corps de Dom Francoys de Sainte Marie (1), en son vivant, prêtre, docteur en théologie, religieux et prieur perpétuel de cette Maison, qu'il a gouvernée l'espace de 23 ans ; titulaire des Prieurés de Saint Martin de Tailleville, de Saint Laurent de .... et syndic du clergé de ce diocèse ; lequel décéda le 8 de novembre 1716, âgé de ... ans. Priés Dieu pour le repos de son âme.

3me.

Hic Jacet Dom Batard, Relig. antiq. 10e Maii 1776. (Celui-çi était aussi titulaire du Prieuré de Tailleville.)

(1) En 1689, le Père de Sainte-Marie avait la régie des biens de l'abbaye de Fontenay, sous l'autorité de M. de Chamarandes, abbé commendataire et premier maître d'hôtel de Madame la Dauphine. Celui-ci, qui ne vint jamais à Fontenay, ne mourut qu'en 1699. Le Père de Sainte-Marie était aussi aumônier, charge qu'il abandonna en faveur d'un de ses collègues, le Père Chennevière, lequel disposait du pain des pauvres pour sa propre famille.

Le Père de Sainte-Marie était devenu prieur en 1692, à la mort du Père de Hottot. C'est à cette époque qu'une maladie contagieuse se déclara dans l'abbaye : cette sorte de peste emporta tous les religieux, sauf M. de Sainte-Marie, qui voyageait alors en Bretagne. Pendant quelque temps, l'abbaye resta déserte et c'était le curé de Saint-André qui venait dire la messe dans l'église.

Épitaphe qui est autour d'une tombe à Sainte Paix de Caen.

En 1621 et au jour que la Vierge
Monta dedans le ciel pour y prendre son siège,
Anne Girot rendit (estant bue) son âme à Dieu.
Son corps repose ici dessoubs la froide lame :
Par charité, passant, prie ton Dieu pour son âme,
Et crois qu'un beau soleil est éclypsé en ce lieu.
Arrête-toi, passant, lamente sur ma cendre,
Qui fait le pardevant au tombeau pour t'attendre,
En layssant mes amis en tristesse, en émoy,
Mon corps repose icy sous la lame poudreuse ;
Prie donc Dieu que mon âme soit au ciel bienheureuse,
Et sois certain qu'un jour tu seras comme moy.

Épitaphe de M. Hermant (1), curé de Maltot.

Hic Jacet
Johannes Hermant, sacerdos,
Et hujus ecclesiæ parochus,
Resurrectionem expectans,
Et immutationem.
Vir pietatis non fictæ
Non vulgaris doctrinæ pastor.
Multa in lucem edidit ; plura scripsit,
Plurima collegit,
Multa pie, plura erudite.
Curiose plurima

(1) Hermant, Jean, né à Caen le 16 février 1650, mort à Maltot (Calvados) le 13 novembre 1725. Il a publié beaucoup d'ouvrages, parmi lesquels l'*Histoire des conciles*, des *Ordres religieux*, des *Ordres militaires de l'Église* et des *Ordres de Chevalerie*, ne sont que des compilations sans grand intérêt. Son travail le plus important, l'*Histoire du diocèse de Bayeux*, s'arrête à la fin de la première partie. (Caen, P. Doublet, 1705, in-4°.) La seconde n'a pas été publiée. Elle existe, avec une troisième partie contenant l'histoire des bourgs et des villes du diocèse, des ordres et maisons religieuses, ainsi que des forêts et des fleuves, en manuscrit à la Bibliothèque de Caen. (B. M., in-f° 70.)

Lamare a mal copié la date du décès. Il faut lire 1725 et non 1726.

Annis, labore, morbo confectus,
Corpus humi, animam Deo
Sciens ac lubens resignavit,
Idibus Novembris
Anno à Christo nato
MDCCXXVI, *(sic)*,
Ætatis suæ LXXVI,
Curæ pastoralis XXXVI;
Requiescat in pace
Hora venit.

Autres épitaphes que j'ai trouvées dans l'Église de l'Abbaye de Fontenay.

(Il est écrit comme il suit sur la tombe.)

D. O. M.

Anagrâmatism'. Venerabilis
Et religiosi viri Dôm Ægidii
Le Baron, huj' cænobii Cāto
Ris mort" : qui 8 genari *(sic)*
Obiit VI Jd Decembr' anno Dom
CIɔ IɔC XIII.
Nūc etıa Ægidius fit hîc Baroni' Vni
Laus Regi clamat temp' in onē Deo.

AUTRE

Dom Pierre Le Roux, de Karhayx en Bretagne chantre de cette Église et Bachelier en théologie, décéda le 21 de janvier 1684. Priés Dieu pour lui.

Le dernier dimanche qui était aussi le dernier jour du mois de Septembre 1781, M. le curé de Saint André a fait lire au prône de sa messe paroissiale, par Joseph Valette, maître d'école audit lieu, une lettre du Procureur du Roi du bailliage de Caen, accompagné d'un arrêt du Parlement de Normandie, concernant les cimetières et les inhumations. En voici la teneur.

A Caen, le 20 Septembre 1781.

Monsieur,

La cour m'ayant chargé de veiller, avec la plus grande vigilance, à l'exécution de son arrêt concernant les cimetières des campagnes ; pour me mettre à portée de le faire, je vous prie de m'envoyer le nombre des morts décédés dans votre paroisse depuis 10 années ; le toisé exact de l'étendue de votre cimetière ; des détails sur sa situation ; s'il est au milieu des habitations ou isolé dans la campagne.

J'ai l'honneur d'être, etc. *Signé:* Revel.

Arrest de la Cour du Parlement de Rouen, du 23 juillet 1781.

Sur la remontrance faite à la Cour par le Procureur général du Roi, expositive que, etc. (Le prononcé étant conforme au réquisitoire, je supprime celui-ci pour abréger.) Vu par la Cour ledit réquisitoire ; vu le rapport du sieur Le Masurier de Ranville, conseiller rapporteur ; Tout considéré : La Cour, faisant droit sur le réquisitoire du Procureur Général du Roi, a fait et fait itératives défenses d'enterrer dans les églises des villes et des campagnes, sous quelque prétexte que ce soit (1), si ce n'est

---

(1) Dès 1721, l'abus des sépultures dans les églises avait provoqué un règlement dont les principes étaient puisés dans l'ancienne discipline ecclésiastique. On

dans les cas portés par la Déclaration de loi de 1776
et arrêt d'enregistrement d'icelle, sous peine contre
les fossoyeurs et autres qui auront donné assistance,
de 300 livres d'amende ; a fait défense pareillement
d'enterrer à une profondeur moindre que celle de six
pieds, et de deux pieds et demi de distance d'une
fosse à l'autre, non plus que de revenir sur les
anciennes fosses avant le terme de dix années révo-
lues ; ordonne que les fosses seront dorénavant faites
et creusées les unes à côté des autres par rangs et de
façon que le premier rang, complété sur la longueur
ou largeur d'un cimetière, il en soit commencé un
second au dessous du premier, dans le même
ordre et à la distance au moins d'un pied du premier rang, et ainsi de rang en rang, le tout à peine
de cinq cent livres contre les dits fossoyeurs et
autres : ordonne que, dans le cas ou, dans les campagnes, les cimetières ne seront pas de grandeur
suffisante, en tant seulement des cimetières qui ne
seront pas dans l'enceinte des maisons, ils seront

n'accordait le droit d'être enterré dans les églises qu'aux prêtres et à quelques rares privilégiés. Cependant, en 1743, le même abus existait toujours :
dans certaines églises, l'odeur était insupportable ; on trouvait même quelquefois,
sous les bancs, des portions de squelettes oubliés par les fossoyeurs. En 1749. le
Parlement de Normandie fut saisi de cette question par les marguilliers de
Notre-Dame de Caen. Dans leur requête, ils disaient que dans l'église « tout
était confondu dans le désordre par les sépultures géminées les unes sur les
autres, de façon qu'on ne pouvait pas trouver la liberté du passage dans l'ordre
des processions et qu'il fallait se frayer dans l'église même une route oblique
pour y pouvoir marcher avec décence et sureté, etc. ». On proposait d'établir
des cimetières à la porte des villes et d'y transporter les défunts dans des
chariots.

L'abbé Charles Porée avait fait paraître, sur ce sujet, des *Lettres sur les
sépultures dans les églises*, où ces inconvénients et ces abus étaient signalés.

agrandis de la quantité de toises nécessaires à raison du nombre des morts pendant dix années : ordonne, en outre, que les cimetières mal aérés, placés dans le centre des maisons et dès lors dangereux, seront retirés du voisinage des Églises et portés dans les terres, au dehors des villages, dans le lieu le plus commode et le plus à portée de l'Église ou du centre des paroisses. A laquelle fin, le présent arrêt sera imprimé, lu, publié au prône des paroisses, affiché, envoyé et enregistré, etc.

Dans le même mois de Septembre 1781, Jean Hébert, laboureur, de la paroisse de Saint André de Fontenay, qui estoit syndic depuis fort longtemps, ayant demandé sa démission de cette charge, Étienne Barassin, charpentier dudit lieu, a fait nommer à sa place son second fils, afin de l'exempter de la milice. Il n'estoit âgé que de 19 ans et son frère aîné estoit pour lors clerc minoré. (Aux festes de la Pentecôte 1782, ce dernier n'étant encore que clerc minoré, a célébré les vespres dans l'église paroissiale, parceque M. le curé était malade : il a fait cet office plusieurs fois depuis pour M. le curé).

Le Dimanche, 14 octobre 1781, entre 9 et 10 heures du matin, la veuve de Louis Péronne, notre bouchère, est morte subitement en déjeunant dans son étable à vaches, ou elle fut trouvée par ses enfants, qui, ayant aussitôt appelé au secours, le monde qui alloit à la grand messe s'y amassa ; mais il estoit trop tard : les soins que l'on lui donna ne purent la rappeler à la vie. Elle fut enterrée le lendemain, à 4 heures après midy, à la réquisition des parents et des amis de la défunte, qui craignaient qu'elle ne fut inhumée vivante. Elle laisse six enfants, dont il n'y a que deux qui commencent à être grands.

Le 24 Juin 1782, un bourgeois de Caen, nommé Lenteigne, s'étant avisé de contredire M. le Tellier curé de May, qui faisait en chaire une conférence avec M. Morel, curé de Marmion, en présence de tout le peuple, dans l'Église de Saint Martin de Fontenay, touchant un article de la coutume, ce particulier porta l'insolence au point de le démentir et de troubler tout l'auditoire, d'ailleurs mal à propos, car le prédicateur n'était pas répréhensible. Or, il en est résulté que le délinquant a été obligé de lui faire excuse, dans une lettre qui a été lue en chaire, le dimanche suivant, dans la même église, avec deux louis pour les pauvres.

Étienne Barassin, clerc minoré de Saint André de Fontenay, s'étant présenté à l'examen qui précède l'ordination, au mois de Septembre 1782, pour reçevoir le sousdiacônat, n'a pas été admis ou reçu, pour plusieurs raisons. La principale était qu'il n'avait pas fréquenté la classe de théologie, s'étant contenté de se trouver aux appels et de copier les cahiers de ses camarades ; et encore pour raison d'ignorance, etc. On avait écrit contre lui à M. le Grand Vicaire. (Ce contretemps lui a été utile, car il s'est depuis appliqué à l'étude et a été fait sous diacre à la Saint

Mathieu de 1783, après avoir été soigneusement examiné.)

Épitaphe de l'Abbé Terray (1), contrôleur général des Finances sous le roi Louis XV.

> Cy gist d'emprunteuse mémoire,
> Qui toujours emprunta, mais jamais ne rendit ;
> S'il est au séjour de gloire,
> Il n'y peut être qu'à crédit.

Confession de la Comtesse du Barry maîtresse de Louis XV.

> Cinq ponts sont les époques de ma vie,
> Dit Lange en sa cellule en Brie ;
> Fille d'un Moine et de Manon Giroux
> J'ay pris naissance au Pont aux Choux (2).
> Mes yeux à peine avoient des charmes,
> Que le Pont Neuf vit mes premières armes.
> Au Pont au Change on scait que mille fois
> J'ay figuré par de galants exploits.
> Mais l'art de triompher, de rallumer les flammes
> Au Pont Roïal me mist le sceptre en main,

(1) Terray (Joseph-Marie), né à Boen, dans le Forez, en 1715, fut d'abord conseiller clerc au Parlement et se fit remarquer en 1735 par sa servilité aux volontés de Louis XV et de Mme de Pompadour: par la faveur de celui-ci, il se fit nommer contrôleur général des finances. Grâce à des banqueroutes déguisées, il réduisit la dette, mais ruina le commerce, porta le dernier coup à la Compagnie des Indes et, en 1770, organisa, pour le compte du roi et le sien, le monopole des grains. Malgré l'opinion publique qui s'était déchaînée contre lui, Louis XV le conserva au pouvoir et le créa même intendant général des bâtiments et directeur des beaux-arts. Louis XVI le renvoya en 1774 et il mourut en 1778.

(2) Tous ces ponts sont dans Paris. (Note de l'auteur.)

Et le dernier m'a mis au Pont aux Dames
Ou j'ay bien peur de finir mon destin.

Oraison funèbre des Jésuites en vers.

Chantons en ce jour solennel
La gloire du père Quesnel *(A)*
Et la honte de Molina *(B)*.
    Alleluya !

Enfin, confrères humiliés,
Ils sont abattus à vos pieds,
Tous ces enfers de Loyola *(C)*.
    Alleluya !

Venés, Arnaud ; venés, Pascal *(D)*,
Venés, Messieurs de Port Roïal *(F)*,

(A) Fameux prêtre de l'Oratoire. (Note de l'auteur.)

Quesnel (le Père Pasquier), naquit à Paris en 1634 et entra dans la Congrégation de l'Oratoire en 1637. Il fut obligé de s'expatrier en 1684, par suite de son attachement aux idées jansénistes. Il trouva Arnauld à Bruxelles, mais fut arrêté en 1696 et ne recouvra la liberté qu'en 1705. Il mourut à Amsterdam en 1719, après avoir fondé en Hollande des églises qui subsistèrent longtemps et dont il a été question plus haut dans des lettres adressées à Dom Goujet. Ce sont ses *Réflexions morales sur le Nouveau Testament*, qui, d'abord approuvées par Mgr de Noailles, furent condamnées en 1708 par Clément XI et donnèrent lieu à la bulle *Unigenitus*.

(B) Fameux Jésuite. (Note du même.)

Jésuite espagnol qui naquit en 1535 à Cuença. Il enseigna pendant vingt ans à l'Université d'Evora, en Portugal, et mourut à Madrid en 1601. Ses doctrines sur la grâce et le libre arbitre suscitèrent de graves divisions parmi les théologiens, et les papes, auxquels le différend fut soumis, ne voulurent pas trancher la question. Les jansénistes étaient les plus ardents adversaires de cette doctrine, aussi donnaient-ils le nom de *Molinistes* à leurs contradicteurs.

(C) Fondateur des Jésuites. (Note du même.)

(D) Fameux docteur de Sorbonne. (Note du même.)

(F) Monastère qui a fait un grand bruit dans l'Église. (Note du même.)

Jouira de ce spectacle !
      Alleluya !

Le sang du Christ, le pain sacré,
Ne sera plus administré
Pour un simple *meâ culpâ (G)*.
      Alleluya !

Nos Rois ne craindront plus rien,
Ni du Guignard *(H)*, ni du Damien *(I)*,
Ni du traître Malagreda *(K)*.
      Alleluya !

Vivent, vivent nos Parlements !
Ils ont chassé ces turbulents
Jusques aux Alpes et par delà !
      Alleluya !

Le Roi confirme leurs arrêts :
Ils subsisteront à jamais,
Leur destruction subsistera.
      Alleluya !

Cette production de Satan,
Plus funeste que l'Alcoran *(M)*,
Jamais ne ressuscitera.
      Alleluya !

Notre digne Pape *(N)* agissant
Suivant l'esprit du Tout Puissant,

(G) Il fait allusion à la morale relachée des Jésuites. (Note de l'auteur.)
(H) Jésuite fanatique. (Note du même.)
(I) Assassin du roi Louis XV. (Note du même.)
(K) Autre Jésuite qui a occasionné les troubles de Portugal. (Note du même.)
(M) Livre qui résume la doctrine des Musulmans. (Note du même.)
(N) Clément XIV, qui a donné la bulle d'extinction des Jésuites. (Note du même.)

Tous en Prusse les envoya *(O)*.
    Alleluya !

Sa constitution *Dominus (P)*
Fait trembler *Unigenitus (Q);*
De frayeur elle expirera.
    Alleluya !

Nos évêques, tous stupéfaits
D'avoir approuvé leurs forfaits,
Sont obligés d'en rester là.
    Alleluya !

En vain, fanatiques prélats,
Vous leur tendez vos faibles bras,
Avec eux l'on vous sifflera.
    Alleluya !

État de l'Abbaye de Troarn en 1782. Octobre.

M. l'archevêque de Toulouse, conjointement avec M. l'abbé de Véry, avait voulu supprimer la manse conventuelle et en prendre les revenus pour fonder un chapitre de chanoinesses. M. l'Évêque de Bayeux s'y est opposé et a proposé plusieurs moyens pour conserver cette maison. Le chapitre avait nommé un prieur à vie : M. de Bayeux a obtenu un arrêt du conseil tendant à introduire la réforme et à nommer un nouveau Prieur. Le Prieur a été nommé dans un chapitre en présence de l'Évêque. On a présenté

(O) Lorsque les Jésuites furent expulsés de leurs maisons et colléges et leur ordre éteint par le Pape, le Roi de Prusse, qui était huguenot, les prit sous sa protection. (Note de l'auteur.)

(P) Premier mot de la bulle d'extinction. (Note du même.)

(Q) Premier mot de la bulle qui a troublé toute l'Église. (Note du même.)

plusieurs réglements pour remettre les biens en communauté : sur les neuf religieux, il s'en est trouvé cinq qui ont consenti à la réforme et quatre qui s'y sont opposés. Depuis, il est mort un des opposants. Cette espèce de contradiction a arrêté les projets de l'Évêque de Bayeux. La défense de reçevoir de nouveaux sujets existe toujours : il ne reste que huit religieux et six places vacantes (1).

Malgré l'éloignement de M. l'Évêque pour les suppressions et réunions, il y a lieu de croire que les biens de cette manse seront réunis à un nouvel établissement, ce qui dépend de certaines circonstances. On voit, par l'exposé, qu'il n'y a rien de changé dans la manière de vivre des religieux.

Le 18 mars 1783, j'ai vu une belle éclipse de lune, depuis son commencement jusqu'à sa fin. Elle a duré 3 heures 42 minutes. Le ciel était pur et le temps calme et il gelait, ce qui donnait la facilité de la remarquer et observer son décroissement et accroissement. Avant et après cette éclipse, la lune brillait dans son plein et on pouvait lire. Au milieu de l'éclipse, on voyait la lune, mais le temps était très obscur, comme quand elle ne paraît pas sur l'horizon. Cette éclipse a commencé à 7 heures 41 minutes et a fini à 11 heures 23 minutes du soir.

---

(1) En 1786, il y avait encore sept religieux vivants et sept places vacantes. Plus tard, on revint à l'idée d'une transformation et l'abbaye faillit tomber en quenouille. Mme Henriette de Crécy, chanoinesse du noble chapitre de Beaume-les-Dames, fut nommée grande prieure du chapitre de Troarn. Elle prit possession le 6 mai 1790. Mais la constitution civile du clergé mit bientôt fin à ces projets et à l'abbaye.

Le Dimanche, 4 may 1783, un enfant de 13 mois, dormant dans son berçeau qui était placé dans une étable, a été étouffé par de la bouse de vache qui lui est tombée sur le nés et la bouche pendant que ses père et mère étaient à la messe paroissiale de Saint André de Fontenay. Le père est maître d'école et se nomme Joseph Valette.

Le Dimanche, 28 septembre 1783, environ à 11 heures du soir, Alexandre Piedpelu de Saint Martin de Fontenay l'Abbaye, a été assassiné en sortant de chez Du Rocher, par les nommés Lerebour, qui sont gens familiarisés avec le crime. L'un de ces derniers, ayant fait quelques vols, Alexandre les leur reprochait avec moquerie. Un autre Rebour, frère du voleur, ayant un commerce criminel avec la femme du sieur Piedpelu, chirurgien, frère d'Alexandre, celui ci l'appelait son *beau frère,* par dérision. Ces faits et quelques autres, ayant mis le comble à la haine implacable que toutes ces personnes portaient à Alexandre, firent enfin éclater le dessein qu'ils avaient formé de le tuer. L'affaire a été d'abord vivement poursuivie en justice à Caen: mais le chirurgien Piedpelu et sa femme, convaincus d'avoir été du complot, ont été cause que les poursuites ont cessé tout d'un coup. On disait qu'il avait été fait le 16 octobre un accommodement, par lequel il en coûte 14.000 livres à la famille des Rebours, qui, quoique simples maréchaux de campagne, s'étaient prodigieusement enrichis à force de crimes qui sont connus de tout le pays, dans lequel ils passent pour sorciers, ayant commerce avec le diable, que quelque niais du lieu prétend avoir vu descendre en culotte rouge par leur cheminée. Il est certain que cet assassinat est demeuré impuni et que les assassins sont revenus chez eux, où ils sont actuellement en ce mois de Septembre 1784.

Charles François Houbigant (1), prêtre de l'Oratoire, pensionné du clergé de France, connu par ses longs travaux sur l'Écriture Sainte, est mort dans la maison de Paris, le 31 octobre 1783. Il commençait sa 80me année de congrégation et finissait la 98me de sa vie.

Depuis Noël 1783, la neige a presque toujours couvert la terre jusqu'au 22 février 1784. Elle est tombée en si grande abondance et a causé un débordement si considérable de la rivière d'Orne, qu'à Fontenay l'on n'avait jamais rien vu de semblable, ni à Caen non plus. — Dans cette ville, tout le quartier appelé l'Isle Saint Jean, a été absolument inondé pendant 4 jours, depuis les goulets de Saint Pierre, jusque dans la grande rue de Vaucelles. Les petites murailles de la rue Hamon, la Venelle aux Chevaux, la Place Roïale, la rue Saint Jean et toutes les autres qui y aboutissent ; les Églises des Carmes, de Saint Jean,

____

(1) Charles-François Houbigant, oratorien, était né à Paris en 1686. Il fut professeur de belles-lettres à Juilly, à Marseille et à Soissons, supérieur du collège de Vendôme, et fut appelé à Paris en 1722. C'était un hébraïsant célèbre qui donna, en 1753, une *Bible*, avec texte hébreu et traduction latine, qui fut trouvée trop hardie. Il mourut en 1783.

de l'Hôpital, des Jacobins, même celle de la paroisse de Saint Étienne, le champ de foire, etc., etc.; tous ces lieux étaient submergés. Il y avait plus de 4 pieds d'eau en certains endroits. Les caves en étaient pleines et les futailles y flottaient comme dans la rivière. M. Crestey, le plus riche épicier de Caen, et autres commerçants, y ont perdu beaucoup de marchandises; pendant ce temps la, on ne pouvait aller par les rues qu'à cheval ou en voiture et les pauvres gens de pied, du nombre desquels j'étais, se faisaient porter par les brouettiers, qui en exigeaient d'abord des 4, 5 et 6 sols par personne; mais la police les réduisit à 2 liards. Si l'on n'avait eu la vigilance de porter du secours aux habitants qui ne pouvaient sortir de leurs maisons et aux animaux enfermés dans les écuries, il en serait résulté de plus grands malheurs. Ce débordement des rivières est arrivé dans les jours gras et au commencement du carême de 1784.

Le samedi, 17 avril 1784, après midi, quoique le temps ne fut pas chaud, il y a eu un grand orage, accompagné de grêle, pendant lequel le tonnerre est tombé deux fois à Fontenay, sans faire de mal.

Le lundi, 5 juillet 1784, il y a eu à Caen une émeute populaire, dans la Halle, à cause de la cherté du bled, qui se vend actuellement 50 livres au moins le sac, et du pain qui vaut 3 sols 9 deniers la livre (1).

---

(1) Depuis plusieurs années une sorte de fatalité pesait sur l'agriculture. Des hivers longs et rigoureux auxquels succédaient des sécheresses persistantes

Le peuple était fort animé contre les fermiers et les boulangers. M. l'Intendant et autres magistrats s'y sont transportés et on a été obligé de faire venir à la Halle une partie du Régiment, qui est à Caen en garnison, pour en imposer à la populace mutinée. Plusieurs de ces rebelles ont été mis en prison. M. de Surville, grand prévôt de la maréchaussée, a eu la jambe cassée, par la chûte de son cheval, en cette occasion. Enfin, le 10 juillet, le tribunal de la police a condamné les nommés Huby, directeur des petits renfermés et Vincent Cordier, à être enfermés pendant 3 mois dans une maison de force pour les propos séditieux qu'ils ont tenu dans la Halle à bled, le cinq. La même sentence défend les attroupements. Il est ordonné aux fermiers d'apporter à la Halle du bled en quantité suffisante pour l'approvisionnement de la ville.

Août 1784. — Le 24, a été célébré à Caen le mariage de M. de Lamoignon de Baville, avec demoiselle d'Angerville d'Orché. Ils ont été mariés par M. du Plessis d'Argentré, évêque de Sées.

---

détruisaient une partie des moissons. Le blé avait atteint un prix qui préoccupait les populations ; elles attribuaient cette hausse à des spéculations et quelquefois aux amidonniers. Ces émeutes avaient éclaté un peu partout en Normandie, à Cherbourg, à Coutances, à Saint-Lo et à Carentan. A Caen, l'intendant, M. Esmengart, avait quitté ses fonctions depuis le mois de novembre 1783 Son successeur, Charles-Henry de Feydeau, marquis de Brou, dont le père avait été intendant à Rouen, s'empressa d'informer le contrôleur général de ces faits qui, commentés par les passions populaires, prenaient chaque jour un caractère de gravité plus prononcé. M. de Calonne, qui désirait surtout une tranquillité relative, recommanda la modération et ordonna de ne se servir des troupes que dans le cas où les violences rendraient leur intervention absolument nécessaire.

Le 21, M. le marquis de Castries (1), ministre de la marine, a passé par Caen, allant à Cherbourg.

Septembre. — Le 2 septembre, ce ministre est repassé par Caen : les roues de sa voiture ayant passé sur le corps du sieur Fichet, maître de la poste, qui l'accompagnait, ce malheureux en est mort sur le champ. Telle a été la funeste fin d'un homme qui avait, dit on, longtemps prêté son ministère à l'abbé Terray, contrôleur général sous Louis XV, dans le monopole des bleds, qui se faisait alors au profit du Roi et de ce ministre.

Il est bon de remarquer içi, qu'en passant par Caen, M. le marquis de Castries a été voir le canal que l'on fait depuis plusieurs années dans la praierie de Sainte Paix et de Clopée.

La rareté et la cherté du bois à brûler, ayant porté le gouvernement d'ordonner l'usage du charbon de terre à plusieurs artisans qui emploient le feu dans leur profession, cette ordonnance a fait naître le désir de trouver aux environs de Caen des mines de charbon de terre (2), attendu qu'il n'y a que celle

---

(1) Castries (Charles-Eugène-Gabriel de la Croix, marquis de), maréchal de France, né en 1727, servit avec honneur pendant la guerre de Sept ans. Il fut appelé au ministère de la marine en 1780. Député à l'assemblée des notables en 1787, il émigra en 1790, prit du service à l'armée de Condé et mourut à Wolfenbüttel en 1801.

(2) Il y avait longtemps que l'on cherchait du charbon de terre, non seulement dans les environs de Caen, mais dans toute la généralité. Déjà, en 1742 et en 1756, le chevalier de Théville avait demandé l'autorisation d'ouvrir des fouilles dans les paroisses de Baynes, Tournières et Notre-Dame de Blagny, près Littry. Plus tard, en novembre 1780, l'abbé d'Hauchemail, du chapitre de

de Littry dans tout le Diocèse de Bayeux, à 8 lieues et demie de Caen. En conséquence, on a perçé, dès le mois de juin, de cette année, près de la rivière d'Orne, sur le territoire d'Étavaux, à 3/4 de lieue de Caen, un trou pour découvrir du charbon de terre ; mais jusqu'ici le travail n'est guère avancé, parceque l'on creuse dans le roc. L'un des particuliers qui y font travailler, s'appelle M. Pierres : (cette fouille a été ensuite abandonnée.)

Le 13 de ce mois, d'autres particuliers dudit Caen, scavoir : MM. Le Daulx, Fleuriau, Travers, etc., ont commencé à faire fouiller dans le même canton, mais de l'autre côté de la rivière, près le bac de Fontenay l'Abbaye, en un lieu ou l'on assure qu'il y a du charbon et qu'on en a trouvé autrefois. Ce lieu est sur le terroir de Feuguerolles sur Orne. Cette fouille se fait sous la direction d'un nommé La Potherie.

On a commencé de pareilles fouilles à Troarn depuis peu, par ordre de M. Pierres, et à May ; mais elles ont été abandonnées.

Étienne Barassin, sous diacre de Saint André de

Coutances, crut avoir découvert du charbon dans sa propriété de Sainte-Marie-du-Mont. Auparavant un sieur Duhamel avait demandé des autorisations pareilles pour le Cotentin ; des affleurements, disait-on, avaient été signalés à Bricquebec.

Ces recherches étaient à l'ordre du jour, car, en 1786, l'Académie des Sciences, Arts et Belles-Lettres de Caen, mit au concours, avec un prix de quatre cents livres, cette question : « Existe-t-il des mines de charbon de terre près Caen et quels seraient les moyens les plus avantageux à employer pour leur exploitation ? » On voit que dès 1784, on avait entrepris des fouilles à Feuguerolles-sur-Orne ; en 1789, elles furent reprises par un sieur Pirou, qui avait obtenu la concession. (Archives du Calvados, carton 24 : commerce et mines.)

Fontenay, étant allé à Bayeux, pendant ce mois, pour subir l'examen qui précède toujours l'ordination, a été averti de ne pas se présenter audit examen, parcequ'on avait écrit à son désavantage et qu'il serait refusé. En conséquence, il est revenu dans son village sans rien faire, et non sans avoir beaucoup de honte. On dit que la cause de ce refus est quelque partie de plaisir ou de danse qu'il a du prendre avec des filles et des étourdis villageois, avec lesquels il aurait tenu des propos indécents. Ainsi le voila encore retardé pour le diaconat, comme il l'a été pour le sous diaconat. Dieu veuille que cette rigueur nécessaire lui soit salutaire. Au reste, il parait qu'il s'est trop fié à l'impuissante protection d'un moine de Fontenay, qui avait la vanité de lui dire, dans une maison de boucher, et en présence de paysans : « Va, mon ami; ne crains pas d'être refusé, parce que je te ferai recevoir, moi. Je te reçois ; ainsi ne doute pas que tu sois reçu, etc., etc. » — Il y en aurait bien plus à dire sur cet article, mais cela nous apprend qu'il faut être sage à l'égard des autres.

Il y a eu, au surplus, nombre d'ordinans qui ont été refusés cette année. L'année dernière, un jeune prêtre de Notre Dame de Caen, faisait avec ses camarades des farces et des sottises que des crocheteurs ne se permettraient pas. Tantôt il se cachait dans l'église, contrefaisant l'enfant qu'on aurait enfermé, pour faire venir du monde lui ouvrir la porte ; et quand quelqu'un paraissait pour délivrer l'enfant prétendu, il s'enfuyait au clocher, faisant le revenant, hurlant, folâtrant, etc., etc. Tantôt, il allait sonner violemment et sans sujet à la porte du presbytère pendant la nuit, puis s'enfuyait quand il entendait quelqu'un descendre. Tantôt, il insultait les passants et ceux qui étaient arrêtés à passer dans la rue, les poussant contre la muraille, etc., etc. Toutes ces belles prouesses l'ont fait loger en prison plus d'une fois et lui ont occasionné des affaires fâcheuses.

J'en connais un autre qui est à présent chanoine régulier, lequel, fils d'un petit portemalle du Bocage, écrivait à un de ses camarades : « *Je t'apprendrai que je me suis fait Diacre,* » comme qui dirait : « *Je me suis fait prendre la mesure d'une paire de souliers.* » C'est ainsi que l'on traite la religion et ses sacrements. Tous ces faits, dont je suis témoin, et beaucoup d'autres, prouvent que la sévérité dans l'examen des ordinans, n'est pas encore assez grande, surtout à l'égard des mœurs. Voila les guides que l'on donne au peuple chrétien ! Hélas ! que c'est une chose infiniment déplorable de voir l'Église de J. C., qui est si belle dans son Chef, dans ses Saints, dans sa Doctrine, déshonorée par le grand nombre de ses enfants ! *Inimici domini domestici ejus.*

Le 26 de ce mois, M. des Carreaux, seigneur honoraire d'Allemagne en partie, montant son escalier, qui est sans rampe, fit un faux pas et tomba en bas. Il mourut quatre heures après. Il y a environ 2 ans, qu'en cette même paroisse d'Allemagne, un autre gentilhomme, nommé M. d'Anisy, voulant vuider son pot de chambre par une fenêtre, s'appuya sur un barreau de bois pourri qui se rompit. Il tomba de même et mourut sur le champ.

Octobre. — Pendant ce mois, le Roi a nommé Coadjutrice de l'Abbesse de Caen, Madame Aimée de Pontécoulant (1), religieuse de l'Abbaye de Sainte Trinité dudit Caen. Elle sera Abbesse en titre, après la mort de Madame de Belzunce, Abbesse actuelle, dont voici les noms : Madame Cécile Geneviève Émilie de Belzunce, Abbesse, etc.

Pendant ce mois, un religieux de Fontenay est tombé dans une maladie qui lui a fait perdre la tête. Il s'est échappé plusieurs fois, dans les plus forts accès de sa frénésie, qui parait être beaucoup diminuée depuis environ 3 semaines qu'elle a commencé. On attribue son mal à la vapeur du charbon et des liqueurs qu'il faisait depuis quelque temps (2).

Janvier 1785.

Le dimanche, 16 de ce mois, il y a eu au banc du trésor de Saint André de Fontenay, une assemblée

---

(1) Madame Aimée Le Doulcet de Pontécoulant, 46ᵐᵉ et dernière Abbesse de Sainte-Trinité, avait été nommée coadjutrice de Madame de Belzunce au mois d'octobre 1784. Elle assista aux scènes de la Révolution et se retira. après la suppression de son abbaye, dans une maison du quartier Saint-Gilles. Elle y mourut le 7 mars 1806, et fut inhumée dans le cimetière de cette paroisse.

Lamare fait plus loin le récit des obsèques de Mᵐᵉ de Belzunce et donne le détail de tous ses titres et qualités.

(2) Nous regrettons que le trop confiant Lamare ne nous ait pas conservé le nom de ce bon religieux, ami des alcools et du progrès ; Alphonse Daudet aurait pu transporter, au moins avec autant de vraisemblance, du midi au nord sa nouvelle sur *l'Élixir du Père Gaucher*.

des paroisses, pour délibérer sur quelques affaires et particulièrement, pour faire sonner à ladite Église l'*Angelus,* tous les jours, 3 fois; le matin, le midi et le soir. M. de la Croix Hermerel, confiseur de Caen, qui poursuit l'introduction de cet usage dans cette paroisse, a allégué quelques écritures, entre autres une prétendue loi du Roi Louis XI, qui ordonne de sonner lesdits *Angelus.*

Enfin, après beaucoup de discours inutiles, les délibérans n'ayant pu convenir de rien, ont remis l'affaire à quinzaine.

Cependant, M. de la Croix a fait assigner Pierre Couvrechef, âgé de 15 ans et quelques mois, choisi par le curé pour faire les fonctions de custos et sonneur de ladite paroisse, lequel n'ayant point comparu a été condamné par défaut au Tribunal de Falaise. Voiçi à peu près le résumé des discours tenus dans la première assemblée.

« Les paroissiens, avec leur curé, ne demandent pas mieux que l'usage de sonner l'*Angelus* tous les jours s'établisse chez eux, mais ils exposent des raisons qui s'y opposent. 1° Les deux cloches qui ont été fondues en 1782 ont seules tellement épuisé la fabrique que le fondeur a été obligé à consentir de recevoir son paiement par portions annuelles. De plus, l'archidiacre a jugé que le pied du soleil, qui est de cuivre, doit être remplacé par un d'argent, ce qui est une nouvelle charge, indispensable pour la fabrique qui est obérée. 2° N'y ayant que 24 francs pour payer le sonneur qui, outre les autres sonneries, serait tenu à sonner ledit *Angelus* trois fois par jour, il ne s'est trouvé jusqu'içi personne qui ait voulu s'y assujétir à si vil prix. Et comme le trésor n'est pas à présent en état d'y consacrer une plus forte somme, puisqu'il est sans argent, il a été question de faire une levée de deniers sur les paroissiens pour cet objet: ce qui a été mal accueilli. »

Le Dimanche 30 du présent, a été tenue une nouvelle assemblée, dans laquelle les paroissiens ont arrêté que l'*Angelus* sera sonné 3 fois par jour: que le dernier coup de l'Office sera sonné pendant un quart d'heure: que, pour ces sonneries, et les autres devoirs du custos, il lui sera payé par an, une somme de quarante livres, qui sera prise de l'argent du Trésor. Et ladite assemblée a nommé pour custos Pierre Couvrechef. C'est le même qui en faisait les fonctions et qui avait été condamné par défaut à Falaise, à la poursuite de M. Hermerel. La sentence lui a été signifiée à la paroisse, à l'issue de la messe, ce même jour, 30, à l'ouverture de l'Assemblée, dont le résultat prouve que j'ignorais les intentions secrètes.

Au reste, cette contestation à propos de l'*Angelus*, m'a porté à faire quelques observations sur cette pratique. Je les transcrirai ici; afin que ma peine ne soit pas entièrement perdue.

On trouve dans l'Encyclopédie (Tome II, paragraphe 9), que Louis XI ordonna de sonner une cloche 3 fois par jour, le matin, à midy et le soir, pour avertir de réciter l'*Angelus*. Voiçi comment le fait est rapporté par le continuateur de Fleury : (T. 23, 1. 213, n° 143 de l'Histoire Ecclésiastique).

« Quoiqu'en plusieurs actions Louis XI ne parut pas se conduire par des principes de religion, il ne laissait pas d'avoir beaucoup de dévotion envers les Saints, d'orner leurs églises, de faire tous les ans quelques pieux pélérinages, principalement dans les lieux ou l'on honorait la Sainte Vierge. Ce fut pour entretenir son culte que le 1er jour de May 1472, il fit faire une procession solennelle à Paris, et *ordonna* de faire sonner les cloches à midy, afin que chacun récitat alors l'*Angelus* et l'*Ave Maria* pour attirer la protection de la Vierge en faveur de la paix si nécessaire à son Roïaume : ce que plusieurs regardaient comme un effet de son hypocrisie ou plutot de sa bizarrerie, qui souvent lui faisait négliger l'essentiel de la vraie dévotion pour s'attacher à ses pratiques extérieures. »

D'après ce récit on peut remarquer que Louis XI, pour attirer la paix dans son roïaume, faisait faire diverses cérémonies religieuses du nombre desquelles fut la sonnerie de l'*Angelus ;* et que, cette paix étant arrivée, l'*ordre* n'eût plus d'effet.

Prétendre que ce commandement de Louis XI soit une loi qui oblige encore, c'est comme si l'on voulait convertir en loi perpétuelle l'ordre de Louis XVI, qui enjoint maintenant de prier Dieu pour l'heureux accouchement de la Reine, après lequel il est certain que cet ordre n'obligera plus. Tout ce que l'on peut donc conclure, c'est que l'obligation de sonner l'*Angelus,* cessa après l'obtention de la paix, suivant le désir de Louis XI ; mais que l'usage qui s'était établi à cette occasion a néanmoins persisté jusqu'à présent par dévotion et non en vertu de lois ultérieures de nos Rois, ni de l'Église.

Il n'est pas inutile d'observer que lorsque nos Rois font des lois pour tout le roïaume, ils les font d'abord promulguer et registrer dans les Cours Souveraines, formalités nécessaires et usitées de tout temps en France. Or, le prétendu réglement de Louis XI est-il dans ce cas?

Au reste, à voir l'acharnement avec lequel on exige à Fontenay la sonnerie de l'*Angelus,* on serait tenté de croire qu'il s'agit du principal et de l'essentiel de la religion. Si le salut éternel dépend de cette pratique, il n'y a pas à balancer : il faut que les paroissiens y appliquent une somme suffisante et même qu'ils y sacrifient ce qu'ils ont de plus cher, pour éviter le péril de la damnation éternelle. Mais, s'il n'est question que d'une pieuse coutume, de soi indifférente, il ne parait pas sage de troubler la paix d'une paroisse pour l'y établir, lorsque les moyens de le faire manquent et que la misère s'oppose à la multiplication des taxes sur les habitants, et attendu que la cloche de l'Abbaye, qui sonne régulièrement l'*Angelus,* leur suffit.

Que si quelqu'un, étant assez ignorant pour se croire *obligé* à réciter cette prière, prétend devoir en être averti par les cloches de la paroisse et non par d'autres, il faut le renvoyer au catéchisme, apprendre : (Chapitre 6, leçon 3) *qu'il n'y a point d'obligation, mais que c'est un pieux usage, auquel il est très utile de s'assujétir.* Si donc cette pratique n'est point d'obligation, il n'est point non plus d'obligation d'établir des sonneries pour ce sujet dans la paroisse. La conséquence est naturelle.

Ces considérans paraitront, sans doute, assés raisonnables à toute personne sensée, qui ne se laisse conduire, ni par la passion, ni par l'esprit de superstition.

J'ai communiqué ces réflexions à M. le Curé qui n'a pas cru devoir en faire usage. Cependant, les frais de jugement rendu par défaut, montant à 42 livres, 16 sols, ont été demandés au condamné, qui, pour éviter ce payement, en a informé M. le Curé, l'avertissant que c'était à lui de les payer, et que, faute de la faire, il l'y ferait contraindre en justice. Sur quoi, le curé, lui ayant offert 24 livres, 16 sols, il s'en est contenté, et a payé le surplus, qui était 18 livres. Mais comme il est facheux à ce pauvre custos de payer les sottises des autres, il lui a été conseillé de faire une quête dans l'Église pour ravoir ses 18 livres. Ce qu'il a fait ; dont M. le Curé n'a pas été trop content.

Telle a été la fin d'une affaire d'entêtement de la part des deux parties ; dont le prétexte a été une tradition humaine et pharisaïque, qui a gagné presque partout. Je dis : *tradition humaine ;* parcequ'elle a été établie par des gens reconnus pour méchants et qui faisaient consister la religion dans les pélérinages et les autres pratiques indifférentes qui ne leur changeaient pas le cœur. Je dis : *pharisaïque ;* parceque l'enthousiasme que l'on met à la soutenir, de préférence aux S. S. Canons, que l'on abandonne de plus en plus, ressemble au zèle hypocrite des Pharisiens, tant condamné par J. C.

Monseigneur l'Évêque de Bayeux, voulant que son confesseur, gardien des Capucins de Bayeux, fût continué plus de six ans dans son gardiennat, les Supérieurs de l'Ordre ont refusé d'y consentir, comme étant une chose contraire à leur constitution. Je ne garantis pas ce récit; mais il est certain que M. l'Évêque vient d'interdire aux Capucins la prédication et la confession dans son diocèse.

Madame Langlois écrivait de Paris à M. Goujet, le 6 de ce mois : « Vous savez que l'on fête un nommé Saint Labre (1), qui était un pélerin. Il est en grande vénération dans ce pays. On vient d'amener une de ses sœurs à Paris, pour être Carmélite : c'est Madame Louise (2) qui en prend soin, et qui va payer sa dot. Elle est aux Carmélites du Marais ; elle est, comme dans son pays, enveloppée dans une couverture et ne veut voir personne. »

La petite vérole est très commune cette année à Caen et aux environs.

(1) Benoît-Joseph Labre, qui se signala par une ardente piété, était né en 1748 à Aummette, près de Béthune. Il s'enferma au monastère de la Trappe, puis se rendit à Rome, où il ne vécut que des aumônes qu'on voulait bien lui donner. Il y mourut en 1783; fut béatifié en 1792 et canonisé en 1859.

(2) Louise de France, fille de Louis XV, était née le 14 juillet 1757, et entra en 1771 comme religieuse carmélite à Saint-Denis, sous le nom de sœur Thérèse de Saint-Augustin. Elle mourut le 23 décembre 1785, à l'âge de 50 ans. C'était la mère des pauvres et des affligés et elle était toujours prête à employer ses moyens et son crédit pour les œuvres saintes et charitables. On a publié sa *Vie*, d'abord à Paris, en 1788, puis à Bruxelles et à Lyon, en 1792 et 1818.

Échange de l'Abbatiale de Fontenay contre le Clos sur Orne, etc.

Au mois de novembre 1777, M. Pierre Jean Charles de Montazet, vicaire général de l'Archevêché de Primatie de Lyon et abbé commendataire de Saint André de Fontenay, diocèse. de Bayeux, a fait un traité avec les Prieur et Religieux de ladite Abbaye, par lequel M. de Montazet céderait auxdits religieux la maison abbatiale, avec la petite maison et le jardin et l'enclos de ladite abbatiale, ensemble les taillis et arbres qui sont dans ledit jardin, etc.; le tout contenant 18 acres 23 perches et enfin les deux écuries et le grenier à foin, salles et chambres de la tuillerie et le colombier qui sont dans la cour commune, la communauté de ladite cour et de son entrée, avec les boulangeries, pressoir et grenier étant sur les aisances, appartenances et dépendances; pour, par lesdits religieux et communauté de Fontenay, en jouir à perpétuité et disposer en toute propriété, sans que ledit sieur Abbé, ni ses successeurs, y puissent jamais rien prétendre : à la charge par lesdits religieux et communauté de faire démolir la maison abbatiale et de payer en outre, par chacun an à compter du jour de l'enregistrement des lettres patentes, (qui sont nécessaires pour l'exécution de ce projet), une rente de mille livres, payable en deux termes égaux de six mois en six mois et exempts de toute retenue et diminution quelconque. Et dans le cas où ledit sieur Abbé, ou ses successeurs à ladite Abbaye, voudraient faire construire une maison abbatiale, aisances, jardin et clôture, lesdits religieux se sont obligés de payer, pour cette construction, jusqu'à la concurrence de vingt mille livres ; scavoir : un tiers en commençant les ouvrages ; un tiers lorsqu'ils seront à moitié et un tiers lorsqu'ils seront finis et reçus. Et la rente de mille livres diminuera à proportion des payements qui seront faits par lesdits religieux et demeurera entièrement éteinte après le payement complet des vingt mille livres.

Lesdits Prieur et Religieux de Fontenay se sont, en outre, obligés de céder à leur Abbé une pièce de terre appelée le *Clos sur Orne,* contenant 18 acres, 25 perches, avec le colombier qui y est bâti, les jardins, emplacement des maisons et grange et la grande allée plantée en ormes qui est au-dessous dudit clos, pour y construire l'abbatiale et les jardins dudit sieur Abbé : et, en ce cas, la propriété lui en appartiendra ainsi qu'à ses successeurs à perpétuité, sans que lesdits religieux puissent exercer sur le tout ou partie aucuns droits de passage ou autres servitudes quelconques ; ni en réserver autre chose que la jouissance, jusqu'à ce que la construction de l'abbatiale soit effectuée.

Et, enfin, pour éviter toutes contestations, qui pourraient s'élever entre lesdits sieur Abbé et Religieux, à l'occasion : 1° du *Cotil Mont d'Orne,* contenant 14 acres, 2 vergées et demie et affermé 63 livres par an ; 2° du *Cotil Malais,* contenant 15 acres, 20 perches, loué 64 livres par an ; 3° d'une rente foncière due par les propriétaires de la vavassorie du Val, à Fontenay le Marmion, laquelle rente consiste en vingt boisseaux d'orge, mesure de Caen, 6 livres, 8 sols en argent, 4 chapons et 60 œufs et produit 59 livres, 17 sols, 8 deniers par an ; avec, en outre, le fief de La Graverie, tel qu'il se comporte ; tous lesquels objets n'ont pas été compris dans le partage qui a été fait des biens de ladite Abbaye en 1749 et 1750 : — il a été convenu et arrêté entre ledit sieur Abbé et les Religieux, que la rente foncière et le fief de La Graverie seront compris dans le lot de la manse abbatiale ; que le *Colil Malais* appartiendra au tiers lot ; et que le *Colil Mont d'Orne* fera partie du lot de la manse conventuelle.

Pour parvenir à l'exécution de cet arrangement ou échange approuvé et consenti par le Chapitre général de la Congrégation de Saint Maur, les religieux seront tenus de faire construire, dans l'espace de dix ans, la nouvelle maison abbatiale, avec toutes ses aisances, clôtures et dépendances, sauf à eux prendre tels arrangements qu'il écherra avec le sieur Abbé titulaire, par rapport à la rente de mille livres qu'ils se sont obligés payer.

Avant de procéder à l'enregistrement des lettres patentes, le Parlement de Rouen, suivant l'usage, a fait faire toutes les actions et publications ordinaires, tant à la porte de l'Église du lieu, c'est à dire de la paroisse de Saint André de Fontenay, que dans trois marchés des villes ou bourgs voisins. Et il a nommé, pour commissaires députés, M. Jacques Le Mazurier de Ranville, conseiller du Roi en sa Cour de Parlement de Normandie, avec d'autres, pour informer de la *commodité et incommodité,* et pour entendre les raisons et oppositions que le public pourrait apporter afin d'empêcher l'exécution dudit traité.

En conséquence, M. de Ranville viendra le 23 septembre 1785 à Fontenay, pour exécuter sa commission, selon qu'il l'a fait annoncer par l'huissier qui a fait lecture, publication et affiche de tout ce que dessus à la porte de l'église de Saint André, issue de la grand messe, le dimanche, 4 septembre 1785.

M. de Ranville et les autres commissaires du Parlement sont venus au jour marqué.

On a commencé à démolir la maison abbatiale au commencement de cette année 1786, et les matériaux dont elle était bâtie et construite ont été en partie vendus et en partie donnés à divers particuliers du lieu et des environs, qui en ont bâti leurs maisons (1).

La feuille hebdomadaire de Caen, nommée *Affiches, annonces et avis divers de la Basse-Normandie*, fut annoncée au public en 1785, comme devant commencer à paraître le 1er janvier 1786. Elle a paru, en effet, à l'époque indiquée et s'imprime toutes les semaines à Caen chez Buisson ; celui qui en a le pri-

---

(1) Les travaux s'arrêtèrent là. Une partie seulement de la maison abbatiale fut démolie, et l'on n'éleva aucune construction nouvelle. En 1793, l'abbaye fut vendue comme bien national moyennant 61.000 francs. L'église et le monastère ont été depuis démolis. Dans son *Pouillé*, Lamare a mis en note que, vers 1830, il ne restait qu'un côté de la maison qui était alors occupé par le dernier acquéreur, M. de la Faverie.

vilège est un marchand de modes nommé Le Peltier.
M. Picquot, avocat, en a été le premier rédacteur,
jusqu'au mois d'Août 1787. Le second est M. Moysant, bibliothécaire de l'Université. Elle coûte 6 livres
à Caen et 7 livres 10 sols dans les autres villes.

(Depuis la révolution (1) arrivée en France, il
paraît à Caen un *Journal de la Basse-Normandie,*
dont je ne peux rendre compte, n'en ayant jamais
rien lu. Quant à M. Picquot, premier rédacteur des
Affiches, après avoir passé quelque temps à ne rien
faire, il a entrepris une nouvelle *Gazette,* qui paraît
depuis le 1er janvier 1790, sous le nom de *Courrier des
cinq jours,* dans laquelle il entasse les calomnies, les
médisances, les injures, surtout contre le clergé et
les moines, avec une impudence qui est le style
actuel de presque tous les écrivains périodiques).

Une lettre de Paris, du 19 août 1785, dit : « Vous
savez que le Prince Louis, grand aumônier de
France, est à la Bastille. On ne définit point encore
le sujet. C'est pour bien des affaires ; pour dettes
et écrits. On a fait mettre le scellé sur tout chez
lui. Voilà la nouvelle du jour. Tout ceci est depuis
la Notre Dame d'août. Je ne peux vous en dire
davantage. »

Observation sur les loupes. — Au hameau d'Ingy,
paroisse de Villy, à 4 lieues de Caen, une fille
nommée Marianne Gosselin, âgée d'environ 43 ans,

---

(1) Paragraphe ajouté postérieurement.

ayant assisté son père dans une maladie, depuis le 2 novembre 1783 jusques à Pâques de l'année suivante, eut beaucoup à souffrir de la rigueur du froid et de la fatigue. Il lui vint alors une loupe au genou droit qui, en moins de six mois, devint beaucoup plus grosse qu'un œuf de poule et fort dure. Après que son père fut guéri, elle revint à Caen, sa demeure ordinaire, le 18 avril 1784. Comme sa loupe qui croissait toujours, lui donnait de l'inquiétude, elle la montra à quelques chirurgiens, qui ordonnèrent la ciguë ; mais trouvant que ce remède lui causait trop d'inflammation dans le genou et de douleur dans toute la jambe, elle ne le continua pas.

Quinze jours après, elle alla passer quelque temps avec sa sœur à Fontenay. Celle-ci, sans avoir jamais fait aucune étude de la médecine, est habituée à panser les malades gratuitement et avec succès, depuis plus de 25 ans. Cet exercice presque journalier, lui a donné une certaine connaissance de plusieurs maux et remèdes. Voici ce qu'elle a fait pour faire dissoudre la loupe de sa sœur.

Elle a pris des feuilles de violette et de mauve, du senneçon et du mouronet blanc, de tout cela une grande poignée : elle a mis ces herbes avec un gobelet d'eau dans une casserole de terre à bouillir sur le feu pendant un demi quart d'heure. Après quoi elle les a étendues toutes chaudes sur un linge ployé en 3 ou 4, et en a enveloppé la loupe et le genou. Cette opération a été répétée deux fois par jour, matin et soir, presque sans interruption, depuis le mois de may 1784, jusqu'à aujourd'hui 27 août 1785 et la loupe est diminuée de plus des 3/4. On la continuera jusqu'à ce qu'elle soit totalement dissipée et j'aurai soin d'en faire note dans le temps, si je vis. Il faut ajouter que Marianne s'est purgée pendant ce traitement trois ou quatre fois au plus. Il y a apparence que si elle n'eût pas été un peu négligente à se panser, la guérison serait maintenant parfaite ; mais j'espère qu'en continuant toujours exactement, elle ne tardera pas à l'être. Il ne peut y avoir de topique plus doux ni plus facile à faire. Il n'empêche pas d'agir ni de manger comme à l'ordinaire. Il est vrai qu'il faut de la patience, mais on en est bien dédommagé, si l'on parvient insensiblement à une guérison complète. Ce sera encore le cas de dire : *Patientia vincit omnia.*

Cette année, on a cessé de fouiller à Estavaux, pour chercher du charbon de terre. Le trou qu'on y a fait a ...... pieds.

Cette même année, les fouilles de May, commencées pour le même effet, ont été abandonnées. On y avait fait deux trous à 40 pas l'un de l'autre. Le plus profond a ...... pieds.

Enfin, en août de cette même année, après avoir fait un trou de 70 pieds sur le territoire de Feuguerolles, les entrepreneurs l'ont aussi abandonné. On dit même qu'ils ont fait banqueroute. Nous verrons si ces fouilles seront reprises dans la suite par quelqu'un (1).

(1) Voir à ce sujet la note de la page 135.

Le vendredy des Quatre Temps après la Sainte Croix, le 23 septembre 1785, Monseigneur Philippe François d'Albignac de Castelnau, nommé cette année évêque d'Angoulême et cy devant chanoine et vicaire général de Bayeux, a donné, au nom de Monseigneur de Cheylus, évêque de Bayeux, la tonsure et les quatre moindres ordres à M. Thomas Denis Déterville, fils de Thomas et de Marianne Dauge, et natif de la paroisse de Feuguerolles sur Orne, près Caen. Il en a coûté audit sieur Déterville, cinquante et quelques sols pour la délivrance de ses lettres d'ordres. En 1779, je donnais les premières leçons de la grammaire latine audit Déterville qui demeurait pour lors au monastère de Fontenay, en qualité de garçon de cuisine.

Le sieur Étienne Barassin, sous diacre de Saint André de Fontenay, qui avait été renvoyé l'an passé lorsqu'il se présenta pour le Diaconat, comme je l'ai marqué dans son temps, a été encore rejetté cette année, après avoir subi un examen sévère et long, à Bayeux, au mois de septembre.

Jacques Philippe, du même lieu, qui s'était présenté pour les *moindres,* a été renvoyé de même pour quelques petites étourderies qu'il a commises étant au séminaire, à faire son mois de *Gris.*

Le prince Louis de Rohan, cardinal évêque de Strasbourg, Grand Aumônier de France, etc., est à la Bastille depuis la mi-août, comme on l'a vu. On

raconte ainsi le sujet de sa détention (1). Ayant fait
faire un collier de diamants de seize cent mille livres
pour une fille, il avait été assez malavisé pour le com-
mander au nom de la Reine. L'ouvrier, en pouvant
être payé de lui, s'est adressé à la Reine. La Reine s'est
plainte au Roi, et le Roi, ayant dit au Cardinal, entre
autres choses, qu'il lui ferait donner la démission de
son évêché, il a répondu qu'on ne pouvait pas plus
lui ôter son évêché qu'au Roi sa couronne. Sa
Majesté, offensée de cette comparaison, l'a fait arrêter et conduire à la Bastille. On l'accuse encore
d'avoir voulu livrer Strasbourg à l'Empereur, ce qui
ne paraît guère vraisemblable. Quoi qu'il en soit, on
prétend que le Parlement de Paris a ordre de le juger.

En 1785, a été construit un caveau dans le chœur
de Saint Martin de Caen, pour servir de sépulture
aux curés de cette paroisse. Le premier qui y a
été inhumé est M. Dupont, curé, natif de Saint
Étienne (2), et pour lequel M. l'abbé Boisard a

______

(1) Sur l'affaire du collier, on peut consulter le livre récent de M. Funck
Brentano, où se trouve résumé et élucidé ce fameux procès.

Louis-René, prince de Rohan, était né en 1734. Il fut d'abord coadjuteur puis
évêque de Strasbourg. Ambassadeur à Vienne en 1772, au moment du partage
de la Pologne, le prince de Rohan, bien dirigé par son secrétaire, l'ex-jésuite Georgel,
avait averti son gouvernement de tout ce qui allait se faire, et avait fait preuve
de sens politique. Toutefois, sa conduite et ses prodigalités avaient scandalisé
la cour d'Autriche; de plus, il s'était attiré la haine de Marie-Thérèse et celle de
Marie-Antoinette par des lettres interceptées où il parlait peu avantageusement
de la jeune dauphine.

Il se retira en 1791 sur la rive droite du Rhin où il leva des troupes pour
l'armée de Condé. Il refusa le serment et mourut en 1803.

(2) Jacques-Adrien Dupont, curé de Saint-Martin, avait remplacé Gilles Des-
douits qui était décédé le 22 mai 1780 et avait été inhumé dans le cimetière
auprès du Calvaire.

fait l'épitaphe suivante qui se lit sur sa tombe :

« Hic jacet corpus D. D. Jacobi Adriani Dupont, hujusce parrochiæ rector, absque pueritia infans, adolescens pius et gravis ; sacerdos nil præter Dei gloriam et animarum salutem sperans. Operarius inconfusibilis et indefessus, pastor omnibus omnia factus, gregi et clero, quem socium dilexit acceptissimus. Zeli et charitatis victima occubuit die 24 junii, anno 1785, ætatis 57. »

Pour entendre les derniers mots de cet éloge aussi simple que vrai, il faut savoir que M. Dupont mourut subitement dans l'église de Saint Nicolas, en célébrant l'inhumation de M. l'abbé Guéroult, son ami.

On lit encore dans le sanctuaire de Saint Martin, l'éloge de M. Bridel, en ces termes :

Hic jacet

Civium omnium amor,

Pauperem parens,

Solamen miserorum et tutela.

Frigidum obtigit marmor

Quem Christi urebat charitas,

Fratrum quem sollicitè angebat salus,

Animarum rectorem experitissimum.

Indefessum Sancti Evangilii Præconem,

Defensorem orthodoxæ fidei acerrimum,

Felicissimum hæreseos expugnatorem.

Tenebrosi conditur pulvere tumuli,

Purum qui late diffudit virtutum lumen.

Religiosus sacrorum canonum observator et vindex,

Germana quem commendavit pietas,

Germanam qui commendavit pietatem,
Blanda condiens urbanitate,
Cleri exemplar sacerdos,
Jacobus Bridel.

S. Theologiæ doctor in celeberrima Cadomensi Academia, officialis Bajocensis in Cadomensi sede vices gerens, Parocciæ hujus, quæ ipse carissima, ipsum habuit carissimam, Pastor vigilantissimus.

Annos natus 59, obiit die 29 junii, anno 1759. Mortuus vivit. Sepultus regnat. Victus triomphat.

Nota. — Cet éloge composé par M. Villers, aujourd'hui curé de Baron, conviendrait mieux à Saint Jean Chrysostôme qu'à feu M. Bridel, qui, quoique très méritant pasteur, n'a pas cependant fait tout ce qui est écrit dans cette inscription hyperbolique, puisqu'il n'a rien écrit, du moins que je sache, et que je l'ai entendu prêcher dans son église avec plus de zèle que de science, tout docteur qu'il était.

En 1785, Monseigneur le Duc de Penthièvre (1) a établi une communauté de Religieuses Ursulines aux Andelys.

Octobre. — Le Samedi, 29 de ce mois, une jeune femme, âgée de 23 ans, nommée Gaugain, enceinte

---

(1) Marie de Bourbon, duc de Penthièvre, fils du comte de Toulouse et dernier héritier des fils légitimés de Louis XIV, était né à Rambouillet en 1725. Il se distingua dans les guerres du XVIIIᵉ siècle, et se retira à Sceaux où il donna l'exemple de toutes les vertus. Il eut la douleur de survivre aux siens; son nom était si populaire que la Révolution le respecta. Il mourut en 1793.

de 7 mois, a été tuée d'un coup de fusil dans le dos et d'un grand coup de couteau dans la gorge à 8 heures du soir. L'auteur de cet assassinat est, dit-on, son mari, nommé Parfouru, jardinier du Petit Couvent de Vaucelles de Caen. Cette femme a été tuée près des murailles de Répichon, sur le chemin d'Allemagne.

Le dimanche, 6 novembre 1785, a été bénie dans l'église des Bénédictins de Caen, la grosse cloche de cette Abbaye, qui a été nommée par Messire Joseph Dominique de Cheylus, évêque de Bayeux, et par Madame Cécile Geneviève Émilie de Belsunce, Abbesse de Sainte Trinité de Caen (1). Il y avait un peuple innombrable à cette cérémonie, qui fut suivie d'un spendide dîner donné par MM. les Bénédictins.

Cette cloche, apparemment mal fondue, a été cassée et refondue en 1786.

Dans le même mois, MM. les Bénédictins de Fon-

(1) Madame de Belsunce avait été nommée abbesse de Sainte-Trinité le 17 février 1754. Elle continua la tradition qu'avaient laissée les abbesses précédentes et sut unir aux devoirs de son état le culte des lettres et des arts. Il suffit de rappeler les noms de Laurence de Budos, de Léonore de Rohan et de Gabrielle de Tessé. Madame de Belsunce, qui appartenait à la famille de l'illustre évêque de Marseille, réunit en 1785 à l'Université les bénéfices qui étaient à sa nomination. L'abbé Leclerc de Beauberon la remercia et la félicita au nom des Facultés, et elle lui répondit avec un tact exquis et une aisance parfaite. Ce fut sous les auspices de cette abbesse et de sa coadjutrice, Madame Le Doulcet de Pontécoulant, que Charlotte Corday entra à l'abbaye de Sainte-Trinité et y fut élevée. Elle n'en sortit qu'en 1790.

Madame Cécile-Geneviève-Émilie de Belsunce de Castelmoron mourut à Caen le 31 janvier 1787. Le colonel de Belsunce, dont le meurtre ensanglanta les rues de Caen, était son neveu.

tenay ont reçu un très beau tableau contenant le portrait de Messire Pierre Jean Charles de Montazet, leur Abbé, qui leur a fait ce présent.

Voilà encore Madame la Marquise de Montesson (1) veuve de Monseigneur le Duc d'Orléans, dont elle est très affligée. Il est mort gangrené et on le traitait pour la goutte. — Louis Philippe, Duc d'Orléans, né le 13 mai 1725, est mort le 18 de ce mois, âgé de 60 ans, six mois et cinq jours, à Sainte Assise.

Copie d'une lettre circulaire envoyée par Monseigneur l'Évêque de Bayeux, aux curés de son diocèse.

Bayeux, le 10 novembre 1785.

L'assemblée générale du clergé, qui vient de se tenir à Paris, m'a fait adresser, Monsieur, ainsi qu'à tous les Archevêques et Évêques du Royaume, une instruction sur laquelle j'ai dressé l'état ci-joint. Les vues de l'Assemblée sont d'améliorer le sort des curés à portion congrue (2) ; de ceux aussi qui ont moins que l'équivalent de cette portion, soit dans les villes,

---

(1) Montesson (Jeanne Béraud de la Haye de Riou, marquise de), née en 1737, d'une famille noble de Bretagne, épousa le marquis de Montesson, lieutenant général. Elle devint veuve à 32 ans. Ses grâces et ses talents inspirèrent au duc d'Orléans, petit-fils du régent, une passion si vive qu'il l'épousa en 1772. Femme de goût, auteur à ses heures, aimant le plaisir et les fêtes, elle acquit une réputation méritée. Après son second veuvage, elle fit un noble usage du douaire que Louis XVI lui reconnut, bien que son mariage eût été tenu secret. Respectée par la Révolution, Napoléon Ier la traita avec égards : on prétend même qu'il avait pensé à l'épouser. Ses *Œuvres Anonymes*, comprenant ses poésies et ses pièces de théâtre, ont été imprimées à Paris en 1782 et forment 8 volumes in-8°.

(2) Voir à ce sujet la note de la page 98.

soit dans les campagnes, et de solliciter une nouvelle Déclaration du Roi, qui, en fixant la portion
congrue pour les curés à 700 livres, pour les vicaires
à 350, réglera que les décimateurs, autres que les
curés, seront et demeureront tenus des portions congrues des vicaires dans toutes les paroisses où ils
sont dans l'usage actuel de les acquitter, quand bien
même les curés desdites paroisses, ne se réduiraient
pas eux-mêmes à la portion congrue ; et qu'à l'égard
des paroisses ou les curés sont en usage de payer
leurs vicaires et de celles où il en sera établi de nouveaux dans les formes prescrites par les Ordonnances, les curés ne pourront s'en décharger sur
les décimateurs qu'en optant pour eux-mêmes ladite
portion congrue.

Mais les vues de l'Assemblée Générale du Clergé
ne se bornent pas à ce premier objet : elles tendent
encore à assurer une dotation suffisante aux curés
qui, par des circonstances particulières et locales,
exigent un revenu supérieur à celui de la nouvelle
portion congrue ; à ménager dans chaque diocèse un
revenu capable de fournir aux pensions de retraite
qu'il est bien juste d'accorder à des curés et à des
vicaires qui, après avoir utilement servi l'Église, se
voient contraints par l'âge ou par les infirmités, à
abandonner leurs fonctions ; à procurer une indemnité aux décimateurs que la nouvelle augmentation
de la portion congrue réduirait à un état de détresse
d'autant plus alarmant que ces décimateurs sont eux-
mêmes excessivement précieux à l'Église et à l'État ;
tels sont les Séminaires, les Hôpitaux, les Commu-

nautés de filles et ceux d'entre les curés, qui, quoique peu convenablement dotés, se trouvent néanmoins chargés du paiement de leurs vicaires.

Enfin, le clergé se propose de compléter la dotation des Fabriques ou Trésors des Églises paroissiales dont le revenu ne peut soutenir la dépense qu'exige le service des autels, la décence du culte, la dignité des cérémonies.

C'est en partie pour remplir avec plus de sûreté et d'uniformité toutes ces vues, que l'Assemblée Générale du Clergé a demandé au Roi et en a obtenu la permission de se réunir encore l'année prochaine. Dans l'intervalle, chaque Évêque doit recueillir et mettre en ordre les renseignements et les vues qu'il aura pour les arrangements convenables au bien de son diocèse, afin de les mettre sous les yeux de l'Assemblée, aussitôt qu'elle sera formée.

Il faut que les réponses que vous ferez en marge de l'état que je vous envoie, soient de l'exactitude la plus scrupuleuse et de la plus grande précision.

Aussitôt que votre réponse sera faite, vous voudrez bien l'envoyer à votre doyen rural qui me fera passer en un seul paquet toutes celles de son Doyenné. Je vous préviens au reste, Monsieur, que si les états que l'Assemblée Générale du Clergé me demande n'étaient pas fournis au mois de juillet prochain, époque de l'ouverture de cette Assemblée, mon Diocèse n'entrerait pour rien, ni dans les vues, ni dans les soins que l'Assemblée prendra pour obtenir du Roi l'autorisation nécessaire aux arrangements qui auront été pris par les Évêques du Roïaume.

Ceux de MM. les curés dont je ne recevrai pas de réponse, je me croirai en droit de les regarder comme étant suffisamment pourvus, comme n'ayant rien à redouter de l'accroissement des honoraires des vicaires, comme ayant une fabrique assez riche pour supporter décemment toutes ses charges. Cependant encore, même dans ce cas, j'espère que si, dans leurs paroisses, il y avait quelque ressource qui, par sa nature, put être convenablement employée aux pensions de retraite des curés et des vicaires, leur zèle ne leur permettrait pas de me le laisser ignorer. Je suis, etc.

Suivent des questions fort détaillées sur les paroisses, le nombre des habitants, les revenus de la cure, des obits, la nature des biens, la part qui en revient à chacun, les charges spirituelles, comme messes, services, etc.; les patrons décimateurs, vicaires, bénéfices simples, les unions à faire de plusieurs cures ; le nombre et l'éloignement des hameaux ; les succursales à ériger en cures ; la pluralité de portions curiales dans une même paroisse ; le nombre des prêtres habitués dans la paroisse ; le revenu des fabriques ; la qualité du territoire ; la nature des chemins et autres menus détails qu'il est inutile de transcrire.

Trois cent treize esclaves français ont été rachetés à Alger en 1785, par les Ordres de la Sainte Trinité et de la Mercy et sont arrivés à Marseille le 9 juillet de la même année. Les commissaires députés pour cette rédemption, étaient MM. Gaspard, Perrin, ministres des chanoines réguliers de la Sainte Trinité de Marseille ; Jacques César François Camusat, ministre des chanoines réguliers du même ordre, de la maison et Hôtel-Dieu de Lisieux, en Normandie ; Claude Chevillard, vicaire général de la Congrégation de la Mercy de Paris ; Joseph Aubanel, commandeur de la maison de la Mercy, de Marseille.

Février 1786. — Le mercredi, 8 de ce mois, j'ai été trouver Monseigneur l'Évêque de Bayeux, en sa maison de Caen, où je lui ai présenté une lettre de M. Goujet et mon Pouillé de Bayeux, en un petit manuscrit, d'environ 180 pages in-12, relié en basane (1). Il l'a reçu avec plaisir ; a promis de l'examiner et de faire répondre et il a fini par me remercier.

(1) Comme nous l'avons dit dans notre Introduction, l'*histoire du Pouillé de Lumare* et la façon dont il fut accueilli par Mgr de Cheylus se rattachent à la situation dans laquelle il se trouvait comme domestique et secrétaire de Dom Goujet. Il avait hérité des méfiances et des préventions que les doctrines de son maître avaient soulevées contre celui-ci. En 1786, son travail n'était pas complètement terminé, il le recopia à la hâte et fit relier cette copie en un volume in-12 pour l'offrir à l'évêque. Cette copie (il en fit au moins deux autres dans différents formats) fait aujourd'hui partie de la bibliothèque du Chapitre à Bayeux, où elle a été déposée par M. l'abbé Deslandes qui l'avait trouvée dans les greniers de M. le chanoine Guérin à Bayeux, il y a environ une dizaine d'années. Cet exemplaire porte la dédicace ci-dessous à Mgr de Cheylus : « Monseigneur, Quoique ce petit ouvrage ne soit pas digne d'être offert à Votre Grandeur, j'ose néanmoins le lui présenter tel qu'il est, parce qu'il vous appartient, Monseigneur, ainsi que tout ce qui concerne l'ordre et l'avantage du diocèse et qu'il renferme une grande partie des notions dont Votre Grandeur a fait la demande par sa circulaire à Messieurs les Curés. Je serai heureux, Monseigneur, si dans cette circonstance mon travail est agréable à Votre Grandeur et si Elle daigne le recevoir avec cette bonté qui lui est si naturelle, comme une faible marque

Voici la réponse qu'il a faite, adressée à M. Goujet, à l'Abbaye de Fontenay, près Caen.

Caen ; 26 février 1786.

Je reçois, M., avec bien de la reconnaissance, l'hommage que vous avez bien voulu me faire de vos recherches sur les bénéfices de mon Diocèse. Elles me paraissent assez exactes et rangées dans un ordre fort méthodique. C'est un service essentiel que vous rendez à mon Diocèse, qui manquait d'un Pouillé fait avec soin et qu'on avait négligé jusqu'à présent. Je vous prie d'en recevoir tous mes remerciements et l'assurance des sentiments très distingués avec lesquels je suis, etc.

Ayant vu, par la lecture de cette lettre, que Monseigneur attribue mon ouvrage à M. l'abbé Goujet, j'ai pris la liberté d'écrire à ce Prélat la lettre suivante, le 1er mars.

Monseigneur,

Le Pouillé que j'ai eu l'honneur de vous présenter, il y a 3 semaines, n'appartient point à M. l'abbé Goujet, mais à moi : j'en suis le seul auteur. Voila près

du très profond respect avec lequel j'ai l'honneur d'être, etc. *Signé* : Lamare ». Renvoyé, comme on va le voir, à Lamare par Mgr de Cheylus, celui-ci le conserva et l'annota jusqu'en 1818, année où il le donna à M. l'abbé J.-C. Lamare, grand chantre et chanoine de la cathédrale de Bayeux. Ce livre passa ensuite aux mains de M. l'abbé Dajon-Lamare, curé de Port-en-Bessin, qui le donna à son tour à M. Guérin, chanoine à Bayeux. Nous devons ces renseignements à une obligeante communication de M. l'abbé Le Malc. (Voir aux Pièces justificatives les lettres de Dom Goujet et de Lamare adressées à Mgr de Cheylus.)

de 10 ans que j'y travaille, faisant des recherches de tous côtés, sans épargner ma bourse, quoique je n'aye pas de fortune. C'est ce que je puis prouver par plus de 50 lettres que j'ai reçues de MM. les Bénéficiers et autres à qui je me suis adressé, sans compter ceux qui ont gardé le silence et qui sont en bien plus grand nombre. Je me suis engagé dans ce travail ingrat et difficile, dans le but d'être utile et j'ai été encouragé, dans cette idée, par des personnes instruites. En conséquence, j'ai redoublé de soin pour remplir leur attente. Mon travail n'est pas encore achevé ; mais j'ai cru, que, tout imparfait qu'il est, il pouvait vous être utile, Monseigneur, dans le moment présent où Votre Grandeur fait faire de pareilles recherches. C'est ce qui m'a porté à vous en présenter une copie faite à la hâte, n'ayant pas eu le temps de la soigner comme il fallait.

En faisant cette démarche, je n'ai eu aucune intention mercenaire, grâce à Dieu ! le vil intérêt ne m'a jamais dominé. Mon unique dessein a été de vous demander, Monseigneur, la permission de faire imprimer mon ouvrage, dans le cas où Votre Grandeur le jugerait utile, après l'avoir fait examiner, afin que je jouisse, comme il est juste, sans doute, du fruit de mes travaux.

Si je n'en ai pas parlé à Votre Grandeur lorsque je le lui ai présenté, c'est qu'elle ne m'en donna pas le temps. J'étais alors persuadé et je le suis encore, que ma copie dans vos mains, Monseigneur, était dans un asile sacré et que nul ne pourrait en disposer à mon préjudice, à l'insu de Votre Grandeur. Car il faut avouer que si mon attente à cet égard pouvait être déçue, ce ne serait pas un moyen propre à encourager ou à faire naître le patriotisme en ceux qui tâchent de se rendre utiles.

Mais je crains, Monseigneur, en parlant ainsi, d'offenser l'équité de Votre Grandeur. Je la supplie donc, en toute humilité, d'excuser mes craintes et d'agréer avec bonté l'hommage plein de confiance et d'amour que je lui ai fait dans la simplicité de mon cœur, non du travail d'autrui, mais du mien. J'aurai l'honneur de me présenter au plus tôt, devant vous, Monseigneur, pour savoir la volonté ultérieure de Votre Grandeur et la supplier de me faire donner les instructions qui me manquent pour achever son Pouillé.

Qu'il me soit permis de réitérer ici l'expression du plus profond respect dont je suis pénétré et avec lequel j'ose me dire, Monseigneur, de Votre Grandeur, etc.

J'envoyai le lendemain cette lettre à Monseigneur et, le 3 de ce mois, j'allai lui en porter une de M. Goujet, qui venait à l'appui de la mienne. Après que Monseigneur l'eût lue, Sa Grandeur me dit : « Ne craignez point : il n'arrivera rien de fâcheux à votre ouvrage. Ce sera bien fait de le corriger : il y a des fautes : je vous renverrai votre livre de Paris par quelque occasion. » Ici, je répondis : « Non, Monseigneur, s'il est utile à Votre Grandeur. » Mais Monseigneur dit qu'il était juste et qu'il me le renverrait. Après quoi, je lui fis la révérence et me retirai.

J'ajoutai, toutefois, que je priais Sa Grandeur de me faire donner certaines instructions ; mais elle me renvoya à d'autres, de manière que je ne crus pas devoir insister davantage, et finalement, je partis.

C'est ainsi qu'il a accueilli mon Pouillé, que je vais tacher d'achever le plus tôt que je pourrai, pour m'en arranger avec un imprimeur.

Le 8 de ce mois, j'ai lu un mémoire, imprimé à Paris, chez Lottin, en 1786, pour le Comte de Cagliostro, impliqué dans l'affaire de M. le Cardinal de Rohan, grand aumônier de France. Suivant ce mémoire, « il paraît constant que les sieurs Bœchmer et Bassanges ont remis à M. le Cardinal un collier de diamants de la valeur de 1,600,000 livres. Il paraît également constant que M. le Cardinal de Rohan a annoncé aux joailliers, qu'il n'était que le négociateur de cette acquisition ; que le véritable acquéreur était la Reine ; et qu'il leur montra à cet effet, un écrit contenant les conditions de la vente » ; en marge duquel se trouvaient les mots : « *Bon... Bon... approuvé: Marie Antoinette de France.* »

La Reine a déclaré qu'elle n'avait jamais donné d'ordres pour l'acquisition du collier ; que jamais elle n'avait approuvé aucune condition d'achat et qu'elle n'avait pas reçu le collier. M. le Cardinal a prétendu qu'il a été trompé par une dame Le Valois, comtesse de la Motte. Le 15 août 1785, le Cardinal de Rohan a été arrêté.

Le 22 août, le Comte de Cagliostro et sa femme, sont aussi arrêtés et conduits à La Bastille : il y a subi interrogatoire le 15 janvier 1786 ; il a présenté requête au Parlement le 24 février, pour avoir la permission de voir sa femme, qui était malade à La Bastille et la soulager, car il est fameux médecin et homme extraordinaire, dont l'origine paraît *illustre, mais inconnue.* Il est toutefois très riche et connu dans toutes les Cours. Il a passé sa première enfance à Médine, en Arabie, et a voyagé ensuite en Afrique, en Asie et en Europe. Son zèle à secourir les malades partout gratuitement, pauvres ou non, lui a fait quantité d'amis et d'ennemis. Ceux ci ont dit que cet étranger extraordinaire, âgé de trente-huit ans environ, était le Juif Errant, qui avait assisté aux Noces de Cana, qu'il avait 1,400 ans, qu'il était l'Antéchrist, un sorcier, etc. Tel est le récit que le Comte de Cagliostro fait de sa personne. Au reste, son mémoire est écrit d'un style simple et modéré.

Le 6 avril 1786, Monseigneur m'a renvoyé mon Pouillé et un bulletin contenant ces mots : « M. l'Évêque de Bayeux envoye à M. Lamare le Pouillé de son Diocèse pour y faire quelques corrections. Versailles ; 2 avril 1786. »

Le 6 août 1782, le sieur Paisant, de Beaulieu, mourut à Caen, et, à l'ouverture de son cadavre, on constata que l'arsenic avait causé sa mort. Le lendemain, sept personnes, dans la même maison, se plaignirent d'avoir été empoisonnées par l'arsenic mis dans leur soupe.

Une instruction criminelle eût lieu, tant au Bailliage de Caen, qu'au Parlement de Normandie, contre la servante de cette maison (1). Par arrêt rendu en ce Tribunal, sur lettres de revision, cette fille a été renvoyée à plus ample informé.

C'est depuis cette époque qu'il s'est répandu dans les provinces que le fils aîné du sieur Huet Duparc (chez qui la scène du poison s'était passée) ayant été supplicié à Bordeaux, avait déclaré en mourant qu'il était l'auteur de l'empoisonnement de toute sa famille, imputé à sa servante. Le sieur Huet Duparc n'a eu que deux fils de son mariage; le jeune vit encore; mais l'aîné n'est plus, et sa mort avait servi sans doute de prétexte pour accréditer ce bruit. C'est dans ces circonstances que sa mère a adressé

(1) Nous n'entrerons pas dans les détails de ce procès qui fit à cette époque un bruit considérable. On peut en lire les phases successives dans l'*Histoire du Parlement de Normandie* de M. Floquet, tome VII, p. 387 et suiv. — Si la malheureuse fille Salmon, qui avait été condamnée au bûcher par le Bailliage de Caen et le Parlement de Rouen comme convaincue de crime d'empoisonnement et de vol domestiques, ne fut pas brûlée vive, cela tint à des circonstances exceptionnelles et à l'énergie de son avocat, M⁰ Le Cauchois, qui employa pendant cinq ans son temps et ses soins pour faire reconnaître cette monstrueuse injustice. Heureusement pour cette fille, le garde des sceaux de Miromesnil se trouvait fortuitement à Rouen au moment de sa condamnation. Il reçut et lut sa supplique, fut frappé de la vraisemblance de ses protestations et les fit contrôler. La fille Salmon fut conduite à Caen, où son bûcher était dressé sur la place St-Sauveur et où le bourreau l'attendait avec la foule; un ordre de surseoir à l'exécution la sauva. Pendant quatre ans il fallut encore lutter pour obtenir une revision qui s'imposait. Les magistrats, effrayés de leur responsabilité, reculaient devant une pareille constatation. Enfin, le procès fut appelé devant le Parlement de Paris qui, plus indépendant et moins compromis, prononça son innocence. « Le premier président d'Aligre lui offrit un bouquet de roses blanches et sa bourse »; présidents, conseillers, gens du roi, suivirent cet exemple, et le public s'en mêlant, la fille Salmon reçut en deux jours plus de 18,000 livres. Les bontés de Louis XVI et de Marie-Antoinette s'ajoutèrent à cette somme: Leurs Majestés voulurent que cette fille leur fût présentée. Rentrée dans son pays, elle épousa un sieur Savary.

au Rédacteur des *Affiches de Rouen,* une lettre imprimée dans la feuille du 4 mars et dans laquelle elle dépose. Elle y joint des pièces justificatives qu'elle dit être en forme. On y voit que le sieur Huet, fils aîné, est mort au Mesnil-Mauger, terre de son père, à 6 lieues de Caen, le 27 Septembre 1781, des suites d'une fièvre putride ; qu'il a été inhumé le lendemain ; qu'il fut traité, pendant sa maladie, par le sieur Le Cordier, chirurgien ; qu'elle fut jugée incurable par MM. Le Canu, professeur en médecine en l'Université de Caen, et Morin, docteur médecin à Saint Pierre sur Dives. A leurs certificats, est joint un acte de notoriété, signé du chirurgien, de la garde malade, des fermiers qui ont assisté ce jeune homme pendant sa maladie ; des propriétaires, laboureurs, et des curés qui ont assisté à son inhumation.

Rien de moins sûr que les récits des papiers publics.

(La servante qui avait été accusée dudit empoisonnement et d'abord condamnée comme empoisonneuse à être brûlée, a été justifiée et déclarée innocente de ce crime, à Paris, par le Conseil, au mois de mai de cette année 1786. On dit qu'après être sortie de la prison, elle a été introduite dans la salle des juges ; qu'on l'a fait asseoir dans la chaise du Premier Président, qu'on lui a jeté beaucoup d'argent et d'or dans son tablier, etc., etc.) (1).

Avril 1786. — M. Étienne Barassin, après avoir

____

(1) Note ajoutée plus tard par Lamare.

séjourné, au séminaire de Caen, depuis le commencement de Janvier de cette année, jusqu'à la fin du carême, a été, par lettres démissoires, ordonné diacre à Lizieux, le Samedi Saint, 15 de ce mois, par M. l'Évêque de Lizieux.

Le 26 may, Monseigneur, Comte d'Artois, frère du Roi, venant d'Harcourt et allant à Cherbourg, a traversé la ville de Caen, sans s'y arrêter (1). Il est accompagné de plusieurs seigneurs qui vont avec lui, pour voir les grandes entreprises que l'on fait au port de Cherbourg, où l'on doit, en sa présence, lancer deux môles à la mer.

Il y a un Édit du Roi, donné à Versailles, le 14 mars dernier, qui autorise les Bailliages roïaux du Parlement de Normandie, à juger en dernier ressort, sans qu'il soit besoin du ministère d'avocats ni de procureurs, les causes pures personnelles, qui n'excéderont pas la somme de 40 livres. Il a été enregistré le 10 de ce mois au Bailliage de Caen et ce

(1) On avait essayé, pour activer les travaux de la digue à Cherbourg, l'immersion de caisses coniques qui parurent d'abord résister assez bien, mais qu'une tempête endommagea. La critique ne manqua pas de s'exercer aux dépens de l'inventeur de ce système et du gouvernement qui l'approuvait. La cour crut qu'il ne fallait pas moins que la présence du Roi pour imposer silence aux détracteurs. On envoya d'abord le comte d'Artois, qui partit de Versailles le 25 mai 1786. Il revint enthousiasmé : on avait immergé devant lui le septième cône et l'opération avait parfaitement réussi.

Le gigantesque projet de changer la rade ouverte de Cherbourg en une rade que fermerait une île artificielle d'une lieue de long *construite* à une lieue de la terre, fut proposé par le capitaine de vaisseau La Bretonnière, en 1777. On adopta son idée, mais non ses moyens d'exécution, et après la paix de 1783 on commença la construction de la digue d'après le plan de l'ingénieur Cessart.

Tribunal a fixé le samedy pour juger les causes de cette nature.

Le 29 may, Monseigneur le Comte d'Artois, revenant de Cherbourg, est repassé par Caen, sans s'y arrêter. Il est allé coucher à Harcourt. Le 26, en arrivant à Caen, ce Prince a accordé la grâce à un déserteur. Elle avait été demandée par un enfant de six ans, qui présenta le placet au Prince. Des soldats, qui s'étaient joints à l'enfant, pour demander cette grâce, ont été depuis mis en prison, pour n'avoir pas auparavant demandé à leurs officiers la permission de faire cette action.

Le 30 may 1786, M. Alexandre, avocat et professeur de droit à l'Université de Caen, a été marié à Saint André de Fontenay, avec Mademoiselle Lanon.

Mardi, 23 may, le Parlement de Paris a jugé définitivement Marie Françoise Victoire Salmon, condamnée à être brûlée vive, comme empoisonneuse, par sentence du Bailliage de Caen, en date du 18 avril 1782, sentence confirmée vingt jours après par le Parlement de Rouen. Les fondements de ces arrêts étaient des miettes de pain bénit, trouvées dans la jupe de Victoire Salmon et que des experts déclarèrent de l'arsenic. Ces experts avaient aussi découvert, dans de la bouillie, un sédiment angulaire, qui selon eux, ressemblait à de l'arsenic. En conséquence l'infortunée Salmon eût péri du supplice du feu, si

M. le Garde des Sceaux, qui se trouvait à Rouen,
n'eût accordé un sursis à la requête du prêtre et de
l'avocat qui avaient assisté l'accusée. Ce sursis,
adressé à Caen, au Procureur du Roi, ne suspendit
point les apprêts du supplice. Il ne fut communiqué
à la victime qu'on allait sacrifier, que peu d'heures
avant l'exécution du sacrifice.

Depuis, cette fille innocente a baigné quatre ans de
ses larmes, les murs d'une prison. Enfin, le Parlement
de Paris a couronné les efforts du généreux deffen-
seur de cette fille, M. Le Cauchois, avocat à Rouen.
Non seulement l'accusée a été déchargée de l'accusation, mais il lui a été permis, de plus, de poursuivre
en dommages et réparation ses dénonciateurs.

Le procureur du Roi de Caen sera tenu de les
nommer, ou d'en répondre en son nom. La foule
était immense au Palais, lors du jugement. Les juges
eux mêmes se sont empressés de verser des bienfaits
sur cette infortunée. Cet exemple a été suivi des
spectateurs et du public, partout où Victoire Salmon
s'est présentée et jamais acte de justice n'a été reçu
avec des applaudissements plus universels (1).

---

(1) Nous ne pouvons donner ici la liste de tous les écrits, discours, mémoires
et autres brochures qui furent alors publiés au sujet de cette affaire. Qu'il
nous suffise de citer les suivants :

Mémoire pour Marie-Françoise-Victoire Salmon, etc. Rouen, Oursel,
1784, in-4°, 270 p.

Justification de Marie-Françoise-Victoire Salmon, par Mᵉ Le Cauchois,
avocat. Paris, Cailleau, 1786, in-4°, 140 p.

Consultation pour une jeune fille condamnée à être brûlée vive, par
Mᵉ Fournel. Paris, Cailleau, 1786, in-4°, 137 p.

*Arrêt du Parlement de Paris qui décharge Marie-Françoise-Victoire
Salmon, fille domestique, de toutes les plaintes et accusations contre elle*

Le 7 Juin 1786, le Parlement de Paris, à 10 heures du soir, a rendu arrêt par lequel M. Le Cardinal de Rohan est pleinement déchargé de l'accusation de la complicité du vol du collier ; (c'était le seul point que le Parlement eût à juger.) La comtesse de la Motte a été condamnée à être marquée sur les deux épaules et enfermée à perpétuité ; et, en cas que son mari revienne en France, il sera marqué et envoyé aux galères. Le s^r Bette d'Étienville, (bourgeois de Saint Omer, vivant, dit-on, noblement de ses biens) a été condamné à la marque et aux galères. Le Comte de Cagliostro et sa femme ont été déchargés ; la demoiselle d'Oliva renvoyée hors ; le tout sauf la modification du Roi.

Le lendemain, 8, il y a eu une lettre de cachet qui exile M. le Cardinal de Rohan à son Abbaye de la Chaise Dieu, en Auvergne. Le Roi lui a retiré le collier du Saint Esprit et la Grande Aumônerie qu'il a donnée à M. de Montmorency-Laval, évêque de Metz, né en 1724 et désigné Cardinal par le Roi en 1779. Le Roi a suspendu l'exécution de l'arrêt du Parlement contre les autres coupables pendant 3 mois et a fait signifier à Cagliostro et à sa femme de quitter la France, sous le même délai (1).

intentées à la requête du substitut du procureur général du Roi, du bailliage et siège présidial de Caen, 23 mai 1786. — A Paris, chez Simon et Nyon, 1786, in-4°, 12 p.

(1) Cagliostro et sa femme ont été enfermés à Rome en 1789. On prétend qu'il avait prédit la ruine prochaine de la papauté et qu'il travaillait à l'anéantir. (Note de Lamare.)

Après sa sortie de la Bastille et son exil, Cagliostro, de son vrai nom Joseph

Le Cardinal a obtenu depuis de changer le lieu de son exil, qui a été fixé à Marmoutier où il a été exilé jusqu'en novembre 1788.

(Pour bien connaître cette histoire du Collier, il faut lire du 2 Juin 1825, du Journal des Débats).

Le 22 Juin, octave de la Fête Dieu, le Roi a passé par Fontenay, venant d'Harcourt, et allant à Cherbourg. A l'occasion du passage de Sa Majesté, j'ai composé 4 vers que j'ai écrits en grosses lettres sur un carton, lequel j'ai bordé de ruban de soie rouge; ensuite je l'ai environné de roses tout autour, avec une couronne des mêmes fleurs et plusieurs autres au dessus. Enfin, l'ayant attachée en forme de bannière à ma canne, je l'ai fait porter sur le passage du Roi, par Joseph Cagny, âgé de 7 ans et demie, et nous avons tous crié: *Vive le Roi!*

Sa Majesté, ayant jeté un coup d'œil sur mon carton, se l'est fait apporter par un de ses gardes et je ne l'ai plus revu, ma canne seule m'a été rendue. Voici le quatrain.

> O Roi qui passez par nos champs,
> Toujours heureux et plein de gloire,
> Dans la paix ou dans la victoire,
> Vivez; c'est le vœu des Normands.

Balsamo, se retira en Angleterre, puis en Suisse et enfin en Italie. En 1789, il fut arrêté à Rome, comme convaincu d'être affilié à la franc-maçonnerie; enfermé au château Saint-Ange, il fut condamné en 1791 à la peine de mort, commuée en une prison perpétuelle. Il la subit au château Saint-Léon, près de Rome, et mourut en 1791. Le rôle de cet aventurier n'a jamais été bien éclairci.

Le Roi est arrivé le même jour à Caen, sur les dix heures du matin. Il ne s'y est pas arrêté, si ce n'est pour relayer devant les casernes, où MM. les Officiers municipaux, ayant à leur tête M. le Comte de Vendœuvre, maire, ont présenté à Sa Majesté les clefs, l'une d'or et l'autre d'argent. Ce qui me paraît ridicule en cette cérémonie, c'est de voir, en temps d'une profonde paix, offrir au souverain les clefs d'une ville qui lui a toujours été soumise et qui, d'ailleurs, n'a plus ni portes, ni serrures.

Le Roi a traversé la ville dans son carrosse, qui allait très lentement, afin de donner aux habitants la facilité de le voir mieux. Les rues étaient sablées et le peuple criait : *Vive le Roi!*

Sa Majesté ne s'arrêta qu'à Sainte Croix, à 4 lieues de Caen, où elle mangea à l'auberge. Elle arriva le même jour à Cherbourg où elle a demeuré trois jours et n'en est repartie que le 26 (1).

(1) Le comte de Vergennes avait écrit, le 7 juin 1786 à l'intendant de Caen, M. Feydeau de Brou, pour l'informer du voyage du Roi en Normandie ; il allait visiter les travaux du port de Cherbourg. Suivant l'itinéraire joint à la lettre, S. M. partirait le 21 juin et irait coucher le 22 à Harcourt. Elle séjournerait les 23, 24 et 25 à Cherbourg, le 26 à Caen ; le 27, elle se rendrait de Caen au Havre par Honfleur; le 28, du Havre à Gaillon, et le 29 elle rentrerait à Versailles.

Le 22, à 10 heures du matin, le Roi arriva sur la place des Casernes : il était accompagné des ducs d'Harcourt et de Coigny, des maréchaux de Ségur et de Castries, des ducs de Villequier et de Liancourt, des marquis de la Fayette et d'Aguesseau, du comte de la Touche et d'une partie de sa maison. Le duc de Coigny, gouverneur de la ville, présenta la municipalité à S. M. et M. le comte de Vendœuvre, maire, lui offrit les clefs de la ville ; ces clefs avaient été commandées aux sieurs Boiscrard, orfèvre, et Gautier, serrurier; elles étaient, l'une en or et l'autre en argent, liées ensemble par une petite chaîne d'or et placées sur un plat en vermeil. On voyait au milieu de l'anneau une fleur de lys et des deux côtés de la boucle les armes de Caen, avec les mots : *Inutiles ; cordibus apertis.*

Le duc de Coigny remit au Roi une requête de Messieurs de la Ville qui

Le 26 juin 1786, le Roi, revenant de Cherbourg, arriva à Caen sur les six heures de l'après midi, au son de toutes les cloches et au bruit de 120 coups de canon. Il y avait sur son passage un peuple innombrable, criant sans cesse : *Vive le Roi!* Toutes les maisons étaient décorées de guirlandes en feuilles, fleurs, rubans, couronnes, vers, inscriptions, et autres ornements. Sa Majesté, étant arrivée à l'Hôtel d'Harcourt, rue Saint Jean, y descendit. Bientôt après, Elle alla aux casernes, où Elle posa la première pierre (1) d'un bâtiment neuf qu'on y fait: ensuite, Elle s'avança jusques au *Cours,* et jeta un coup d'œil

demandaient la permission de lui élever une statue. La voiture royale traversa la ville au petit pas : les soldats du régiment d'Artois formaient la haie, ils étaient commandés par leur colonel, M. le comte de Guerchy.

Le 26 juin, à son retour de Cherbourg, le Roi arriva à Caen à 5 heures et demie du soir; il y fut reçu avec les mêmes démonstrations de joie et d'affection qu'à son premier passage. Les détails que donne Lamarc permettent de s'en rendre compte. A cette occasion, il fut fait aux pauvres une distribution de 700 tourtes de pain de 8 livres.

(1) On trouve, à la date du 12 septembre 1786, sur les registres de l'hôtel de ville, la mention suivante (C. 101ᵃ, fᵒ 72 verso).

Le 26 du mois de juin MDCCLXXXVI,

Le Roi Louis XVI a posé cette première pierre en revenant de visiter les ouvrages et la rade de Cherbourg. S. M. étant accompagnée par MM. le maréchal de Ségur, ministre de la guerre;

Le maréchal de Castries ayant celui de la marine;

Le duc d'Harcourt, gouverneur et commandant de la province de Normandie ;

Le duc de Coigny, premier écuyer et gouverneur des ville et château de Caen ;

Le prince de Poix, capitaine des gardes de S. M.;

Le duc de Villequier, premier gentilhomme de la Chambre;

Le duc de Liancourt, grand maître de la garde-robe, etc.

Cet édifice, destiné à l'usage des cazernes pour le régiment du Roi, infanterie, dont M. le duc de Chatelet est présentement colonel commandant, a été commencé sous l'administration de M. de Calonne, ministre d'État et contrôleur sur la grande prairie, du côté de Louvigny et de Venoix. De là, montant en voiture, Elle alla voir le canal que l'on creuse dans la prairie du côté de *Clopée*. Après quoi, Elle rentra par la rue des Carmes dans le jardin de l'hôtel d'Harcourt, où les dames de la haute noblesse se présentèrent à Elle et lui firent leur cour.

Il y avait dans ce jardin un salon, qui avait été construit pour y recevoir le Roi, afin que le peuple eût la facilité d'y voir Sa Majesté pendant son souper; mais peu de personnes purent se procurer cet avantage, à cause de la foule du peuple qui ne permettait pas d'aborder aux portes, sans danger d'être écrasé.

Le Roi se mit à table dans ce salon, après 9 heures et Sa Majesté se coucha avant onze heures, étant très fatiguée.

Le lendemain, 27, après avoir assisté à la messe, suivant son usage, notre bon Roi est parti à cinq heures du matin, pour aller au Hâvre de Grâce. Pendant ses courtes apparitions à Caen, il a témoigné toutes sortes de bontés aux citoyens de cette ville et a répandu ses bienfaits sur les indigents. J'en ferai plus particulièrement mention dans le *Journal* à mesure que les détails authentiques parviendront à ma connaissance.

Je n'ai vu Sa Majesté que sur la route d'Harcourt, comme je l'ai dit, pendant quelques secondes : je

général des finances, et de M. Feydeau de Brou, intendant de la généralité de Caen, et exécuté sur les dessins, plans, et sous la conduite de G.-M. Couture. architecte du Roy et de son Académie royale d'Architecture.

m'attachai à son visage auguste qui était tourné en face de moi et sa physionomie riante, bonne et majestueuse a de quoi inspirer le respect, la confiance et l'amour.

O Roi, que j'ai vu dans ce lieu,
Soyez toujours béni de Dieu !

Pendant la nuit du 26, toute la ville de Caen fut illuminée jusques au haut des clochers, ce qui formait un spectacle admirable.

Le dimanche, 9 Juillet 1786, a été lu au prône de notre messe paroissiale, une lettre de M. Bertrand de l'Hodiesnière, procureur du Roi au Bailliage de Falaise, en date du 1er Juillet 1786, adressée à M. le curé de Saint André de Fontenay, contenant ce qui suit :

« Je suis informé, Monsieur, que depuis un certain temps, il se serait introduit, dans votre paroisse, des abus destructifs du respect dû à la religion et aux mœurs ; que l'on jouerait aux quilles pendant le service divin et que l'on emploierait les dimanches et fêtes, particulièrement consacrés au service divin et au culte dû à l'Être Suprême, à des danses baladoires et scandaleuses.

Les tristes effets qui résultent de ces abus, ont, dans tous les temps, fixé l'attention du législateur et une. infinité de règlements, dont on admire la sagesse, ont prononcé des peines sévères contre ceux qui y contrediraient.

Je suis obligé, par état, de veiller à l'exécution de

ces lois, et je vous préviens, Monsieur, que je ne pourrai me dispenser de sévir contre les auteurs de ces abus, s'ils existent plus longtemps. Mais, comme j'aime mieux prévenir le crime que de le faire punir, je prends le parti de vous donner cet avertissement, afin que vous en fassiez part à votre troupeau.

Je ne doute pas, Monsieur, que vous voudrez bien avoir la charité pour vos ouailles, de leur repré-senter pastoralement leurs torts et leurs égarements, et, dans le cas où ils continueraient leur genre de vie, m'en avertir, afin que je fasse réprimer par la force de la loi, ce que la douceur et les remontrances n'auront pu opérer. »

A Harcourt, le Roi raconta une aventure, arrivée sur sa route, à Houdan. Au moment où le Roi était descendu de sa voiture, une femme embrasse ses genoux. Il lui demande ce qu'elle veut. « Rien, dit-elle, Sire ; je vous ai vu : j'ai désiré vous embrasser avant de mourir ; (et elle embrassa le Roi) mais j'ai une voisine qui a 12 enfants ; elle est estimée et pauvre. » — « Je vous entends, dit le monarque », et lui promettant son secours, il lui indique un lieu où elle doit remettre son mémoire pour être présenté à Sa Majesté.

Quand la foule entourait le carrosse du Roi dans les rues de Caen, on vit des personnes baiser, en pleurant, la main de Sa Majesté. .

Le Roi, étant à l'auberge de Sainte Croix à 4 lieues de Caen, sur la route de Bayeux, une fille se présenta à lui. Elle était enceinte du fait d'un garçon qui l'aimait, mais la mère du garçon s'opposait au mariage, parceque la fille était pauvre. Sa Majesté écouta les plaintes de cette fille, lui donna 500 livres, dit-on, de quoi la doter et obligea le garçon à l'épouser.

A Cherbourg, on a vu le peuple se précipiter dans la mer, pour porter le canot où était le Roi.

Le Roi a remis à M. l'Intendant de Caen (M. de Brou) une somme de vingt mille livres, pour subvenir aux besoins provisoires des malheureux qui ont éprouvé les ravages de la grêle, le 14 juin dernier. L'Administrateur de l'hôpital général a reçu des mains de M. le Prince de Poix, par ordre de Sa Majesté, huit mille livres pour les pauvres de cet hôpital. Cette aumône du Roi a été accordée à la sollicitation de M. le Duc d'Harcourt et de M. le marquis de Brou.

Cherbourg a ressenti également les effets de la bienfaisance du Roi. Les pauvres de l'hôpital du Havre ont obtenu neuf mille livres de Sa Majesté et six mille livres ont été données pour ceux qui furent incendiés au commencement de l'année.

Le 31 mars 1786, M. de Gonneville, lieutenant général de police de Caen, et Housset, directeur de la poste aux lettres, receveur des décimes, etc., se sont transportés à l'Abbaye de Troarn (1), sans avoir prévenu les religieux. Ils ont mis en séquestre,

______

(1) Sur l'abbaye de Troarn et sa situation en 1782, voir p. 129 et note, p. 130.

au nom du Roi, les titres, meubles et effets et généralement tous les biens appartenant au Monastère.

Le ... suivant, de la même année, plusieurs moines
de cette Abbaye ont envoyé à Rome demander leur
sécularisation.

Le 2 août 1786, j'ai lu un monitoire, affiché nou-
vellement au coin des rues de Caen, pour avoir révé-
lation de l'assassinat commis le 29 octobre 1785, sur
la femme de Parfouru, dont j'ai parlé en son lieu.

Il y a à Beaumont en Auge, à ... lieues de Caen,
un prieuré occupé par des religieux bénédictins de la
Congrégation de Saint Maur. En 1776, le Roi a établi,
dans ce prieuré, une école roïale militaire, où l'on
enseigne la religion, les humanités jusqu'à la Rhétorique (1) et, de plus, les langues Allemande, Anglaise
et Italienne; les mathématiques, divisées en plusieurs

(1) L'abbaye de Beaumont-en-Auge dépendait du duc d'Orléans, oncle du Roi.
Le collège dont il est question dans la note de Lamare y avait été établi en 1731.
Voici un extrait des lettres patentes de Louis XV qui l'établirent: « Nous, etc.,
... après avoir conféré avec les supérieurs de la congrégation de Saint-Maur et
les abbés et religieux de l'abbaye de Saint-Ouen, notre très cher oncle a reconnu
qu'en éteignant et supprimant la manse prieurale et en la réunissant à la manse
conventuelle, il serait avantageux pour la province d'y établir un collège pour
les études des humanités, depuis la cinquième jusqu'à la rhétorique ; lesquelles
classes seraient gratuites et tenues par des religieux dudit prieuré, capables,
choisis et nommés par le général de la congrégation de Saint-Maur... Ledit
Général promet et s'engage... de recevoir à perpétuité dans ledit prieuré, collège
de Beaumont, six jeunes gentilshommes, âgés de sept ans au moins, que notre
très cher oncle choisirait et nommerait... Donné à Versailles, au mois d'octobre
1731. » Les lettres patentes furent enregistrées à ¡Rouen le 3 décembre de la
même année.

sciences particulières, nommées l'arithmétique, l'algèbre, la géométrie, l'architecture militaire, etc. ; la musique vocale et instrumentale ; l'art de faire des armes ; l'art d'écrire, le dessin et la danse. A la fin de l'année, il y a des exercices publics pour toutes les classes et une distribution solennelle de prix en faveur des élèves qui se sont le plus distingués. J'en juge par le programme imprimé desdits exercices que j'ai lu aujourd'hui, 4 août.

Les écoliers de ce collège, tant pensionnaires qu'externes, sont au nombre de 150 environ ; le Roi paie pour ses élèves, 750 livres de pension par tête. J'ai entendu dire que ce collège est mal gouverné et cela n'est pas étonnant, vu les divisions et les désordres qui règnent dans la Congrégation de Saint Maur.

Deux officiers du régiment d'Artois, ayant pris querelle dans un billard, à Caen, se sont battus, premièrement à l'épée et ensuite au pistolet, dans les bois de M. de Guerchy, en juillet dernier. Un des deux pistolets rata, pour le malheur de celui qui l'avait et qui fut tué par l'autre (1). On dit que ces duels se font aujourd'hui par la volonté des chefs et autres principaux officiers des régiments, qui exigent que les querelles militaires se terminent par la mort, pour ôter l'envie de se quereller. Mais il paraît que ce moyen est bien cruel et nullement propre à les empêcher, puisque, dans ces occasions, la raison n'est jamais de la partie et que la réflexion vient trop

____

(1) Celui qui a été tué est M. de Barjon, le jeune (Note de Lamare).

tard. Obliger des militaires à se tuer ainsi sans objet et en pure perte, est une chose contraire à la véritable bravoure qui naît de la liberté mutuelle, et non de la nécessité inévitable d'obéir aux chefs.

Le samedi, 5 août 1786, entre trois et quatre heures du matin, M. Le Tellier, curé de Saint André de Fontenay l'Abbaye, a dit la messe et marié dans son église paroissiale, sans sonnerie préalable, Guillaume Le Bretton et Marie Catherine Saillenfais. L'époux est fermier à Verrières et fils de Georges Le Bretton, fermier à Clinchamps. L'épouse est fille aînée de Jacques Saillenfais, et de Catherine Dessillons, fermiers de la dixme de Fontenay l'Abbaye.

Le 12 août 1786, vers neuf heures du matin, j'ai entendu une explosion lointaine, assez semblable à celle du canon, mais beaucoup plus forte et plus prolongée : Je crois que c'est un coup de tonnerre, parce que le ciel était couvert et un peu orageux en apparence.

Le dimanche, 27 août, il y a eu assemblée des paroissiens au banc du Trésor de l'Église de Saint André de Fontenay, à l'issue des vêpres, sur une sommation faite à Maître Michel Le Danois, trésorier en charge, à la requête de M. de la Croix Hermerel, jadis confiseur, aux fins de délibérer touchant l'herbe et les fruits des arbres du cimetière, qui, depuis 1754, sont possédés par M. le Curé, avec 30 livres d'argent pour se fournir de pain, vin, cire et faire blanchir les linges de l'église.

M. de la Croix Hermerel prétendant que M. le Curé retire un gros profit du cimetière, demandait qu'il lui fût ôté et que les herbes et les pommes en fussent bannies au profit du Trésor. Sur quoi délibéré, les paroissiens, à la pluralité des voix, ont laissé à M. le Curé les produits du cimetière, pour en jouir comme par le passé et aux mêmes conditions. M. de la Croix, avec un de ses frères, a fait opposition par écrit sur le registre, dans laquelle il dit « qu'ayant appris *hier* qu'une déclaration du Roi ordonne d'arracher les arbres des cimetières, il déclare que si les pommiers de celui de Saint André, (qui sont chargés de pommes) ne sont pas arrachés sous huit jours, ledit opposant dénoncera au Procureur du Roi le Trésorier de la paroisse, comme rebelle aux ordres de Sa Majesté, etc. ».

On a produit dans cette Assemblée une autre déclaration du Roi, qui veut, que pour avoir droit de délibérer dans ces sortes d'assemblées, on soit imposé à 10 livres au moins du gros de la taille, etc. Il y a eu bien des paroles dites mal à propos, comme il est d'ordinaire en pareil cas. On n'a pas donné d'autre suite à cette nouvelle attaque dirigée contre notre bon Curé, qui ne la mérite pas.

Dans le mois de Septembre de cette année 1786, M. Le Dos et Cie, négociant à Caen, a fait reprendre ses travaux, pour trouver du charbon de terre sur la paroisse de Feuguerolles, près le bac de Fontenay. Ils font bâtir une maison, actuellement, dans la pièce où est le trou de la ouille.

Le Samedi des Quatre temps de septembre, 23 dudit mois, le sieur Thomas Denys Déterville, a été ordonné sous diacre à Bayeux, par Monseigneur de Cheylus, notre évêque.

Le 31 octobre 1786, il est tombé de la neige à Fontenay et il y a plus de quinze jours qu'il gèle à glace et très fort.

Lettre adressée à Monsieur le comte de Mercy Argenteau, ambassadeur de l'Empereur Joseph second, près de Sa Majesté Très Chrétienne (1).

« Monseigneur,

« J'ose prendre la liberté d'adresser à Votre Excellence un écrit qui paraît concourir aux vues de l'Empereur et dont il peut être utile que V. E. se fasse rendre compte.

En effet, Mgr, lorsque S. M. Impériale et, à son exemple, tous les Princes Chrétiens travaillent efficacement à procurer dans l'Église une réforme désirée et demandée inutilement depuis plus de six siècles; lorsque, sous leur autorité, l'ancienne discipline ecclésiastique commence à renaître; que les Évêques rentrent dans les droits dont ils avaient été dépouillés, et qu'on veut retrancher du clergé le faste scandaleux qui déshonore le Christianisme;

(1) Cette lettre était de Dom Gouget, qui savait bien s'adresser, en l'écrivant, à l'ambassadeur d'un roi *philosophe*.

lorsque l'emploi des revenus ecclésiastiques devient plus régulier, par la suppression de plusieurs instituts, devenus non seulement inutiles, mais à charge à l'Église et à l'État ; lorsqu'enfin les lumières, aujourd'hui plus abondantes et plus saines, ont ouvert les yeux sur une infinité d'abus ; qu'elles ont éteint dans les cœurs l'aigreur de parti et qu'elles ont préparé les esprits à la concorde et à une réunion qui, par la conduite de l'auguste Joseph, supérieur à tous les éloges, paraît être le désir non équivoque de S. M. Impériale ; dans ces circonstances, Mgr, ne serait ce point le moment favorable de rappeler à un nouvel examen plusieurs articles de doctrine qui ont aliéné de l'Église et en ont séparé plus de la moitié de ses membres, articles que je crois étrangers à la foi, et d'ailleurs décidés plus par le despotisme que par l'autorité légitime, comme je crois l'avoir suffisamment quoique sommairement prouvé dans cet écrit dont voici l'histoire.

Il y a plus de 60 ans, qu'après le cours ordinaire de philosophie et de théologie, je me livrai tout entier à l'étude de la Religion. Mon premier objet, pour n'avoir plus, dans la suite de mes études de sujets de distraction, fut d'examiner les points de division entre nous et MM. les Protestants. Car jusqu'alors il m'avait semblé trouver, dans la plus part de nos controversistes, plus de préjugés, de passion et même d'intérêt, que de recherche de la vérité et de solidité dans leurs preuves et dans leurs raisonnements.

Je commençai par l'Eucharistie, comme étant le

dogme attaqué avec le plus de chaleur et de diversité ;
après plusieurs années employées dans la recherche
de tout ce qui pouvait constater la doctrine de
l'Église sur ce sacrement, tant dans les Saintes
Écritures que dans les écrits des Pères, dans les
Conciles et dans tous les monuments de la tradition,
je me trouvai de plus en plus convaincu de la réalité
de la présence de la chair et du sang de J.-C. dans
l'Eucharistie. Mais il n'en fut pas de même de la
présence de son âme, c'est-à-dire que J.-C. soit
vivant dans ce sacrement et que sa personne soit
toute entière sous l'une et l'autre espèce. Ce dogme
me parut nouveau, totalement inconnu dans les douze
premiers siècles et donnant lieu à la nécessité d'un
nombre infini de prodiges et de mysticités, ignorés
de nos pères et de toute l'antiquité. Cependant,
retenu par l'enseignement actuel de l'Église universelle, et craignant de m'écarter de la véritable doctrine, je ne m'occupai que des moyens de combattre
mes pensées non conformes à la croyance commune,
dans l'espérance qu'une lecture plus approfondie
pourrait les dissiper. Le contraire est arrivé. Mon
étude, continuée pendant plus de 60 ans, n'a fait que
m'y confirmer et me faire croire que le dogme de
J.-C. vivant dans les espèces de son corps et de son
sang eucharistiques, était d'une date postérieure au
XIIe siècle et qu'il n'avait été imaginé que pour
calmer les justes plaintes des fidèles, au sujet de la
soustraction du calice et pour parer aux inconvénients
résultant de cette soustraction.

Telle était ma persuasion, lorsque, parvenu à l'âge

de 83 ans et ne voulant pas mourir dans une perplexité toujours inquiétante, quand il s'agit de la foi, je communiquai mes doutes à un de nos plus vieux et de nos plus instruits docteurs. Ses réponses peu satisfaisantes occasionnèrent de ma part plusieurs lettres et c'est ce qui compose le présent manuscrit dans lequel j'ai touché par occasion quelques autres points de division entre nous et nos anciens frères les Protestants. Je ne comptais pas, Monseigneur, que cet écrit dût passer par les mains de Votre Excellence. Mon dessein n'avait été que de m'instruire, ne l'ayant pas été suffisamment par nos Docteurs, qui au contraire m'ont donné occasion d'étendre mes preuves et de me confirmer dans mon opinion. J'ai cru ne pouvoir mieux faire que de la communiquer aux théologiens Allemands, qui, moins tenaces sur les préjugés et moins gênés dans la discussion de la doctrine, sont plus propres à se livrer à un examen qui demande une connaissance approfondie des dogmes et de la discipline ancienne de l'Église. D'ailleurs la division ayant commencé et s'étant plus multipliée dans l'Allemagne, il paraît dans l'ordre qu'on commence par là à porter le remède.

Enfin, il ne peut être désagréable à l'Empereur, qui connaît parfaitement la Religion, qui sait qu'elle n'est véritable qu'autant qu'elle est libre et volontaire, qui en a suivi le plan et toute l'économie avec une justesse très distinguée et trop rare, et dont le principal soin est de la rétablir dans son premier état; il ne peut, dis-je, déplaire à S. M. I. qu'on propose des moyens de rendre la croyance uniforme, en écartant d'elle tout ce que l'ignorance ou d'autres motifs y ont ajouté d'étranger et de superflu.

Voilà, Monseigneur, les raisons qui, dans l'impossibilité de me procurer des relations en Allemagne, m'ont inspiré la confiance d'adresser à Votre Excellence cet écrit, qui, dans les heureuses circonstances du gouvernement de S. M. I. peut devenir de quelque utilité ; ne fut ce que pour indiquer les moyens de rétablir les dogmes dans leur première simplicité. Je n'ai point employé dans cet écrit d'autre méthode que celle de répondre pied à pied aux objections du docteur consulté. Si l'on y trouve quelques redites, c'est que la répétition des mêmes difficultés a obligé à la répétition des mêmes preuves. L'ouvrage est d'ailleurs d'un vieillard dont la vue presque éteinte ne lui a pas toujours permis de relire ce qu'il avait écrit. Au surplus, Monseigneur, quel que soit le sort de cet écrit, soit pour le supprimer, soit pour être communiqué, j'ose conjurer V. E. par tout ce qui lui est précieux, par Elle-même et par le caractère auguste qu'Elle remplit si dignement, que mon nom demeure inconnu. Car, quoique nous ne soyons plus dans ces temps ténébreux où les bûchers ardents, (ô souvenir amer à la piété !) étaient la solde ordinaire de quiconque ne pensait pas comme Rome, l'esprit néanmoins qui les allumait n'est pas éteint, il sait substituer aux brasiers dont il n'est plus le maître tout ce que l'enfer peut inventer de malice et de cruauté. Épargnez, Monseigneur, épargnez à mon âge de 86 ans toute tristesse et affliction étrangère, dans le moment où je vais descendre au tombeau. Épargnez, Monseigneur, à mon nom, dévoué, depuis 69 ans, au secret et au silence du cloître, et à mes cendres, restes de ma bonne volonté pour l'Église, le danger d'être troublés et déshonorés par les clameurs de la pieuse ignorance et de la frénétique dévotion.

J'ai l'honneur d'être, dans cette confiance, en votre équité, etc. »

MM. les officiers du Bailliage de Caen ont reçu de M. le comte de Vergennes, la lettre suivante, en date de Versailles, le 20 de ce mois : « MM. Le Roi, en considération de votre zèle et pour vous donner une marque de sa bienveillance, a eu la bonté de vous accorder son portrait. Je me fais un plaisir de vous l'annoncer. Je suis, etc. »

Marianne Gosselin, qui avait une loupe au genou droit, dont j'ai déjà parlé, étant venue à Fontenay le 11 Septembre 1787, m'a fait voir son genou, que j'ai touché. Il est parfaitement guéri : il n'y reste pas la plus petite apparence de loupe. Elle a continué d'y mettre des herbes jusqu'au commencement du carême, c'est à dire jusqu'à la fin de Février 1786, depuis lequel temps, elle a cessé absolument tout remède, qui dès lors, lui paraissait inutile. Il y a donc plus de dix huit mois qu'elle était déjà guérie et, depuis cette époque, la guérison n'a fait que se perfectionner au point qu'elle ne laisse aujourd'huy rien à désirer. Je crois que cette observation était bonne à faire.

Je l'ai envoyée au Rédacteur des Affiches de

Caen, qui n'en a fait aucune mention dans cette feuille, peut être parce qu'elle n'est pas d'un homme de qualité, mais d'un domestique, à qui ce serait faire trop d'honneur.

Le premier jour de cette année 1787, fête de la Circoncision, M. l'Abbé Barassin, qui avait reçu la prêtrise à Noël des mains de M. l'Évêque d'Évreux, par démissoires, a dit solennellement sa première messe, à Saint André de Fontenay, sa paroisse, et à cette occasion, il a reçu les honneurs accoutumés.

On l'a été prendre chez lui en procession et les garçons de la paroisse lui ont fait des présents en ceintures, bonnets et rabats, et ont fait, pendant la célébration de la messe et en d'autres temps, plusieurs décharges de fusil. .

La lettre adressée à M. le Comte de Mercy, laquelle j'ai transcrite cy-devant, après le 31 octobre, dans ce *Journal,* a été signée à Fontenay l'Abbaye et datée du 15 de Janvier 1787 ; et, enveloppée avec un écrit relié en veau, contenant plusieurs questions intéressantes sur le sacrement d'Eucharistie et sur quelques autres articles de la Religion. Ce pacquet, enveloppé en toile cirée et cacheté, a été mis par moi, à la poste de Caen, le 16 de ce mois et envoyé à Son Excellence Monseigneur le Comte de Mercy, ambassadeur de Sa Majesté Impériale près Sa Majesté Très Chrétienne, en son Hôtel, à Paris.

Il n'y a fait aucune réponse (1).

(1) Le contraire eût été étonnant. Il avait, certes, autre chose à faire.

Le 31 Janvier 1787, à 4 heures du matin, est morte en son Abbaye, *Très haute, Très puissante et Religieuse Dame, Madame Cécile Geneviève Émilie de Belsunce de Castel-Moron, Abbesse de l'Abbaye roïale de Sainte Trinité de Caen.* Son inhumation a été faite avec grande pompe, le samedi, 3 février 1787, par les Religieux Bénédictins de Saint Étienne de Caen. (Voïés une note au 31 Juillet de cette année.)

Le 18 février, il y a eu assemblée au banc du Trésor de Saint André de Fontenay, pour procéder à la bannie des bancs ; pour délibérer sur la réparation d'un pan de mur du jardin du presbytère et sur d'autres objets ; mais il n'y a eu rien de fait, et la bannie a été remise à quinzaine. Elle fut faite au jour indiqué ; le 25 mars, qui était le dimanche de la Passion, il y eût une autre assemblée pour délibérer sur un droit de banc que M. de la Verderie réclamait et qui lui fut accordé. Il y fut ensuite délibéré sur le mur et l'on convint de s'en rapporter à l'avis de 4 avocats. Nous verrons dans le temps ce qu'ils auront décidé.

La nuit du 28 au 29 mars 1787, on a forcé la porte de notre chambre de Caen. On y a forcé la serrure de l'armoire et de l'arche où sont mes livres, dans laquelle on m'a volé, dans un sac, cinquante écus. On a tout renversé dans la chambre : livres, linge, et autres meubles. On a fouillé jusques dans les lits et dans les paillasses. Le commissaire La Brière a dressé procès-verbal de cet événement et j'ai signé. Au milieu de ce désastre, nous avons eu un grand motif de consolation, parce qu'un sac de 12 cents francs, appartenant à M. Goujet et renfermé dans un tiroir, a échappé à la recherche du (ou des) voleurs.

Le 8 avril, jour de Pasques, M. de Calonne, contrôleur général (1), a été disgracié. Le lendemain, M. de Miromesnil, garde des sceaux (2) de France, a été pareillement disgracié et M. d'Aligre, premier président du Parlement de Paris (3), exilé, pour avoir prêté à *la petite semaine*..

Tout le monde parle de M. de Calonne comme d'un très méchant homme. On débite qu'il a acheté au Roi dans la Bretagne pour 1,500,000 livres de domaines, qu'il a passés en compte pour six millions et que cette infidélité a été découverte par les nota-

---

(1) Charles-Alexandre de Calonne, né à Douai en 1734, était le fils du premier président du Parlement de sa province. Après s'être signalé en accusant La Chalotais, il fut nommé par Louis XVI, en 1783, contrôleur général des finances. Il sut se concilier la faveur de la Reine en fournissant des millions pour des dépenses exagérées et, débordé par le déficit, il proposa de convoquer l'Assemblée des notables. Disgracié et exilé en Lorraine, il se réfugia ensuite en Angleterre et mourut en 1802, après être rentré en France sous le Consulat.

(2) Armand Hue de Miromesnil était né en 1723. Il était président au Parlement de Rouen lors des changements apportés par le chancelier Maupeou dans la magistrature. Exilé, il se lia ensuite avec Maurepas, qui lui confia les sceaux en 1774. Il montra dans ces fonctions une modération et une sagesse qui lui valurent l'estime publique, et fut renversé en 1787 par l'arrivée au pouvoir de M. de Brienne. Il mourut en 1796.

(3) Étienne-François d'Aligre, né en 1726, à Paris, d'une famille de magistrats, devint premier président du Parlement de Paris en 1768. Il s'opposa à la convocation des États généraux et donna sa démission après la prise de la Bastille. Il émigra et mourut en 1798, à Brunswick, en laissant une immense fortune, déposée dans les banques de Londres, Venise et Copenhague. Son fils devint pair de France sous la Restauration. Le premier président avait une réputation de rapacité dont on retrouve l'écho dans la note de Lamare.

bles (1). On dit encore que la Reine lui ayant fait promettre un jour de lui fournir, dans la journée, 25 millions, dont elle disait avoir besoin, Monseigneur le Comte d'Artois qui entra alors chez la Reine, avait entendu la conversation : après que M. de Calonne se fut retiré, le Prince avait témoigné à notre souveraine sa surprise de ce que M. le contrôleur général lui avait fait une telle promesse, pendant que il assurait toujours le Roi qu'il n'avait pas d'argent, quand le monarque lui en demandait. Et Monseigneur d'Artois ne put s'empêcher d'ajouter qu'il ne pourrait pas ne pas en parler au Roi : qu'alors, la Reine fit avertir M. de Calonne du dessein de Monseigneur d'Artois, lui conseillant de lui offrir à lui-même 15 millions pour le faire taire : qu'enfin ce Prince reçut effectivement les 15 millions de M. de Calonne, et ne laissa pas de conter au Roi toute l'affaire, etc., etc. (2). Je crois qu'il y a

(1) Calonne avait présenté à Louis XVI son mémoire pour la convocation des notables, vers le 15 décembre 1786 ; ils furent convoqués à Versailles, le 20 janvier 1787. Voici comment le vieux Mirabeau, père du fameux tribun, jugeait cette mesure : « Calonne assemble une troupe de *guillots*, qu'il appelle *nation*, pour leur donner la vache par les cornes et leur dire : Messieurs, nous tirons tout, et le par delà ; nous mangeons tout, et le par delà ; et nous allons tâcher de trouver le moyen de ce par delà sur les riches dont l'argent n'a rien de commun avec les pauvres ; et nous vous avertissons que les riches, c'est vous. Ditesnous maintenant votre avis sur la matière. » La réponse était facile à prévoir et il était fort peu probable, qu'en pratique, les privilégiés fussent disposés à sacrifier leurs privilèges.

(2) A cette époque, toutes les nouvelles de la cour, commentées et grossies, circulaient en province avec une rapidité singulière ; elles étaient souvent accompagnées de libelles et de chansons qui visaient surtout la Reine et le comte d'Artois, dont les dettes, toujours renaissantes, montaient à des sommes énormes. En huit ans, la cour avait absorbé 861 millions. Le Roi, aussi modéré dans ses goûts qu'austère dans ses mœurs, ne demandait rien et donnait l'exemple de la simplicité ; mais la Reine, folle de plaisirs et de fêtes, mal

beaucoup à rabattre de toutes ces sommes. Quoi qu'il en soit, il circule, à son sujet, le logogriphe suivant :

LOGOGRIPHE.

Je suis un prodige d'audace,
D'adresse et de duplicité,
Riant de l'imbécillité
De ceux qui m'avaient mis en place.
Il faut que chacun ait son tour,
Aujourd'hui je fais la grimace
Comme un plaideur mis hors de cour,
Mais j'ai bien garni ma besace.
Dans les sept pieds qui composent mon nom,
Je compte un meuble à la mode,
Qui cent fois m'aurait du faire changer de ton.
On y trouve de plus une horrible machine
Vomissant la flamme et la mort ;
Si c'était contre moi, l'on bénirait le sort.
Tout bon français me la destine.
Cherchez et vous verrez paraître
Deux villes, un ambassadeur,
De Jeanne d'Arc le robuste vainqueur,
En amour un excellent maître ;
Ce qu'à Cherbourg on élève à grands frais ;
Celui qui de la vigne eût les premiers bienfaits ;
Le cinquième de lustre ; un sixième de livre ;
J'aurais été plus loin ; on est las de me suivre.
Et pour finir, j'offre aux yeux du lecteur
Cette partie de moi si digne de la corde.
Charlot, fais-moi miséricorde,
Que j'en sois quitte pour la peur (1).

entourée, ne savait pas résister à son inclination et compromettait sa dignité par une étourderie qui donnait prise aux bruits les plus injurieux. On a vu que le Parlement avait acquitté le prince de Rohan coupable, et on peut juger combien fut grand le scandale qui rejaillit sur la famille royale, alors que la Reine était complètement innocente. Si des dehors de respect et même de fidélité étaient encore conservés, il est certain que la cour tombait de plus en plus dans le mépris public et que les idées réformistes et démocratiques se développaient avec une force qui devait fatalement amener l'explosion de 1789.

(1) Le mot est : Calonne.

Incident jugé touchant la dixme de Fontenay.

Du vendredi, 1er mai 1787; devant M. de l'Isle. De l'avis du Conseil, nous avons, faute par les parties d'en passer par les fixations de nos précédentes sentences, et faute, par celle de Me Lamare (1) d'adopter la fixation, dans la quinzaine, du prix du bail, ordonné avant faire droit, que par experts, convenus ou nommés d'office, il sera réglé par quelle quotité les sainfoins, dans les paroisses de Saint Martin et Saint André de Fontenay, devront entrer, année commune, en prenant une année sur neuf, dans le prix du bail dont il s'agit, eu égard aux autres objets compris en icelui, et aux prix des faisances et obligations dudit bail, dont il sera fait également estimation: sauf ensuite à être statué ainsi qu'il appartiendra. Les dépens de l'incident réservés au définitif.

Le Dimanche, 6 mai 1787, il s'est tenu au banc du Trésor une assemblée duement convoquée des habitants possédant fonds de la paroisse de Saint André de Fontenay, pour délibérer touchant le mur du jardin du presbytère. Lesdits habitants ont reconnu que la réparation dudit mur les regarde : sur quoi délibéré, ils ont autorisé le trésorier en charge de faire contrôler la délibération; d'en faire faire une copie collationnée par notaire; la faire viser par M. l'Intendant, et en obtenir une ordonnance pour faire dresser un rôle de la somme

(1) Cette note indique, qu'en outre de ses fonctions auprès de l'abbé Gouget, Lamare s'occupait également de l'administration des biens et revenus de l'abbaye.

qu'il faudra lever sur les possédants fonds de ladite paroisse, pour acquitter tous les frais qui seront occasionnés par la réparation de ce pan de mur, estimé environ 16 toises carrées, par le maçon, auquel l'ouvrage fut adjugé le même jour, dans la même assemblée, au prix en rabais de 50 sols par toise, à faire et fournir et 3 livres de vin.

Il n'y eut qu'un opposant, à savoir M. Hermerel du Hamel: ses autres frères ne s'y trouvaient pas, ni M. Morel de la Verderie. Six seulement signèrent sur le registre. M. Le Curé: Michel Le Danois, trésorier; M. Penon: M. Le Verrier, porteur des pouvoirs de M. de Calmesnil; M. Le Cocq; M. Le Maître; Jean Jumel signa aussi; mais comme n'étant pas assez gros tréfoncier, il n'avait pas droit de délibérer. Sa signature ne fut comptée pour rien par M. du Hamel, qui le traita avec mépris en pleine assemblée. Le registre sur lequel était inscrite la délibération fut mis aux mains dudit Trésorier pour le porter à Caen, et il en donna *récépissé*, à la réquisition du sr du Hamel, qui a bien soin de faire observer toutes les formalités et prendre les précautions exigées; ce en quoi il n'est pas blâmable.

Il faut remarquer que le mur en question, faisant en même temps partie de la clôture d'un champ, fermé de murs, appartenant à l'Abbaye de Fontenay, avait été plusieurs fois réparé et relevé par MM. les Religieux; mais que cette fois-ci, ces Messieurs, quoique fortement sollicités par M. le Curé, n'ont pas voulu continuer l'entretien d'un mur, dont la réparation de leur part avait été volontaire. Enfin, les paroissiens ne se sont pas crus en droit de les y contraindre, puisqu'ils s'en sont chargés eux-mêmes dans ladite assemblée du 6 mai, de la manière que je viens de dire.

Le dimanche, 13 mai, à trois heures de l'après-midi, il y a eu un orage accompagné de grêle assez grosse. Le tonnerre est tombé à Ros, près Caen, sur des jeunes gens qui jouaient dans une écurie, desquels il a tué sur le champ un enfant de 6 ans et blessé les autres dangereusement. Un second est mort quelques jours après à l'Hôtel-Dieu de Caen, où on l'avait transporté.

Le mardy, 22 mai 1787, étant dans un cabaret, à Noyers, sur la route de Caen à Villers, chez un homme appelé Brion, j'aperçus deux feuilles de papier, appliquées contre la muraille et contenant, en impression anonyme, des vers ; lesquels, lus en deux parties, sont très catholiques, mais en leur entier sont hétérodoxes et impies. Je n'ai pas cru devoir les mettre ici.

Le jeudi, 14 juin, octave du Saint Sacrement, est mort, à 11 heures environ du matin, Dom Jean Deliée, prêtre religieux de l'Abbaye de Fontenay, où il demeurait depuis 25 ans ; il avait 73 ans et mérite des regrets. Son partage soit avec les Saints.

Le 19, l'Université de Caen a fait sa procession annuelle, établie l'année dernière et fixée à l'onze de ce mois, pour rendre grâce des bienfaits que le Roi Louis XVI accorda alors à ladite Université, en lui donnant le Collège du Mont avec les Prieurés de Sainte Barbe et de La Cochère. La procession alla des Cordeliers à Saint Jean, où il y eut une messe solennelle, chantée en musique, et un discours prononcé par M. Chibourg, recteur (1). On y distribua trois prix aux chantres des bienfaits du Roi. La cérémonie dura depuis 9 heures du matin, jusqu'à 3 heures de l'après-midi. Je voudrais savoir si elle produisit d'autres fruits que de nourrir la curiosité.

Le 9 de ce mois de Juin 1787, jour du Saint Sacrement, après le salut, notre bon curé invita *les six premiers chantres* à venir au presbytère faire la collation. Tous les chantres, qui étaient au nombre de 15 ou 16, et qui se regardent tous comme égaux, étant d'ailleurs chantres gratuits et volontaires, se crurent offensés de cette singulière invitation qui

---

(1) Chibourg (Pierre-Joseph), docteur régent en la Faculté de médecine, avait été élu recteur en mars 1784. Durant le troisième semestre de son rectorat, il reçut une lettre du garde des sceaux intimant l'ordre à l'Université de ne procéder à aucune élection de recteurs, ni de doyens, jusques à nouvel ordre.

C'est sous la féconde administration de ce recteur, dit M. Eug. Châtel, que Louis XVI donna de nouveaux statuts à l'Université de Caen, par lettres patentes datées de Versailles, en août 1786. Ces statuts contenaient 85 articles, augmentaient ses revenus, et élevaient considérablement les émoluments de ses membres.

Auparavant, sous le rectorat de Jean-Baptiste Duchemin, professeur de philosophie au Collége des arts, des lettres patentes du Roi, datées de Fontainebleau, avaient, en novembre 1783, confirmé la réunion du Collège du Mont à l'Université de Caen, réunion que le Parlement de Rouen avait ordonnée par son arrêt du 5 mars 1763.

M. Chibourg se démit de ses fonctions le 28 septembre 1787, à la fin de son septième semestre, dans la séance où il offrit le portrait du roi Louis XVI, pour être provisoirement déposé dans l'appartement du recteur, au Collège Royal de Normandie.

s'adressait à six d'entre eux, sans les nommer. Aucun n'alla au presbytère, mais ils se transportèrent dans un cabaret, où, en buvant, ils signèrent un écrit dans lequel, après avoir marqué quelques sujets de mécontentement qu'ils prétendent avoir reçu de temps en temps de leur curé, ils s'obligent à ne plus aider à chanter, d'ici à la Toussaint, l'office divin dans leur paroisse, sous peine de six francs, payables par chaque contrevenant. Quatre jours après, deux des plus sensés, reconnaissant leur sottise, recommencèrent à chanter à l'Église, comme à l'ordinaire, sans se mettre en peine de l'amende imposée. Les autres ont persévéré jusques à la Toussaint dans leur folie, qui est aussi le fruit d'une secrète jalousie contre *un étranger*, à qui M. le Curé a donné la charge d'entonner les Psaumes de Vespres, et qui s'en acquitte bien, au témoignage même de ses envieux, parce qu'il est sans contredit, plus savant qu'eux là dessus. Preuve que la plus part des hommes, païsans et autres, qui aident à chanter l'office dans leur paroisse, ne le font que par vanité.

C'est ainsi que Dieu est terriblement offensé par les moyens mêmes qui sont établis pour attirer sa miséricorde sur les pécheurs. Cet événement est encore une preuve que tout le monde a de l'amour-propre et de la vanité.

Extrait d'une lettre d'un religieux de la Congrégation de Saint Maur, du 22 juin 1787 (1).

---

(1) Cette lettre, écrite par un religieux de l'abbaye de Saint-Père de Chartres, où Dom Gouget avait été procureur, se rapporte à la lutte déjà longue et

« Permettés que je vous demande une petite part dans vos saintes prières... afin d'obtenir, par leur secours, la patience dont j'ai besoin pour supporter avec une sainte résignation à la volonté de Dieu, la cruelle persécution qu'on exerce contre moi. Je dis : *moi,* parce que tous les autres l'ont évitée en restant dans leur famille. On me refuse généralement tout, jusqu'à du savon pour me raser. Mais j'espère qu'elle va s'adoucir. Ces refus m'ont forcé de porter mes plaintes au Procureur du Roi, qui rendit aussitôt un réquisitoire qu'il fit signifier avec assignation, à *Dom Sarrasin.* Au lieu de compa-raître, il l'a fait évoquer au *Grand Conseil.* Sur cette évocation, je présentai une requête au Parlement qui renvoya les parties plaider devant les juges du Bailliage de Chartres, fit deffenses de plaider ailleurs, sous peine de mille livres d'amende, etc. Cet arrêt a été encore signifié à Dom Sarrasin ; il a été évoqué et on a cassé l'arrêt du Parlement, comme juges incompétents, et fait deffenses aux parties de plaider ailleurs qu'audit Grand Conseil, sous peine de 1,500 livres d'amende, etc.

Ces deux évocations coûtent 1,200 livres, pendant que l'objet demandé, qui a occasionné cette rixe, était au plus de 40 livres. Mais Dom Sarrasin et son triste officier, aiment mieux ruiner la maison que de

---

toujours renaissante qui séparait les vieux bénédictins non réformés de ceux qui avaient accepté la réforme de Saint-Maur. Dom Gouget était dans la même situation à Fontenay : si le précis de sa vie, que Lamare avait copié, nous était parvenu en son entier (voir pièces justificatives), il est probable que nous aurions eu des plaintes pareilles à constater de son côté.

fournir les besoins de ses confrères. Ils ne regrettent pas cette somme pour satisfaire leurs passions. Rien ne caractérise mieux ces méchants que ce trait. Ils se sont félicités de leur victoire pendant près de deux mois. Mais hier, je fanai un peu leurs lauriers. Je leur ai fait signifier des lettres de la Grande Chancellerie, pour aller plaider au Conseil privé du Roi, en règlement de juges. Ce coup les a atterrés, parce qu'ils croyaient que je ne pourrais pas les obtenir. Comme il est assigné à quinzaine, l'arrêt du règlement ne tardera pas à être rendu, vu que ce n'est plus le temps des évocations, surtout au conseil privé. C'était jadis une inquisition des plus révoltantes.

Voici la nouvelle du jour, soit dit entre nous. Le prétendu Général dit qu'il y aura un chapitre ce mois d'août, ou au plus tard, au mois de septembre ; plusieurs nous ont dit que tout se faisait de concert. D'autres disent que nous serons jugés par le Parlement et par le Nonce. Ce qu'il y a de certain, c'est que nous touchons à la fin de nos malheurs. C'est le cri de nos défenseurs. Dieu le veuille ! Il y a assez longtemps que nous sommes comme les Juifs. Ah ! mon cher Père, que d'horreurs ! quel brigandage depuis 1783 ! etc., etc. »

Arrêt de la Cour du Parlement de Rouen, rendu les Chambres assemblées, qui ordonne que, par provision, tous les parents, jusques au 7me degré, des orphelins, des enfants mineurs au-dessous de 7 ans, dont le père ou la mère seront décédés et des vieillards grabataires dont la pauvreté sera suffisamment constatée, seront tenus de contribuer à leur garde, nourriture et entretien, à la requête des substituts du procureur général du Roi et sur l'ordonnance du juge, etc. Du 22 may 1787. Lu, publié et registré ès registres du greffe du Bailliage de Caen et affiché dans ladite ville le 7 juillet.

De Caen, du 7 juillet 1787. Ce même jour, M. l'abbé Méry de Berthenouville (1), doyen du Sépulchre et grand vicaire de l'Évêché de Bayeux, .m'a donné, par écrit, une seconde permission de toucher les vases et linges sacrés, au défaut d'une première que j'avais perdue et qu'il m'avait donnée le 19 juin à la prière de mon Maître et en faveur de son grand âge, qui ne lui permet pas de préparer les vases et linges sacrés, etc., avec la même facilité que par le passé. Ce n'est pas que cette permission paraisse un privilège bien important, à quiconque sait que les fidèles recevaient anciennement l'Eucharistie dans leur main ; mais c'est pour marquer qu'il faut néanmoins observer la discipline actuelle de l'église qui ne veut pas que les laïcs touchent les choses saintes, sans permission, afin de leur en inspirer plus de respect, et qui, toutefois, ordonne (2) que dans le cas où le prêtre, après avoir communié un malade, deviendrait subitement hors d'état de reporter le ciboire dans le tabernacle et ne

______

(1) Claude-Nicolas-François Merry de Berthenouville, docteur de Sorbonne, chanoine et archidiacre de Lisieux, dernier doyen du Sépulcre en 1782, mourut à Londres en 1800. Il avait suivi Monseigneur de Cheylus dans l'émigration.

(2) Voir le Rituel de Bayeux (Note de l'auteur).

pourrait être suppléé par un autre ecclésiastique, alors le Saint Sacrement serait rapporté à l'Église par un des laïcs assistants, sans qu'il soit besoin de permission.

Lettre à M. l'archevêque de Toulouse (M. de Brienne) (1).

« Monseigneur,

« Les observations que je prends la liberté d'adresser à Votre Grandeur, sont le résultat de mes réflexions, depuis 70 ans de profession monastique. Il y en a 40 que je les avais écrites pour mon usage particulier. Elles transpirèrent à mon insu : on m'en fit un crime, et on sollicita contre moi des ordres violents auprès de M. le Chancellier d'Aguesseau. Je n'eus point d'autre moyen de justification que de les envoyer à ce digne chef de la Justice, qui les approuva, et qui, ayant marqué au Supérieur général de Saint Maur, son indignation de ce qu'il avait voulu le surprendre, lui déclara qu'il me prenait sous sa protection. Je crus, Monseigneur, devoir en profiter pour quitter un corps où ma tranquillité ne pouvait plus être assurée, et pour continuer chez les anciens Bénédictins mes observations sur différents objets également utiles à l'Église et à l'État ; car je n'ai jamais eu d'autres vues. Mais de quelque œil qu'il vous plaise, Monseigneur, de regarder celles-cy, qui ne peuvent que me rendre odieux au commun des mauvais

---

(1) Cette lettre était toujours de Dom Gouget.

Moines, je supplie V. G. de vouloir bien penser que je suis moine, âgé de 87 ans, et qu'il serait cruel de m'exposer au fiel le plus amer, au moment où je dois descendre dans le tombeau.

Les intérêts de l'Église et de l'État se trouvent aujourd'hui, Monseigneur, réunis et en sûreté dans votre personne. Sous quels auspices plus favorables pourrai-je désirer de finir mes jours ?

Je suis, avec le plus profond respect, etc. »

Les observations dont il est parlé dans la lettre précédente sont relatives aux monastères, dont on propose la suppression d'un grand nombre, avec un projet de réforme monastique. L'auteur prétend que cette opération ferait rentrer onze millions au profit de l'Église et de l'État. Il y a de bonnes idées, mais je crains fort qu'elles ne soient pas suivies. Quoi qu'il en soit, la lettre et le projet, adressés à *Monseigneur l'archevêque de Toulouse, chef de l'administration des Finances, en Cour,* ont été mis à la poste de Caen le 14 de ce mois.

Ordonnance de M. le Lieutenant général de police du Bailliage et siège présidial de Caen, qui fait défense aux mendiants de mendier et quêter (1), tant dans la chapelle de La Délivrande que dans l'intérieur des bornes placées autour d'icelle, sous peine d'être

---

(1) Monseigneur de Cheylus avait essayé déjà, en 1782, d'éteindre la mendicité dans son diocèse. Le nombre excessif des mendiants était devenu une véritable plaie sociale. « Les maisons et les églises étaient assiégées, dit-il dans un de ses mandements, par une multitude d'individus, vicieux sans honte, libertins sans retenue, qui retardaient le passant dans sa marche et le fatiguaient par l'importunité de leurs demandes. » Il avait créé un comité de magistrats, de dames

poursuivis extraordinairement ; et qui autorise MM. du Chapitre de la Cathédrale de Bayeux de faire arrêter et constituer prisonniers les mendiants contrevenant à la présente ordonnance, qui a été donnée le 23 juin 1787 et affichée le 13 juillet suivant: le tout, à la requête de MM. dudit Chapitre en qualité de Seigneurs et Administrateurs au temporel et spirituel de la chapelle de La Délivrande; stipulés et représentés par noble homme Eustache Philippe Alexandre Le Sueur des Fresnes, prêtre, chanoine et grand Chantre de ladite Église Cathédrale.

Le dimanche, 15 de juillet 1787, a été enterré dans le cimetière de Saint André, un pauvre, nommé Le Tellier, de la paroisse de Saint Sauveur de Pierrepont, diocèse de Coutances. Il est mort dans l'écurie de la dixme de l'Abbaye de Fontenay et avait été, le jour précédent, trouvé couché sur le bord d'un chemin dans la campagne, où il était depuis deux jours et deux nuits. Il a été apporté à l'écurie après s'être confessé à M. le Vicaire et a reçu l'extrême-onction.

Réponse de M. l'Archevêque de Toulouse à la lettre cy-devant transcrite.

charitables et de sœurs de Saint-Vincent-de-Paul: il voulait faire donner des secours aux pauvres, mais, en même temps, les obliger à un *travail*.

Il se heurta à une opposition qu'il ne pouvait prévoir: celle des curés, qui refusèrent de concourir à son œuvre. Beaucoup se tinrent à l'écart, mais il persista dans son projet: à Bayeux, la mendicité fut interdite dans les faubourgs aussi bien que dans la ville, la justice fut saisie régulièrement des plaintes contre les mendiants et prêta son concours aux mesures prises par l'autorité diocésaine.

« Versailles ; ce 17 Juillet 1787. Je vous remercie, M. R. P., de vos observations. Je les lirai avec attention. Je ne crois pas que l'on cherche à troubler votre tranquillité, et je vous prie d'être persuadé de mon intérêt ainsi que des sentiments avec lesquels je suis, etc. »

Le 31 de Juillet, j'ai lu l'oraison funèbre de Madame de Belzunce, Abbesse de Caen, prononcée dans l'Église de Sainte Trinité de cette ville, le 19 avril de la présente année, par M. Bellenger, principal du Collège du Mont, ancien recteur de l'Université, membre de l'Académie des Belles-Lettres et Chanoine du Saint Sépulchre. Cette pièce qui est de l'encens tout pur, est escrite avec esprit et renferme de bonnes choses. Quoique je ne doive pas m'ériger en juge d'un homme dont le mérite est incontestable, j'ose dire toutefois qu'il exagère, lorsqu'il représente les familles sur lesquelles Madame de Belzunce répandait ses bienfaits, *comme puisant dans les fleuves d'or qu'elle faisait couler autour d'elle.* En lisant cet endroit, on doit se souvenir que cette pièce n'est qu'un panégyrique.

Voici d'ailleurs ce que j'y ai remarqué. Madame de Belzunce fut élevée au Ronceray, par une tante qui en était Abbesse. Étant Abbesse, elle composa des conférences pour les novices (1) dont l'orateur parle

---

(1) Elle publia également un volume chez l'imprimeur Le Roy, en 1786 : *Constitutions de l'abbaye royale de la Sainte-Trinité de Caen, ordre de Saint-Benoît, immédiate au Saint-Siège, rédigées de nouveau par ordre de Madame de Belsunce, abbesse de ce monastère.*

avec grand éloge, ainsi que de sa persévérance à ne point changer d'Abbaye, quoiqu'on lui offrît successivement celles de Saint Antoine, de Saintes et du Ronceray ; imitant son oncle, l'Évêque de Marseille, qui signala sa piété et sa charité dans le temps de la peste dont cette ville était affligée. Madame de Belzunce était en liaison étroite avec le président Hénault. Enfin M. Bellenger nous apprend que des spéculatifs, désirant trouver des ressources pour la noblesse, avaient projeté de séculariser l'Abbaye de la Sainte Trinité de Caen et d'en diviser les biens en de riches prébendes ; mais que Madame de Belzunce rejeta ce projet politique d'un établissement qui est une source de dissipation, renfermant un mélange bizarre d'intérêts humains et de fonctions religieuses. Il me semble que ce n'est pas mal présenter l'état des chanoinesses.

Le 20 juillet 1787, le Bailliage et siège présidial de Caen a rendu une sentence de police générale qui enjoint à tous poissonniers, mareyeurs, de porter directement leur poisson à la poissonnerie : leur défend de l'entreposer dans les auberges, et aux aubergistes de l'y recevoir à peine de cent livres d'amende : fixe les heures de vente dudit poisson, etc.

Sentence de la Maîtrise des Eaux et Forêts de Caen, du samedi 28 juillet 1787, qui supprime un placard imprimé chez Poisson et souscrit au nom du sieur de Beaudre de Saint Enoux, seigneur d'Airan, comme contraire aux ordonnances et règlements et contenant des assertions hazardées : fait deffenses audit sieur et à tous autres d'en faire imprimer et afficher de pareils, etc.

Ledit sieur avait fait afficher ce placard aux églises d'Airan, Moult, Canteloup et Croissanville et même au marché d'Argences.

Il avait pour titre : *Secours à l'humanité,* et finissait par ces mots : *On a amoncelé des crottes de lapins privés et de lièvres dans l'endroit même du délit.* La sentence en rapporte le passage suivant : « Et afin de donner une preuve certaine que M. de Saint Enoux désire le bien public, il déclare qu'étant propriétaire de 4 colombiers dans la paroisse d'Airan, il consent de même que ses vassaux concourent avec lui, à la destruction pleine et entière de ses pigeons. Et pour cela, il leur permet, ainsi qu'à tous autres de les détruire sur ses terres, dans sa cour et même dans ses colombiers, dont les clefs leur seront confiées, invitant néanmoins d'épargner ceux de ses voisins, pour lesquels il veut qu'on ait autant de respect que pour les propriétaires, etc. »

Par la sentence, rendue à la diligence du Procureur du Roi de la Maîtrise, M. de Saint Enoux est condamné aux frais, *tant de la citation que de l'impression, affiche et signification d'icelle.*

Le 29 août 1787, est décédé notre chien *Milord,* âgé de huit ans environ, et j'ai fait le sixain suivant pour être mis sur sa tombe :

14

S'il eut été moins engraissé,
Ce chien ne fut pas trépassé,
Victime, hélas ! de la tendresse
Et de l'amour de sa maîtresse.
Pleurez son sort, chiens d'alentour,
Et redoutez un pareil tour.

Députés des Assemblées d'Élection dans la généralité de Caen en 1787 (1).

Élection de Caen.

Président : M. l'abbé de Méry, doyen du Sépulchre de Caen.

Pour le Clergé :

MM. le curé de Saint-Jean de Caen : Busnel.
le curé de Tracy-Bocage : Levêque.

Pour la Noblesse :

M. le comte de Faudoas, premier échevin de Caen.

(1) A la date du 15 juillet 1787, le Roi avait donné le règlement spécial à la généralité de Caen pour l'assemblée provinciale, appelée à se réunir dans les mois suivants. L'assemblée municipale se composait du seigneur et du curé, membres de droit, d'un syndic et de trois, six ou neuf membres, suivant le nombre des feux, élus par chaque paroisse, composée de tous les habitants payant dix livres d'imposition. L'assemblée provinciale comptait quarante membres ; le roi en désignait vingt qui élisaient ensuite les vingt autres. Ces quarante membres nommaient la moitié des membres des assemblées d'élection, qui se complétaient de la même manière et toujours dans la même proportion : un quart dans le clergé, un quart dans la noblesse et la moitié dans le tiers état. Le Roi nommait le président ; les députés nommaient les deux syndics, le greffier et la commission intermédiaire formée de quatre personnes : une du clergé, une de la noblesse et deux du tiers état. Ces membres étaient élus pour trois ans et se renouvelaient par quart chaque année, une fois ce délai expiré.

M. le vicomte d'Héricy, frère du marquis de ce
nom : il a épousé une Chiffrevast, sa nièce, de
Cagny, à deux lieues de Caen.

Pour le Tiers État :

MM. Chapdelaine, 3ᵐᵉ échevin de Caen.

Pitet, le jeune, prieur du Consulat, négociant, rue
Saint Nicolas, à Caen.

Raisin, demeurant à Lantheuil, laboureur, fermier
de Manneville en 1786, frère de la femme
Durand, blanchisseuse à Caen.

Lerenard, à Sermentot.

Hébert, à Fontenay - le - Marmion, laboureur,
fermier du comte de Faudoas.

Cauvet, à Sainte Paix.

Élection de Bayeux.

Président : M. l'Évêque de Bayeux.

Pour le Clergé :

M. l'abbé Pradel.

Pour la Noblesse :

MM. de Bernay, propriétaire à Saonnet.
de Littot (ou Littaut).
le baron d'Écrameville.

Pour le Tiers État :

MM. Bunouville, avocat.
d'Asseville, médecin.
Bourdeaux, laboureur à Asnières.
Le Peton, laboureur à Longueville.
Potier, laboureur à La Basoque.

Élection de Saint-Lô.

Président: M. l'abbé de Chiffrevast.

Pour le Clergé :

MM. l'abbé de la Bazonnière, curé de Rampan.
Barbe, curé de Mesnil-Opac.

Pour la Noblesse :

MM. de la Tour.
de Saint-Gilles.

Pour le Tiers État :

MM. de la Jugannière.
Guérard d'Arganchy, à Condé.
Osmond, bailli de Torigny.
Courtain de la Gervassière.
Toussin du Manoir, à Soulles.

Élection de Carentan.

Président : M. le comte d'Osseville.

Pour le Clergé :

MM. l'abbé des Planques.
le curé du Plessis.

Pour la Noblesse :

MM. le marquis de Sainte-Suzanne.
le comte d'Auxais.

Pour le Tiers État:

MM. Le Sage de Néville, à Carentan.
Costard de la Ferté, à Montmartin.
Desfontaines Laniel, à Saint Aubin.

MM. de la Fosse, à Saint Côme.
Le Masson, à Bloville.

Élection de Valognes.

Président : M. . . . . .

Pour le Clergé :

MM. Dusaulx, curé d'Alleaume.
l'abbé Roger.

Pour la Noblesse :

MM. d'Octeville.
de Beaudrap.

Pour le Tiers État :

MM. Bernard du Chêne, lieutenant particulier au Bail-
liage.
Groult, procureur du Roi à l'Amirauté, à Cherbourg.
Régnier, avocat à Bricquebec.
Danneville Cabarre, demeurant au Vissel.
Trochet, demeurant à Curteville.

Élection de Coutances.

Président : M. le comte Louis de Vassy.

Pour le Clergé :

MM. l'abbé de Baudre, chanoine.
Bonnier, curé de Manneville.

Pour la Noblesse :

MM. Cussy de Manneville.
le comte de Maubeck.

Pour le Tiers État:

MM. Alexandre, échevin.
Sadoulx de Savigny.
Baudry, notaire à Ambie.
La Thuillerie, procureur du Roi à l'Élection.
Le Forestier, à Saint Sauveur.

Élection d'Avranches.

Président : M. l'Évêque d'Avranches.

Pour le Clergé :

M. l'abbé de Briges.

Pour la Noblesse :

MM. le comte de Carbonnel.
de Gouvets, fils.
Tuffin de Villiers, fils.

Pour le Tiers État:

MM. Meslé, maire.
Le Court, avocat du Conseil de Monsieur.
Morin, l'aîné, avocat.
Théau, des Orgeries.
Guérin, médecin.

Élection de Vire.

Président : M. le marquis de Ménillet.

Pour le Clergé:

MM. Le Quesne.
l'abbé de Cheux.

Pour la Noblesse :

MM. de Néel.
de Banville.

Pour le Tiers État :

MM. Moulien de Perthou.
Taulen de Plevaux.
Desmoulins, avocat.
Lehois, bailly.
Roger Ferrière, négociant.

Élection de Mortain.

Président : M......

Pour le Clergé :

MM. l'abbé de Vaufleury.
le Prieur de Savigny.

Pour la Noblesse :

MM. le comte de Chevrus.
le comte d'Auray.

Pour le Tiers État :

MM. Paillis Deschamps, conseiller au Bailliage.
Joly de Bessey.
Moulin Le Bourdonné, négociant.
Le Rebours Pigeonnière.
Bonnescœur Bourginière.

Arrêtés de l'Assemblée provinciale tenue à Caen, au mois d'août 1787 :

1° Que la commission intermédiaire prendra les éclaircissements nécessaires pour mettre sous les yeux de l'Assemblée provinciale l'état de toutes les impositions qui se payent actuellement dans la Généralité, la forme de leur répartition et les frais de perception.

2° Que la commission intermédiaire demandera à l'Ingénieur en chef un état des travaux publics arrêtés dans cette généralité pour l'année 1787 et des adjudications qui en ont été passées, soit pour ouvrages neufs, soit pour entretien; la communication des plans et devis des chemins à construire et autres travaux publics et autres ouvrages d'art: ponts, canaux, ports, desséchements projetés; l'état des fonds, destinés annuellement à chaque nature d'ouvrages et généralement tous les renseignements propres à mettre l'Assemblée en état de remplir les intentions du Roi.

3° Que la commission intermédiaire se fera remettre l'état des sommes qui sont payées annuellement pour les indemnités dans cette généralité et le montant de celles qui pourraient être en arrière et rester à payer après la présente année révolue; qu'elle se procurera pareillement l'état des fonds de charité accordés par le Roi à cette généralité pour l'année 1787, l'emploi qui en a été fait; afin que l'Assemblée provinciale puisse avoir un aperçu des secours que les besoins la détermineront à solliciter des bontés de S. M. et s'occuper de l'emplacement et distribution de ces secours et des ateliers à venir.

4° Qu'elle fera des recherches sur les différentes manufactures, qui ont été et sont actuellement en vigueur dans cette généralité; celles qui sont négligées ; celles qui méritent plus particulièrement l'attention de l'administration et celles qui pourraient être établies avec plus de succès.

5° Qu'elle établira une correspondance avec les commissaires intermédiaires de Rouen et d'Alençon, afin que les trois Assemblées puissent se communiquer mutuellement leurs vues et leurs observations pour le bien de l'administration générale de la province.

6° La commission intermédiaire est chargée de pourvoir au choix et à la disposition d'un lieu convenable pour tenir les séances de l'Assemblée provinciale et de la commission intermédiaire ; pour l'emplacement de ses bureaux, dont elle réglera l'ordre et le service et pour le dépôt de ses archives, ainsi que de mettre la prochaine assemblée en état de statuer sur la fixation du traitement qu'elle devra faire au secrétaire greffier, sur les frais de bureau et autres dépenses indispensables pour la tenue des assemblées provinciales et de la commission intermédiaire.

Le 6 novembre 1787, M. de Launay, commissaire du Roi (1), a fait l'ouverture de l'Assemblée provinciale de Caen, par un discours auquel M. le duc de Coigny, président, a répondu. Le lendemain, tous les

---

(1) Le commissaire, nommé par le Roi, était l'intendant de Caen, M. Cordier de Launay, qui avait succédé au marquis de Brou le 14 janvier 1787. Il fut le dernier des intendants de la généralité de Caen : une loi les supprima au mois de juillet 1790.

Le discours de M. de Launay forme une plaquette in-4° de 11 pages, imprimée à Caen, chez Le Roy.

membres assistèrent à la messe solennelle du Saint
Esprit, qui fut célébrée par M. l'Évêque de Coutances.
L'Assemblée est partagée en différents bureaux ainsi
qu'il suit :

Président: **M. le duc de Coigny.**

Premier bureau : de l'impôt:

MM. l'Évêque de Coutances, président.
l'abbé de Cussy.
le marquis de Hautefeuille.
le marquis du Quesney. (C'est lui qui a engagé
les membres à se passer d'honoraires.)
G. de Cussy.
de la Londe.
Hervieu de Pont-Louis.
L'Évêque.
Bordelot.

Second bureau: des fonds et de la comptabilité:

MM. le marquis d'Héricy.
l'abbé de Chiffrevast.
Dom Verdier.
MM. le marquis de Chiffrevast.
le comte de Sebeville.
Massieu.
Le Néel.
Faucon.

*Troisième bureau : de l'agriculture, du commerce
et du bien public:*

MM. l'Évêque d'Avranches, président.
l'abbé Bouzeau.

MM. le comte de Monfarville.
le comte Louis de Vassy.
Daigremont.
Flaust.
de Beaumont.
des Planques du Mesnil.

Quatrième bureau : des travaux publics :

M. le marquis de Canisy, président.
Dom Mesnilgrand.
MM. le Prieur de Laistre.
le marquis de Voully.
Mauduit.
Bernard.
de Vaufleury de Saint-Cyr.
de Brémesnil.

Syndic pour le Clergé et la Noblesse :

M. le comte de Balleroy.

Syndic pour le Tiers État :

M. Le Tellier de Vauville.

Secrétaire-Greffier :

M. Alexandre. (Il a deux mille écus d'appointements à cause des frais de bureau dont il se
trouve chargé.)

Un arrêt du Parlement de Rouen, du 10 de ce
mois, enregistre l'Édit portant création des Assemblées provinciales.

Les États furent en vigueur en Normandie depuis
1331, jusqu'en 1654, qu'ils prirent fin sous le règne
de Louis XIV.

Le lundi, 20 de ce mois d'août 1787, M. le Duc de Coigny a fait l'ouverture de l'Assemblée Provinciale établie à Caen, par édit du Roi. Elle s'est tenue à Saint Étienne, à l'Abbaye.

Le 6 août, le Roi avait fait venir MM. du Parlement de Paris à Versailles, et Sa Majesté y a tenu un lit de justice, où le Parlement a enregistré la Déclaration concernant le Timbre et l'Édit qui établit une subvention territoriale sur toutes les terres du roïaume. Le Parlement, ayant, à son retour à Paris, protesté contre l'enregistrement auquel il avait été forcé, a été exilé à Troyes, en Champagne, où tous les membres sont partis le 15 (1).

On dit, à ce sujet, que Monsieur, comptant les lettres de cachet, dit au Roi qu'il en manquait une. « Et pour qui, dit le Roi. » « Pour moi, Sire », répondit le Prince. Ce qui irrita fort Sa Majesté contre son frère, jusqu'à prendre un tabouret pour le lui jeter.

(1) Les édits sur le timbre et la subvention territoriale avaient excité au plus haut point l'opposition du Parlement, qui alla jusqu'à déclarer que les *États généraux seuls* avaient le droit de consentir les impôts. Le Roi, effrayé de cette audace, les fit enregistrer dans un lit de justice. Le Parlement déclara cet enregistrement de nulle valeur et fut exilé à Troyes. Dans les rues de Paris, le comte de Provence, qui passait pour parlementaire, fut couvert de fleurs d'applaudissements, tandis que le comte d'Artois, impopulaire, fut injurié à tel point que ses gardes durent résister par la force aux excès de la populace. Tous les Parlements proclamèrent la nécessité de la convocation des États généraux.

Brienne, devant cette unanimité, négocia avec les magistrats. Il retira les édits et la subvention territoriale, demandant seulement l'enregistrement des deux vingtièmes et s'engageant à convoquer les États généraux dans cinq ans. Le Parlement fut autorisé à rentrer à Paris, mais les difficultés n'étaient que remises et l'année suivante devait voir la chute du ministère et les troubles précurseurs de 1789.

Monsieur s'est, dit-on, exilé lui-même : mais auparavant, savoir le 17 août, ce Prince est allé à la Chambre des Comptes et Monsieur le Comte d'Artois à la Cour des Aydes, pour y faire faire les mêmes enregistrements par ordre du Roi. On dit qu'à cette occasion, il y a eu à Paris une émeute où quelques gardes de M. le Comte d'Artois ont été tués et que ce Prince eut peur.

Il a couru un bruit aussi que, depuis peu, la Reine n'avait pas trouvé de plus sûr moyen pour se procurer de l'argent que de faire boire le Roi avec excès : qu'alors elle en avait obtenu un ordre signé de lui délivrer la somme qu'elle demandait : que l'administration des finances en ayant fait ses plaintes au Roi, Sa Majesté avait répondu qu'elle avait été surprise et que, si dans la suite, on apportait de pareils ordres, il n'y fallait pas satisfaire avant de lui en avoir parlé (1).

On dit enfin que la justification de M. de Calonne

---

(1) La Reine était, de tous les côtés, violemment attaquée par des pamphlets et des écrits qui circulaient dans les provinces, malgré les recherches de la police. Elle fut même insultée dans le parc de Saint-Cloud, et, à la prière du lieutenant de police, le Roi l'engagea à ne point se montrer dans Paris.

A partir de cette époque, l'opinion, déchaînée contre elle, ne chercha qu'à la discréditer davantage. On l'appelait l'*Autrichienne* et Mme *Déficit*. Tout ce que la calomnie peut inventer de plus affreux était répandu jusqu'au fond des campagnes, et des torts, que pouvaient excuser la jeunesse et la légèreté, étaient transformés en crimes d'État. Un historien, peu suspect de partialité pour la Reine, dit à ce sujet : « Les promenades et les fêtes nocturnes de Trianon, les équipées au bal de l'Opéra, ne paraissent point avoir recélé les mystères qu'y a cherchés la malveillance. Mme Campan, surtout, a justifié la Reine d'une manière plausible sur ce point et sur d'autres. Les *débordements* de Marie-Antoinette sont imaginaires, et l'histoire n'a pas à se prononcer sur les deux attachements qu'on lui attribue à quelques années d'intervalle. »

paraît et qu'il y prouve avoir donné cent vingt millions à la Reine pour l'Empereur. On ajoute que le Roi, en ayant été informé, Sa Majesté avait dit : « C'est une boug... ; il faut la faire mettre à Bicêtre. » On sent bien que toutes ces anecdotes ne sont pas tirées des papiers publics.

On a calculé, à Bordeaux, ce que la place paierait elle seule pour accomplir la loi promulguée par la Déclaration du Timbre. La totalité offre la somme annuelle de 17 millions, 500,000 livres. Suivant un mémoire de M. de Séguiraud, évêque de Nevers, fait par les ordres de M. de Brienne, on prétend avoir trouvé le moyen d'égaliser la dépense à la recette et de remplir le déficit sans emprunter et sans impôts. Il faut voir si l'événement répondra à l'attente.

Le temps a été très favorable à la moisson, et les grains ont été abondants et heureusement récoltés cette année.

> Rendons grâce à Dieu des trésors qu'il nous donne,
> Servons-le par amour sans offenser personne.

Extrait du procès-verbal de l'Assemblée Provinciale de Caen.

Tous les membres choisis par Sa Majesté, à l'exception de M. l'Évêque de Bayeux, dans l'ordre du clergé, et de MM. Massieu et du Maire de Coutances, pour le Tiers État, se sont rendus en cette ville le 18 août 1787, et se sont transportés le 20 et jours suivants dans la salle du Chapitre de l'Abbaye de Saint Étienne, lieu choisi comme le plus propre pour tenir provisoirement l'Assemblée. Elle s'est trouvée composée ainsi qu'il suit :

Président de l'Assemblée :

M. le Duc de Coigny, gouverneur et grand bailli de Caen.

Pour l'ordre du Clergé :

MM. l'Évêque de Coutances.
de Talaru de Chalmazel.
l'Évêque d'Avranches.
de Belbeuf.
l'abbé de Cussy.
Dom Verdier, prieur de Savigny, de l'ordre de Cîteaux, diocèse d'Avranches.

Pour l'ordre de la Noblesse :

MM. le marquis d'Héricy, directeur de la Société d'Agriculture de Caen, cordon rouge, ancien gouverneur en Bretagne, rue de Bernières, à Caen.
le comte de Balleroy, à Balleroy, à huit lieues de Caen.
le marquis de Chiffrevast.
le marquis de Canisy.

Pour le Tiers État :

MM. le comte de Vendœuvre, maire de Caen, qui a été l'un des notables.
Larcher de la Londe, maire de Bayeux.
le marquis de Colleville, maire de Valognes.
de Vaufleury, faisant fonctions de Maire.

MM. de Bacilly, maire de Saint-Lô.
Dumesnil, maire de Carentan.
Meslé, maire d'Avranches.
Mauduit, maire de Vire.

Cette assemblée a procédé par la voie du scrutin à la nomination des députés qui doivent composer l'Assemblée Provinciale de la Généralité de Caen ; à la nomination de deux syndics et d'un greffier ; à la nomination d'une commission intermédiaire et à celle des personnes qui, avec le Président nommé par le Roi, commenceront à former les Assemblées d'Élection.

Les Députés pour l'ordre du Clergé sont :

Dom Mesnilgrand, Prieur de l'Abbaye de Saint Étienne de Caen, Bénédictin.
MM. l'abbé Bruzeau, Prieur de Tailleville, à trois lieues de Caen.
l'abbé de Champigny, Abbé de Mondaye.
de Chiffrevast, Abbé de Saint-Sever.
Hardy, Prieur de Laistre.

Pour la Noblesse :

MM. le marquis d'Hautefeuille, seigneur de Louvigny, près Caen.
de Monfarville.
de Cadot de Sebbeville.
le marquis du Quesney.
de Saint-Sever.
le comte Louis de Vassy.

M. de Cussy de Vouilly, au lieu et place de M. le
comte de Balleroy.

Pour le Tiers État :

MM. Daigremont, lieutenant particulier, civil, crimi-
nel et de police au Bailliage de Caen.
Gabriel de Cussy.
Bernard.
Hervieu de Pont-Louis.
Lewel.
de La Lande du Mesnildrey.
Bourdelot.
Flaust.
Levesque.

Les deux Syndics sont :

Dans l'ordre de la Noblesse :

M. le comte de Balleroy, à Balleroy.

Dans celui du Tiers État :

M. Le Tellier de Vauville, écuyer, président, trésorier de France au bureau des Finances de
Caen.

Greffier :

M. Alexandre, avocat et professeur roïal en droit et
à l'Université de Caen.

La commission intermédiaire est composée de
M. l'Évêque de Coutances, pour l'ordre du Clergé ;
de M. le comte Louis de Vassy, pour l'ordre de la
Noblesse ; de MM. d'Aigremont et de La Lande du
Mesnildrey, pour le Tiers État ; lesquels, avec M.

le Président et les deux Syndics, formeront ladite commission.

L'Assemblée, sur la permission que Sa Majesté lui en a donnée, a indiqué au 6 du mois de Novembre prochain, l'ouverture de ses séances.

Dans cet intervalle, les paroisses ont ordre de s'assembler, chacune en particulier, dans la forme qui leur sera prescrite.

Copie d'une lettre écrite à M. de Brienne, archevêque de Toulouse, chef de l'administration des Finances du Roi.

« Monseigneur,

« La bonté avec laquelle Votre Grandeur a daigné recevoir mes observations, m'inspire la confiance de lui adresser ce qui doit en être la suite et le but que je me suis proposé dans la Réforme des Moines. La Religion, Monseigneur, ce puissant mobile d'un gouvernement sage et heureux, a toujours obtenu une part principale dans les opérations des grands ministres. Ximénès, avant les prodiges qu'il exécuta pour donner à la Monarchie d'Espagne le lustre qu'elle avait jusqu'alors ignoré et dont elle jouit encore, avait commencé par la Réforme du Clergé séculier et régulier. Richelieu, au milieu des bourrasques qui depuis longtemps agitaient la France et qu'il sut apaiser, ne négligea pas la Religion. Il avait écrit pour sa défense et ce fut par son crédit et sous son appui, que fut faite la réforme de Saint-Maur.

Le génie de ces hommes rares n'a pas disparu avec eux. Nous en avons, Grâces à Dieu! en France, qui joignent au même courage, des connaissances plus abondantes et plus sûres. Nous en avons qui ajoutent à ces avantages, celui de sentir couler dans leurs veines le sang des héros, de ces Empereurs et de ces Rois qui avaient tout ce qu'il faut pour régner glorieusement, et qui l'auraient fait et le feraient encore dans leurs descendants, si les préjugés de leur temps et d'autres circonstances n'y avaient apporté des obstacles insurmontables. C'est à leur précieux rejeton qu'il était réservé de procurer le *bonheur prochain* du peuple Français.

Oui, Monseigneur; la Nation a le droit d'espérer qu'après les moyens que Votre Grandeur a choisis pour rétablir les finances de l'État dans un niveau proportionné à la gloire du souverain et aux facultés de ses sujets; et qu'après avoir écarté la fraude et les *perfides complaisances,* elle rétablira pareillement l'ordre dans toutes les classes des citoyens. Les Moines en font une, qui, par leur opulence et leur nombre, exige l'attention du ministère. Quoique dans cette classe le désordre soit presque universel, il est encore un nombre de religieux qui aiment leur état et en désirent le rétablissement. J'ose assurer, si le projet que je prends la liberté de proposer à Votre Grandeur obtenait son approbation, qu'il s'en trouverait assez pour former plusieurs communautés qui donneraient l'exemple d'une réforme durable et qui perpétueraient, Monseigneur, la mémoire et la bénédiction de votre nom jusqu'aux siècles les plus reculés.

J'ose plus, Monseigneur, et, quoique sur le bord du tombeau, j'ose croire qu'étant autorisé par Votre Grandeur, je pourrai rassembler en peu de temps à Fontenay, une communauté qui y remettrait en vigueur la profession monastique, au lieu et place de cinq religieux de Saint-Maur, qui, je le dis avec peine, n'honorent ni leur état, ni assez l'Évangile. Je pense, au surplus, Monseigneur, que toute autre permission serait inutile, parce qu'il ne s'agit pas d'instituer, ni une Congrégation, ni une Communauté nouvelle, mais de rétablir l'ancien ordre dans celles qui sont légitimement établies, ce qui appartient uniquement au Roi et à ses ministres.

Pardonnez, Monseigneur, à un vieillard presque nonagénaire un désir dont l'exécution lui paraît un moyen de réparer les écarts de sa longue vie. Les moments qui lui restent ne seront plus, jusqu'à son dernier soupir, que ceux des actions de grâce et des vœux pour la conservation de Votre Grandeur, pour la gloire du Roi, la prospérité de ses peuples et l'édification de l'Église.

Je suis, avec autant de confiance que de respect le plus profond, etc. »

Monsieur l'Archevêque de Toulouse a été déclaré par le Roi son premier et principal ministre, le lundi, 27 août 1787. Les autres ministres ont été instruits par lettres par lesquelles Sa Majesté leur ordonne de concerter dorénavant leurs opérations principales avec M. l'Archevêque avant de les mettre sous ses yeux. C'est avec cette restriction que les ordonnateurs des départements continueront leur travail direct avec Sa Majesté. Dans le Conseil d'État M. de Toulouse n'aura pas de préséance et conservera son ancien rang, qui est la sixième place.

M. Laurent de Villedeuil, contrôleur général, a donné sa démission. Il est remplacé par M. Lambert, conseiller d'État. M. de la Borde père, ancien banquier de la Cour, vient d'être nommé directeur général des finances et du Trésor Royal.

Les maréchaux de Castries et de Ségur ont aussi donné leur démission.

La lettre écrite à M. de Brienne et transcrite page 226, était terminée par un *post-scriptum* dont voici la teneur :

« Il y a trente ans, Monseigneur, que j'eus occasion de faire quelques observations sur les Bois et Forêts, pour diminuer et abréger les frais de régie, pour améliorer les fonds et pour augmenter les produits. J'en fis de semblables sur les décimes. Je ne prends pas la liberté de les envoyer à Votre Grandeur, parce que les ayant envoïés dans le temps à M. de Croman, premier commis des finances, qui les reçut avec plaisir, je ne doute pas qu'il n'en ait laissé quelques notes, si elles en valaient la peine. »

Cette lettre, enveloppée avec un mémoire de 24 pages, a été mise à la poste de Caen, le 15 septembre 1787, et envoyée à *M. l'Archevêque de Toulouse, principal ministre, en Cour.*

Le titre du mémoire était: *Réforme des Monastères où l'on professe la règle de Saint Benoît, savoir : des Bénédictins, Clunistes, Bernardins, Feuillants, etc., et notamment de la Congrégation de Saint-Maur.*

La rareté et la cherté du cidre, depuis deux ans, ont fait imaginer en ce pays différentes boissons économiques, qui ont été d'un grand secours. En voici une dont j'ai bu à Caen, chez M. de la Prade, contrôleur des actes.

Pour une barrique de 130 pots, moitié pleine d'eau, prenez 18 livres de pain bien cuit, cassé menu : mettez-le par la bonde : ajoutez-y 9 onces de genièvre concassé: laissez infuser 24 heures. Prenez 15 livres de mélasse : faites-la bouillir quelque temps avec 4 ou 5 verres d'eau, pour la rendre plus liquide. Versez-la chaude dans la barrique. Prenez 7 livres de levain, fait au moins de trois jours : délayez-le comme de l'eau blanche dans 4 pots d'eau bien chaude. Versez chaud dans la barrique que vous achéverez ensuite de remplir d'eau et la laisserez 3 ou 4 jours sans la bonder.

On peut boire cette liqueur au bout de quinze jours ou trois semaines. Elle se conserve 3 ou 4 mois et revient environ à 6 liards le pot.

J'en ai bu pour du cidre et n'y trouvais de désagréable que le goût du genièvre qui se faisait sentir après que j'avais bu, parce que sûrement on en avait trop mis. Quatre onces auraient plus que suffi. Au reste, d'autres la font différemment et y mettent de l'orge au lieu de pain, etc.

Extrait d'une lettre du sieur Luard-Cingal, datée de Versailles, le 19 septembre 1787.

« On assure que la subvention territoriale ainsi que le timbre n'auront pas lieu. Il circule une note de divers changements dans le ministère et de diverses réformes et suppressions. Je vous en remets ci-après la copie, sans vous en garantir la vérité.

Il y a, en outre, une très grande réforme dans la maison du Roi et de la Reine. On pressent la rentrée du Parlement à Paris très prochaine. *(Elle a été effectuée le 25 par déclaration du Roi.)*

Les deux impôts retirés ont été remplacés par deux vingtièmes, sans aucunes exemptions. Je désire que tous ces changements tournent à l'avantage général, parce que les réformes feront beaucoup de tort ici. »

NOTE

MM. l'Archevêque de Toulouse, premier ministre *(vrai)*.

le comte de Brienne, son frère, ministre de la guerre : *(vrai. Il a établi un conseil de la guerre.)*

de la Luzerne, ministre de la marine *(vrai)*.

le duc de Coigny, pair héréditaire *(vrai)*.

le président d'Aligre *(idem)*.

le président de Rochambeau, garde des sceaux.

d'Ormesson, oncle, premier président.

d'Ormesson, neveu, ministre de la maison du Roi.

Les honoraires des ministres réduits à cent mille livres.

Les compagnies au compte des capitaines.

Chaque régiment aura son hôpital.

Le mont de piété au compte du Roi.

Suppressions :

La Gendarmerie (*vrai*).

Les Carabiniers.

Le grade de brigadier et de colonel en second.

Les commissaires des guerres.

Les majors de place.

L'hôtel des Invalides.

Les hôpitaux généraux militaires.

Les compagnies des divers fournisseurs des troupes.

Quatre premiers commis du bureau de la guerre : les chefs restant chargés des frais de bureau.

Les Étapes.

L'École roïale militaire (*vrai*) (1).

Arrêt de la Cour du Parlement de Rouen, du 17 août 1787, lu, publié et enregistré à Caen le 5 septembre suivant.

Il prescrit les formalités à observer par toutes personnes, avant de faire imprimer et distribuer aucuns mémoires dans les matières civiles et criminelles, et désigne les cas où lesdits mémoires ne

---

(1) Pour donner satisfaction au public et remplir une partie des promesses économiques qu'il avait faites, Brienne publia un réglement qui réduisait les dépenses de la maison du Roi. Les charges de la chambre et de la garde-robe étaient réduites de moitié; la grande et la petite écurie étaient réunies. Les gendarmes, les chevau-légers et les gardes de la porte étaient supprimés, ce qui réduisait la cavalerie de la maison du Roi aux gardes du corps. L'école militaire fut supprimée le 9 novembre 1787. « Il est affreux, s'écriaient les gens de cour, dit Besenval dans ses *Mémoires*, de vivre dans un pays où l'on n'est pas sûr de posséder le lendemain ce qu'on avait la veille. Cela ne se voit qu'en Turquie! — Beau mérite! répliquait le public, que d'abandonner ce qu'on ne peut plus garder et de ployer sous la nécessité! »

pourront être présentés que manuscrits, le tout sous les peines y portées.

Dans ledit arrêt, on cite entre autres le mémoire diffamatoire fait au nom d'un sieur Deslandes, trésorier de Notre-Dame d'Alençon, contre les juges du Bailliage de ladite ville ; et le mémoire d'un nommé Clouet contre le Procureur du Roi du Bailliage de Rouen. Ces deux mémoires paraissent avoir donné occasion à l'arrêt. Quoi qu'il en soit, il porte peine de 500 livres d'amende ; permet de présenter à la Cour contre les juges coupables des requêtes et mémoires manuscrits ; défend d'en imprimer en matière criminelle, si ce n'est pour discuter les nullités d'ordonnance et toutes les questions de droit, et, dans le cas de civilisation desdits procès criminels, les mémoires seront visés du syndic et de deux avocats avant l'impression ; et ceux qui n'auront pas été visés seront rejettés du procès avec delfense de les payer.

Réponse de M. de Brienne à la lettre transcrite page 226.

« Versailles ; 20 septembre 1787.

« J'ai reçu, M. R. P., le projet de réforme que vous m'avez communiqué, relativement aux monastères qui professent la religion de Saint Benoît et m'en ferai rendre compte avec toute l'attention que mérite l'objet que vous avez traité. Je vous prie, M. R. P., de me croire très sincèrement à vous. *Signé :* L'Archevêque de Toulouse. »

Le 19 septembre, le Parlement de Paris séant à Troyes, a enregistré un Édit par lequel le Roi retire le timbre et la subvention territoriale et les remplace par les deux vingtièmes, le second vingtième prorogé jusques en 1792. L'Édit veut qu'il soit perçu dans toute l'étendue du roïaume, sur l'universalité du revenu des biens qui y sont soumis, sans aucune distinction ni exception, même sur les fonds des domaines du Roi.

Le 24, le Parlement a enregistré une Déclaration qui le rétablit à Paris.

Octobre. — Le 3 octobre 1787, j'ai achevé de lire une petite brochure intitulée : *L'ordre des Francs-Maçons trahi, et le secret des Mopses révélé.* — Amsterdam ; 1778 (1).

Les francs-maçons font assez de bruit dans le monde pour qu'on ait quelque désir de les connaître, et le serment qu'ils font de ne jamais révéler les secrets de leur confrérie, contribue plus que tout le reste à exciter la curiosité. On a cru qu'il avait pour objet quelque mystère réel et sérieux. Cependant, si la brochure n'est pas menteuse, comme on me l'a assuré, il n'en est rien. J'ai toutefois beaucoup de peine à croire que des gens sensés voulussent se faire une étude de signes hiéroglyphiques qui ne seraient que des puérilités et abuser de la Religion du serment, qui est ce que nous connaissons de plus saint et de

____

(1) Le nom de *Mopses* avait été parfois donné aux francs-maçons ; depuis longtemps il n'est plus usité.

plus sacré, si toutes ces choses n'avaient pas un objet important que les frères veulent dérober aux yeux du public. Quoi qu'il en soit, je crois que l'Ordre des francs-maçons, avec ses prétendus mystères, ne doit pas causer d'inquiétude aux gouvernements et ne peut pas faire grand mal à la Religion, si ce n'est peut-être dans la personne des frères. Et s'il m'est permis de hazarder mon opinion sur leur société, je dirai que son but est de prendre la raison et la matière pour guide unique en toutes choses, tant dans le physique que dans le moral, autant que les lois établies le peuvent permettre et sans manquer aux devoirs de la grande société commune.

Mais quand les hommes se seront épuisés en recherches pour trouver le souverain bonheur, ils seront toujours obligés de convenir à la fin, après avoir discuté de tout, et de dire avec Salomon, que tout est vanité, dans la vie présente, si ce n'est aimer et servir Dieu. Telle est ma philosophie et je n'en connais point de plus vraie. *Vanitas vanitatum et omnia vanitas, præter amare Deum et illi soli servire.*

Quant aux Mopses, dont parle aussi la brochure, je juge qu'ils sont plus dignes de mépris que d'autre chose. Au reste, ce petit livre me paraît propre à donner aux *profanes* une idée assez vraisemblable de ces deux associations, dont la réputation est très équivoque. Il décrit dans un grand détail les cérémonies qui s'y observent et met ainsi le lecteur à peu près en état de savoir à quoi s'en tenir sur cet article. *Mopse* signifie doguin ou petit dogue: ceux qui portent ce beau nom ont pris le chien pour symbole et prétendent désigner par là le dévouement et la fidélité qui les unit et qui fait le caractère principal de leur société.

Extrait d'une lettre de M. Martel, de la Vacherie, à 2 lieues de Conches, en Normandie :

« Nous ne pouvons espérer la maturité parfaite de la vigne (1), les gelées blanches se faisant sentir trop tôt ; mais la Providence, qui nous a privés des fruits de pilage, pourra peut-être adoucir la verdeur du raisin et procurer à son peuple un adoucissement sur cette précieuse boisson, car rien ne lui est impossible.

Pour ce qui est de la récolte en grains, elle s'est manifestée assez abondante, surtout en paille. Mais les laboureurs de nos cantons disent qu'il faut 15 à 16 gerbes de bled, au moins, pour former le boisseau, ce qui diminue beaucoup l'espérance qu'on avait conçue. Il ne faut pas se plaindre, car le bled nouveau est bien de garde et fait de très bon pain. Il passe 30 livres le sac dans notre canton, mais c'est peut-être à cause des semences. »

La même lettre ajoute : « On annonce de très

---

(1) Il y a plusieurs siècles, la vigne prospérait en Normandie ; au XI⁰ siècle des chartes font mention des vignobles de Caen et des environs. Sur les coteaux d'Allemagne, de Fontenay, de Mondeville, du Moulin au Roi, les vignes donnaient des récoltes abondantes, et les vassaux de l'abbesse de Sainte-Trinité lui devaient le « charriage des vins ». Nous ne parlons pas des vins d'Argences, réputés les meilleurs, mais qui avaient beaucoup baissé dans l'estime des amateurs dès le temps d'Henry IV ; toutefois, on peut dire que la région de Caen et le Pays-d'Auge produisaient alors du vin en quantité suffisante pour la consommation des habitants.

grandes réformes, de la gendarmerie, des carabiniers, des invalides, des majors de place, des brigadiers, des états-majors des régiments provinciaux et de partie des bureaux : qu'il n'y aura, dans chaque département des bureaux, que quatre premiers commis, à qui on donne, dit-on, 50.000 livres parce qu'ils seront chargés de tous les frais. J'avoue que je crois que mon fils, qui me marque ces détails, s'est trompé ; car mon beau-père n'avait, en qualité de premier commis, que six mille livres d'appointements, somme bien modique à ce que l'on annonce aujourd'hui. L'on dit que Versailles est dans la plus grande consternation de ces réformes, tandis que Paris est dans la plus grande joie de la rentrée du Parlement, qui, dit-on, ne se manifeste que par un petit nombre qui partent, sur-le-champ, pour leurs terres, où ils passent leurs vacances. Ce, pour éviter que la trop grande joie du peuple ne le porte à quelque désordre ; sage précaution du ministère. »

Le 14 octobre 1787, la paroisse de Saint André de Fontenay l'Abbaye, composée de 14 feux, s'étant assemblée dans la forme prescrite par M. l'Intendant de Caen, a nommé un syndic et trois notables, dont voici les noms :

Syndic : M. Hermerel, *négociant* et capitaine de la bourgeoisie de Caen, qui a nommé pour Greffier de l'assemblée, Joseph Valette, maître d'école.

Premier notable : M. Morel de la Verderie, avocat.

Deuxième notable : M. Hermerel, confiseur.

Troisième notable : M. Jacques Le Cocq, laboureur.

Pareilles assemblées ont été tenues dans toutes les paroisses.

J'ai dit, en son lieu, que cette année, le temps a été favorable à la moisson et que les grains ont été heureusement récoltés ; mais il y a eu, dit-on, près d'un tiers de bled noir, qu'on appelle ici de la *nuile* et, d'ailleurs, beaucoup de champs ont été versés dans les terres fortes. Quoi qu'il en soit, le froment a rendu à Feuguerolles, six gerbes au boisseau ; à Ifs, cinq ; à Fontenay, 4, 5 et 6 ; à Fontaine-Étoupefour, 5 et 6.

Voici le prix actuel des denrées dans la ville de Caen, à peu près.

Froment ; le boisseau : 4 livres 10 sols.

Orge ; le boisseau : 1 livre 17 sols 6 den. à 2 livres.

Avoine ; le boisseau : depuis 1 livre 12 sols à 1 livre 18 sols.

Foins : 20 livres les cent bottes.

Pain blanc : 2 sols 11 deniers ; bis blanc : 2 sols 8 deniers ; bis : 2 sols 5 deniers.

Cidre vieux : 250 livres ; le nouveau : 300 livres le tonneau de 750 pots.

Bœuf ; la livre : 10 sols. Veau : 10 sols. Mouton : 9 sols. Lard : 9 sols.

Beurre frais d'Isigny : 15 sols. Beurre salé : 14 sols. Chandelle : 16 sols. Œufs : 8 sols la douzaine.

Le 7 octobre 1787, est mort à Saint Denis, en France, Dom Pierre François Boudier, ancien

supérieur général de la Congrégation de Saint Maur.
Il avait fait profession le 29 juillet 1722.

Liste des députés nommés à la première séance de
l'assemblée d'élection ou de département de la Ville
de Caen, tenue le 2 octobre 1787, pour se compléter.

Ordre des nominations.

Greffier :

M. de la Roque, secrétaire de l'hôtel de ville, avocat.

Procureurs-Syndics :

Pour l'ordre de la Noblesse :

M. le comte de Faudoas.

Pour l'ordre du Tiers État :

MM. Cotty, avocat au Bailliage et bailli de Courseulles :
le comte d'Auvrecher ; pour remplacer M. le
comte de Faudoas, nommé syndic du clergé et
de la noblesse.

Députés pour compléter l'assemblée :

Pour l'ordre du Clergé :

MM. Duclos-Goupil, chanoine du Saint-Sépulchre.
de Baudre, curé de Fresné le Puceux, gentilhomme.
Le Fèvre, curé de Cuverville.

Pour l'ordre de la Noblesse :

MM. de Charsigné d'Héritot.
de Cairon.
de Chasot, l'aîné.

Pour le Tiers État, représentant les villes et les campagnes :

MM. Bacon de Saint Manvieu, écuyer, conseiller d'honneur au bailliage et échevin de la ville.

Longuet, négociant et ancien juge consul.

Pyron, l'aîné, l'un des administrateurs de l'Hôpital Général.

Le Fèvre, propriétaire demeurant à Saint Pierre du Jonquet.

Nourry, à Bretteville sur Odon.

Piedpelu, à Biéville. (C'est Jacques, frère aîné de ceux dont il est parlé page 131.)

Commission intermédiaire :

Pour l'ordre du Clergé :

M. Duclos-Goupil, chanoine du Saint-Sépulchre

Pour l'ordre de la Noblesse :

M. de Charsigné d'Héritot.

Pour le Tiers État :

MM. Pitel, le jeune, prieur, juge consul.

Renouart, propriétaire, demeurant à Sermentot.

Le samedi, 5 octobre 1787, à 2 heures du matin, est mort de la rage M. Dufay, curé de Lacy, près Vire, âgé de 42 ans et justement regretté de tous ses paroissiens et des autres personnes qui le connaissaient.

Son chien de chaîne, étant devenu enragé, vers le mois de juin de cette année, mordit un domestique du presbytère au petit doigt et lui fit une plaie qui se guérit bientôt en apparence, mais qui ensuite devint plus envenimée et toute verte, de sorte qu'elle parut incurable. Quelque temps après, la rage se manifesta dans ce malheureux par des accès effrayants qu'il est inutile de raconter, et enfin il mourut.

Ce même chien de chaîne mordit encore un autre petit chien que Monsieur le Curé aimait beaucoup et qu'il se plaisait à caresser. Il était alors incommodé d'hémorroïdes; quelqu'un lui avait conseillé de faire lécher son mal par ce petit chien : il le faisait et s'en trouvait bien. Mais il continua de se faire lécher après que l'animal eut été mordu et ce fut ainsi que ce terrible mal lui fut communiqué. Il faisait des progrès insensibles et se déclara subitement le 4 octobre par des accès consécutifs, au bout desquels ce digne prêtre rendit l'âme dans de grands sentiments de religion.

Cinq jours auparavant, il avait célébré la fête patronale de son Église : il s'y était trouvé plus de 20 ecclésiastiques qui l'avaient embrassé et l'un d'eux avait même couché avec lui. Sa mort leur donne beaucoup d'inquiétude et de crainte.

Il était né à Montchauvet, paroisse voisine. Il était curé de Lacy depuis environ douze ans et n'avait cessé, depuis ce temps, de travailler à orner et à embellir son église, où il avait dépensé près de... mille francs. Il disait à ce sujet : « Jusqu'ici, je n'ai travaillé que pour l'Église ; maintenant, je vais travailler pour les pauvres. »

On parle à présent d'une maladie qui règne sur les bestiaux, dans les confins de la Normandie et du

Maine et qui a porté tous les habitants à faire bénir tous leurs animaux domestiques et autres. Le peuple, toujours superstitieux, attribue cette maladie aux sorciers et notamment à un curé, qu'on dit avoir jetté un sort dans une rivière, ou une fontaine, ou une mare. Les divers récits s'accordent tous à dire que c'était dans de l'eau, dont apparemment les bestiaux ont bu et ont crevé ; ce pourrait bien être du poison. Quoi qu'il en soit, on dit que ce prêtre avait demandé à une femme quelques gouttes de son lait et des cheveux de son mari. Cette femme en fit le rapporté à son homme, qui lui persuada de donner au curé du lait de vache et des poils de cheval, ce qu'elle fit. Le prêtre en fit, dit-on, un sortilège qu'il envoya jeter dans l'eau, enjoignant à son commissionnaire de remarquer ce qui allait arriver.

Celui-ci étant de retour, son curé lui demanda ce qu'il avait vu. Il répondit: « J'ai vu une troupe de bœufs, de vaches, de chevaux, etc., qui se battaient, etc. » Alors le curé dit : « J'ai été trompé. » Et peu de temps après, il s'est lui-même empoisonné et en est mort ainsi que celui qui avait porté le sort dans l'eau. J'ignore ce qui a pu donner occasion à une pareille fable et je ne la consigne ici qu'à cause de sa singularité et parce que tout le monde en parle comme d'une chose certaine.

Le 7 de novembre, l'Assemblée provinciale de la Basse-Normandie s'est rendue, sur les dix heures du matin, à l'abbaye Saint Étienne de Caen, où elle a été reçue par l'Évêque de Coutances, accompagné du clergé et des moines et introduite dans l'église au son de l'orgue et de toute la musique du régiment de Vivarais.

M. le duc de Coigny, en manteau court de velours noir, ayant un panache blanc à son chapeau, etc., s'est placé au bas du chœur, à la première place à droite dans les hautes stalles ; après lui les religieux, tous en chapes et ensuite les membres de l'assemblée, dans les mêmes stalles, chacun suivant son rang. M. de Talaru, évêque de Coutances, a entonné le *Veni Creator* et célébré pontificalement une messe du Saint Esprit, M. de Belbœuf, évêque d'Avranches, était placé dans la dernière stalle haute du côté droit, proche la grille collatérale, du côté de l'Épître.

Après la messe, toute l'assemblée est sortie de l'Église, avec la même pompe et dans le même ordre qu'elle y était entrée. Elle est entrée dans le monastère, où elle est demeurée environ trois quarts d'heure ; après quoi tous les membres ont été dîner chez M. le comte de Balleroy. Il était alors environ deux heures de l'après-midi. J'ai été témoin oculaire de toutes les cérémonies de l'Église, y ayant assisté par les voûtes collatérales du chœur, d'où je contemplais aisément ce spectacle religieux. Je me suis appliqué surtout à considérer toutes les actions du Prélat célébrant, qui m'a paru pénétré de l'acte qu'il faisait et qui s'en est acquitté avec beaucoup de dignité et de gravité. Je suis persuadé que tous les spectateurs, qui avaient quelques sentiments de religion, en ont été édifiés.

On m'a dit que la veille, il y avait eu contestation entre les membres, touchant le lieu où l'on devait célébrer cette messe : les uns voulant que ce fût à Saint Pierre, comme étant la principale paroisse de Caen et les autres à l'Église de l'abbaye Saint Étienne. Ce dernier parti l'emporta, sans doute parce que cette église est beaucoup plus commode. D'ailleurs, ces Messieurs étaient les maîtres de choisir l'église qui leur conviendrait davantage.

L'assemblée tient ses séances tous les matins à l'Hôtel de Ville (1). On dit que M. l'abbé Bruzeau, Prieur de Tailleville, en est l'âme, parce qu'il est d'un païs où elles sont en usage, et que nos Bas-Normands n'en avaient pas l'idée. L'assemblée s'est partagée en quatre bureaux : le premier, de l'impôt ; le second, des fonds et de la comptabilité ; le troisième, de l'agriculture, du commerce et du bien public ; le quatrième, des travaux publics.

Le 17 août 1787, on célébra la fête de la Transfiguration à Saint Sauveur de Caen, et M. Jouvin, curé de Saint Martin, de la même ville, docteur en théo-

----

(1) L'assemblée siégea dans la salle de l'Académie royale des arts et belles-lettres de Caen. Sa session dura un mois et fut inaugurée par l'intendant, M. Cordier de Launay, commissaire du Roi, qui avait été nommé à ce poste en février 1787, à la place de M. Feydeau de Brou. Il prononça un discours dans le goût du temps, où l'on trouve plus d'emphase et de déclamations stériles que de vrais aperçus politiques. Pour lui, la France « était un de ces peuples privilégiés qui semblent se promener, avec une lente majesté, dans un cercle dont l'œil le plus pénétrant ne peut apercevoir les limites ; qui, attirés par la prospérité, se régénèrent dans l'infortune ; qui enfin, au moment où l'univers croit leur éclat évanoui, reparaissent sur la scène du monde, brillant d'un nouveau lustre ! » Il finissait en félicitant le Roi du rappel du Parlement, précisément au moment où ces assemblées allaient terminer leur existence. On ne pouvait être plus perspicace.

logie et professeur de philosophie, y célébra
solennellement le service divin, à la prière de M.
Lenteigne, curé de ladite paroisse et docteur en
théologie. Le 11 novembre, jour auquel on célébrait
la fête de Saint Martin dans l'église de ce nom,
l'office divin y fut célébré par le curé de Saint Sauveur. L'honneur que ces deux pasteurs se sont fait
réciproquement, dans ces occasions, a fait connaître
au public la bonne union qui est entre eux : les gens
de bien s'en sont réjouis et les fanatiques du peuple
s'en sont alarmés.

Il faut savoir, cher lecteur, que Monsieur le Curé
de Saint Sauveur, qui est le modèle des curés, passe
pour janséniste dans l'esprit des ignorants et des
fanatiques, et que quelques-uns de ces derniers, qui
ont assisté à sa messe dans Saint Martin, ont osé
avancer qu'ils ne croyaient pas avoir assisté à une
vraie messe, mais à un sacrilège commis par ce digne
pasteur. Qui ne serait indigné d'entendre de pareils
discours dans un siècle où il semble qu'on a tant
d'horreur pour le fanatisme ! Une autre personne a
été, dit-on, se confesser que son curé de Saint Martin
était devenu janséniste par ses liaisons avec celui de
Saint Sauveur, et que le confesseur avait imposé
silence à sa pénitente, en lui déclarant que, si son
curé était janséniste, il l'était pareillement lui-
même.

Un autre curé de Caen, qu'on pourrait aussi quali-
fier de fanatique, alla, le lendemain de la fête, ou peu
de jours après, trouver le curé de Saint Martin, à qui
il fit des représentations sur ses liaisons avec le curé

de Saint Sauveur et chercha à l'en détacher par promesses et par menaces ; mais M. Jouvin le renvoya avec le mépris et la confusion qu'il méritait.

C'est ainsi que le fanatisme s'est réveillé dans les faux dévots à l'occasion d'un événement qui paraît peu de chose, mais qui peut avoir des suites. Au reste, la conduite des deux curés est fondée sur un usage universel par toute l'Église. Ils ont d'ailleurs des raisons plus particulières d'être bien ensemble, étant tous deux curés, tous deux docteurs dans la même ville et ainsi doublement confrères. Quant aux qualifications de jansénisme, dont se servent les ignorants, pour rendre les gens de bien odieux (1), les personnes instruites et impartiales savent quel cas il faut en faire.

Le 19 novembre 1787, le Roi a tenu une séance royale au Parlement, pour y faire enregistrer un emprunt de 400 millions (2). Sa Majesté a laissé, dit-

(1) Ceci confirme tout ce que nous avons déjà dit sur les tendances et les opinions religieuses de Lamare et de Dom Gouget.

(2) Lorsque, le 19 novembre 1787, Brienne présenta à l'enregistrement deux édits, l'un portant création d'emprunts successifs s'élevant à 420 millions, l'autre rendant l'état civil aux protestants, la discussion fut très violente, et, au moment où le président allait compter les voix, le Roi transforma la séance royale en lit de justice et ordonna l'enregistrement sans vote. Alors se leva un prince, ennemi déclaré de la Cour, homme de mauvaises mœurs et sans suite dans les idées, à qui l'on attribuait en grande partie les agitations de la France : c'était le duc d'Orléans, arrière-petit-fils du régent, qui s'était jeté par ambition dans le parti populaire. Il protesta hautement contre l'illégalité de l'enregistrement, et, lorsque le Roi fut sorti, le Parlement déclara cet enregistrement de nulle valeur. Le lendemain, le duc d'Orléans fut exilé à Villers-Cotterets, et deux conseillers furent arrêtés : c'étaient l'abbé Sabattier et M. Fréteau, qui s'étaient fait remarquer par leur violence.

on, toute liberté aux membres d'opiner suivant leur conscience. M. le duc d'Orléans, après avoir donné son avis, parla encore, mais le Roi le fit taire, en le priant de laisser aux autres membres la liberté d'opiner. Le Prince ayant récidivé, s'est attiré la disgrâce du Roi, qui l'a envoyé à Villers-Cotterets. Deux conseillers au Parlement, ayant parlé avec trop de hardiesse, sans même épargner la Reine en présence du Roi, ont été exilés, l'un (M. l'abbé Sabattier), au Mont Saint Michel, et l'autre à Doullens.

Il y a beaucoup de fermentation dans l'Université de Caen, depuis les changements qui y ont été faits en vertu de l'Édit du Roi donné à Versailles, au mois d'août 1786 (1), portant règlement pour ladite Université. Elle est divisée en deux factions : l'une, bien intentionnée, fait son possible pour améliorer les études et les rendre d'une utilité plus générale ; et c'est dans cette vue qu'elle a introduit les changements qui ont été faits ou commencé de faire, sous l'autorité du Roi. L'autre faction, composée de gens plus attachés à leurs intérêts personnels, tâche, par toutes sortes de voies, d'empêcher l'effet de ces changements et cherche à rétablir les choses sur l'ancien pied. M. Chibourg, homme de bien, fatigué de son long rectorat, s'en est démis. La faction intéressée a tenu une assemblée illégale où elle a élu un Recteur, au lieu de M. Chibourg. Son choix est tombé sur M. Tirard des Longchamps, professeur.

(1) On peut voir l'extrait que j'en ai donné dans mon grand *Pouillé*, p. 601. (*Note de Lamare.*)

Cette élection a été cassée par le Parlement de Rouen.

On s'est pourvu au Conseil et M. le Chancelier a envoyé à l'Université les ordres du Roi, qui veut que les nouveaux règlements soient observés, et permet d'élire un Recteur (1).

Ces ordres furent lus, le 22 de ce mois, dans l'assemblée de la Sainte Catherine. Tous ces troubles mettent l'Université de Caen dans un état de confusion qui la rend méprisable aux yeux du public. Le mercredi, 28, elle a élu Recteur, d'une voix unanime, le même sieur Tirard des Longchamps.

Le samedi, 24 novembre 1787, est morte en odeur de sainteté sur la paroisse Saint Pierre de Caen, Mademoiselle Anne Jeanne Victoire de la Fosse-Moisson, fille de feu Bon Joseph de la Fosse-Moisson, marchand de galons à Caen (2). Elle n'a été inhumée que le

(1) Depuis longtemps, l'Université était divisée en deux camps qui ne pouvaient s'entendre et qui cherchaient mutuellement à se créer des difficultés. Après M. Chibourg, qui fut suppléé peu de temps par M. Mac-Parlan, vice-recteur, l'abbé Le Clerc de Bauberon, vice-recteur de droit en sa qualité de doyen de la Faculté de théologie, fut, le 10 octobre 1787, à la séance de rentrée solennelle de la Faculté, nommé *pro-recteur* par le syndic général. C'était une protestation contre l'élection qui avait été faite, le 1er octobre, de M. Tirard-Deslongchamps, professeur de rhétorique au Collège du Mont, élection faite « clandestinement, abusive, radicalement nulle, irrégulière, contraire aux dispositions des arrêts de la Cour et arrêtés du général de l'Université, attentatoire enfin à l'autorité du Roi ». Pour mettre fin à cet état de choses, M. de Lamoignon écrivit le 22 novembre 1787 à MM. de l'Université que S. M. approuvait « qu'ils procédassent à toutes les élections et nominations, suivant les formes prescrites tant par les lettres patentes de novembre 1783 que par l'édit d'août 1786 ». En conséquence, l'Université fut assemblée pour procéder à l'enregistrement de cette lettre, et les ordres de S. M. exécutés par la nomination de M. Tirard-Deslongchamps.

(2) La vie de Mlle La Fosse-Moisson a été écrite deux ans après sa mort et a été publiée à Rouen et à Caen, en un volume petit in-18, sans nom d'auteur :

lundi 26. Pendant l'intervalle de sa mort à son inhumation, le peuple s'étant porté en foule pour voir le corps, plus par curiosité que par dévotion, on mit une garde sentinelle à la porte, pour empêcher qu'il ne s'insinuât quelques filous dans la maison. La morte avait voulu, neuf ou dix ans auparavant, être religieuse à la Charité de Caen, et y avait fait une partie du noviciat. Mais la rigueur des austérités qu'on lui avait fait pratiquer étant au-dessus de ses forces, elle avait été contrainte de revenir à la maison paternelle où elle a continué de mener une vie retirée et pénitente jusqu'à sa mort. Elle avait toujours conservé un singulier attachement pour le couvent de la Charité et voulait y être enterrée, de peur que si elle l'eût été dans le cimetière de Saint Pierre, les écoliers en chirurgie ne déterrassent son corps. Mais les religieuses de la Visitation ayant appris son embarras, lui firent savoir qu'elles seraient flattées de l'avoir, et, finalement, elle y a été inhumée le lundi, 26 novembre.

Le 20 du même mois, Marie Jeanne Catherine Saillentfais, fille de Jacques Saillentfais et de Cathe-

<hr>

Vie de Mademoiselle La Fosse-Moisson, décédée à Caen, le 22 novembre 1787. A Rouen, chez Labbey, rue Martainville, vis-à-vis celle des Filles de Notre-Dame. MDCCLXXXIX. Se vend à Caen, chez Caillot, libraire, rue Saint-Étienne.

Cette fille s'était fait remarquer par une piété peu commune et une grande charité. Elle était née à Caen, le mercredi 14 mai 1755, de Joseph La Fosse-Moisson et de dame M. Massienne. C'était une famille de négociants. Nous possédons une écuelle en faïence de Rouen, avec son couvercle et sa soucoupe, sur laquelle on lit : *Vive Mme Moisson, négociante à Caen. 1785.*

rine Desillons, fermiers de la dixme de Fontenay, a été mariée à Saint Martin de Fontenay, avec Jacques Hébert, fermier du comte de Faudoas, à Fontenay le Marmion. La cérémonie aurait dû se faire à Saint André de Fontenay, paroisse de la fille, mais, pour éviter la vue du public, on s'était transporté à Verrières où l'on croïait pouvoir disposer de la succursale librement; mais le curé de Saint Martin, dont elle dépend, n'ayant pas voulu qu'ils y fussent mariés, parce que, disait-il, on ne marie pas dans cette chapelle, ils furent contraints de venir à l'église de Saint Martin, où le mariage fut fait à 3 heures du matin.

Cet Hébert est membre du Tiers État dans l'assemblée de l'Élection de Caen. Le dimanche suivant, 12 filles et 12 garçons de Fontenay le Marmion, présentèrent un bouquet à la nouvelle mariée, dont l'époux donna 12 écus aux filles; ce que les 12 garçons ayant su, ils se les firent remettre et les rendirent au sieur Hébert en lui disant que leur démarche n'avait aucun motif d'intérêt. Des sentiments aussi nobles, très rares chez les gens de cette classe, furent récompensés comme ils le méritaient par un festin.

Le 4 décembre 1787, les mineurs de Feuguerolles ont célébré la fête de Sainte Barbe par une messe chantée à l'Abbaye de Fontenay et les réjouissances d'usage en ces sortes de fêtes, bouquets, festins, etc.

Un curé, ayant été prié de dire cette messe dans son église, commença par marchander sur le prix, ce qui parut offensant au maître mineur, qui, néanmoins, dit que leur usage était de la payer 3 livres. Mais le curé exigeait encore qu'ils fournissent les cierges et cette dernière parole empêcha que le curé ne dît la messe des mineurs. Les religieux de Fontenay permirent qu'elle fût célébrée dans leur église, par un jeune prêtre séculier de la paroisse. Cela s'appelle des petites anecdotes peu dignes d'être transmises à la postérité, mais ce n'est pas pour elle que j'écris.

Le 13 décembre 1787, est mort à Paris Dom René Gillot, ancien supérieur général de la Congrégation de Saint Maur. Il avait fait profession le 31 janvier 1734.

Charles Gravier, comte de Vergennes, commandeur de l'Ordre du Saint Esprit, conseiller d'État ordinaire, chef du Conseil des finances, ministre et secrétaire d'État, ayant le département des affaires étrangères, est mort à Versailles, la nuit du 12 au 13 février 1787, dans la 68e année de sa vie, étant né en 1719. Il a été sincèrement regretté du Roi et des bons Français, parce qu'il avait de la probité, du patriotisme et du désintéressement. Il était très estimé des étrangers. Cependant, il a engagé la France dans la cause des Américains révoltés contre les Anglais et dans celle des patriotes Hollandais, causes qui ont manqué d'être très funestes à la France. Mais il faut lui pardonner en faveur de ses bonnes intentions. Qui est-ce qui ne fait pas des fautes ?

Il a été remplacé dans le ministère par M. le comte

de Montmorin, commandant en Bretagne et cy-devant ambassadeur à la Cour d'Espagne (1).

Le pape Pie VI, après avoir vu la Révolution Française (2); après avoir été chassé de Rome par les Républicains français et les rebelles de son État, a été emmené en divers lieux, et enfin en France, où on l'a traité avec le dernier mépris, même avec inhumanité, et où il est mort captif à Valence, en Dauphiné, le 29 août 1799, dans la 82e année de son âge et la 25e de son Pontificat.

A la fin de décembre 1799, Bonaparte a ordonné que le corps de ce pape, en dépôt depuis quatre mois dans la ville de Valence, soit enterré avec les honneurs dus à son rang.

Il a été transporté à Rome à la fin de 1801, ou au commencement de 1802, où ses funérailles ont été faites avec une grande solennité, au mois de février, par le pape Pie VII, son successeur, assisté du Sacré Collège.

Le conclave, assemblé à Venise, a élu Pape au mois de mars 1801, Grégoire Barnabé Chiaramonte, cardinal, évêque d'Imola, qui a pris le nom de Pie VII et a été couronné le 22 mars.

Lors de la conquête de l'Italie par les Français, il a logé Bonaparte et plusieurs autres généraux républicains dans son évêché, qu'il n'a jamais quitté, et s'est

---

(1) Ici finit le *Mémorial* proprement dit de M. P. Lamare. Les quelques notes qui suivent ont été ajoutées postérieurement avec beaucoup de copies d'articles de journaux, que nous avons dû laisser de côté.

(2) Note ajoutée en 1812.

comporté avec beaucoup de sagesse dans ces temps difficiles. Il ne lui a manqué que trois voix pour être élu à l'unanimité.

En 1801, par concordat entre ce pape et Bonaparte, premier Consul, l'exercice public de la religion catholique a été rétabli en France, mais différemment de ce qu'il était avant la Révolution. Nombre d'évêchés et de paroisses ont été supprimés. Le gouvernement, qui a mis les prêtres dans sa dépendance, en exige tous les jours quelque chose de nouveau qu'on ne leur demandait pas auparavant et donne aux Pasteurs, pour tout revenu, une pension assez mesquine et mal payée. Depuis cette époque, l'état du clergé va toujours s'affaiblissant en France, en Espagne, en Italie et partout où s'étend la domination française.

En 1804, Pie VII, invité par Bonaparte, est venu en France, et l'a couronné *Empereur* des Français, le 2 décembre 1804, dans l'Église Notre Dame de Paris.

Enfin, par un décret du 17 mai 1809, donné à Vienne en Autriche et publié à Rome le 10 juin suivant, l'Empereur Napoléon Bonaparte s'est emparé des États du Pape, qu'il a réunis à l'Empire Français, ne laissant au Saint Père que ses propriétés et palais, libres de juridictions, d'impositions, visite, etc. avec deux millions de pension. C'est ainsi que le fils aîné de l'Église a traité son père spirituel. Et pour quelle raison ? On dit que c'est pour avoir refusé de reconnaître ou de sacrer les nouveaux rois de Naples et d'Espagne, établis par Napoléon.

Quoi qu'il en soit, le Sénat conservateur a décrété le 18

février 1810, entre autres choses, que la souveraineté temporelle est incompatible avec l'autorité spirituelle dans l'Empire Français : que les propositions de l'Église Gallicane de 1682, sont communes à toutes les églises de l'Empire Français : que les Papes prêteront serment de ne jamais rien faire contre ces quatre propositions : que le Pape aura un palais à Rome, un à Paris et dans les autres villes où il voudra résider et deux millions de revenus en biens ruraux. Les dépenses du Sacré Collège et de la Propagande, sont déclarées impériales ; Rome, deuxième ville de l'Empire : l'Empereur y sera couronné, après l'avoir été à Paris.

Le Pape est à Fontainebleau depuis le 20 juin 1812.

DE QUELQUES NORMANDS

NOTES BIOGRAPHIQUES

ÉPARSES DANS LES MS. 110 ET 111

DE P. LAMARE

Dom Gallis Mesnilgrand.

Dom Jean François Gallis Mesnilgrand, prêtre, Prieur de l'abbaye de Saint Étienne de Caen (1), docteur en droit, fit l'oraison funèbre du Maréchal d'Harcourt, le mardi, 23 mars 1784, dans l'église de Saint Pierre de Caen.

Le 2 mai suivant, il bénit, dans son église, avec grande pompe, les drapeaux du régiment de l'Isle de France et prononça un beau discours relatif à cette cérémonie.

Dom Martin Mauger.

Dom Martin Mauger (2), prêtre, religieux bénédic-

(1) Le prieur Dom François Gallis Mesnilgrand, né le 21 décembre 1739 à Yvetot, près Valognes, était, dit M. Hippeau dans son *Histoire de l'abbaye de Saint-Étienne*, un homme d'un grand mérite. Indépendamment de l'activité intelligente qu'il déploya, en des temps si difficiles, dans l'administration de l'abbaye, il se distinguait par des qualités morales et un savoir qui l'avaient entouré d'une considération méritée. Docteur dans la Faculté des droits de l'Université de Caen, il avait, le 30 juillet 1780, prononcé un discours, justement applaudi, lors de la bénédiction des drapeaux du régiment du Roi. Le 23 mai 1784, il avait fait, dans l'église Saint-Pierre de Caen, l'éloge funèbre du duc d'Harcourt, pair et maréchal de France, ancien gouverneur de Normandie. Lorsque, le 20 août 1787, l'assemblée provinciale se réunit dans la salle du chapitre de l'abbaye pour nommer les commissaires chargés de former les assemblées électorales, Dom Mesnilgrand fut un des commissaires choisis par le clergé.

Nous savons (et nous devons ces renseignements à M. Pezet, président du Tribunal civil de Bayeux, petit-neveu de Dom Mesnilgrand) que le prieur de Saint-Étienne n'émigra pas, prêta le serment, et se retira à Valognes, où il vécut dans la retraite. Ses dernières années furent tristes ; il ne possédait que la pension qu'il recevait du gouvernement. Son frère et plusieurs de ses parents et amis ne lui pardonnèrent pas le serment qu'il avait prêté. Il mourut subitement, frappé d'apoplexie, le 5 février de l'an VII.

(2) Dans son *Histoire de l'abbaye de Saint-Étienne*, M. Hippeau se demandait quel avait été le sort de Dom Mauger. « Nous avons vainement cherché,

tin de la Congrégation de Saint Maur, professeur de philosophie en l'abbaye de Saint Étienne de Caen, est né à Rouen.

Il y a quelques années qu'il parut, sous son nom, une comédie intitulée *Nostradamus*, qu'on disait toutefois être trop ingénieuse pour être de Dom Mauger. Quoi qu'il en soit, le but de cette pièce était de tourner en ridicule M. Adam, chanoine du Sépulchre et professeur de philosophie à l'Université de Caen.

En 1784, Dom Mauger a fait deux odes françaises, qui, quoique couronnées au Palinod de Caen, ont été traitées ainsi que leur auteur, avec beaucoup de mépris, dans plusieurs écrits anonymes qui ont couru depuis dans le public.

En 1791, il a pris le parti de la Révolution, a prêté le serment prescrit aux prêtres et est devenu curé constitutionnel de Villy, près Villers Bocage. Enfin, ayant été traduit au Tribunal révolutionnaire de Paris, comme membre de l'assemblée centrale des départements fédéralistes dans la commune de Caen, et convaincu de conspiration contre l'unité et l'indivisibilité de la République, il a été condamné à

dit-il, à suivre la trace des religieux que la Révolution avait dispersés. La plupart prêtèrent serment à la Constitution civile du clergé, au sujet de laquelle l'Université de Caen fit cette admirable déclaration où, tout en offrant à l'État un patriotique concours, elle marquait nettement les barrières dont doit être entouré le domaine de la conscience. Quelques-uns entrèrent dans les administrations nouvelles, et nous avons vu des certificats de civisme portant les signatures de D. Ribard et de D. Locard. Nous ignorons s'il est vrai, comme nous l'avons entendu dire, que D. Mauger ait été tué dans les rangs de l'armée de Wimpfen ou conduit à Paris et mis à mort. » La note de Lamare ne laisse plus aucun doute à cet égard.

mort et guillotiné, à Paris, le 13 may 1794, il avait
40 ans.

Pierre Le Coq.

Pierre Le Coq, prêtre, mort supérieur général de
la Congrégation des Eudistes, était né dans la paroisse d'Ifs, près Caen. Son père était laboureur et
s'appelait aussi Pierre. Sa mère, nommée Jacqueline
Angot, était de Saint-André de Fontenay l'Abbaye.
Il a encore un frère vivant et riche laboureur dans
ladite paroisse de Saint André (1). Monsieur Le Coq,
étant supérieur du Séminaire archiépiscopal de
Rouen, écrivit et donna au public quelques ouvrages
qui furent bien accueillis. Depuis, il n'a cessé de
travailler jusqu'à deux ans environ avant sa mort,
causée par une paralysie violente qui le conduisit au
tombeau. Il mourut au Grand Séminaire de Caen, le
1ᵉʳ septembre 1777, âgé de 40 ans 5 mois. Ses principaux ouvrages sont trois traités suivant les principes
du droit français et du droit coutumier de la province
de Normandie, pour les cas de conscience ; scavoir :
Traité de l'État des personnes, imprimé plusieurs
fois à Rouen, chez Laurent Dumesnil ; un *Traité des
différentes espèces de biens*, et un *Traité des actions*,
imprimés à Caen, chez Chalopin, en 1777. Dans le
Traité des Personnes, M. Le Coq cite souvent un
ouvrage ayant pour titre : *Résolution de plusieurs cas*

(1) Jacques Le Coq, encore vivant, a épousé en premières noces Marie-
Catherine Lancelin, dont il a deux filles. L'aînée a été mariée à M. Desmarets,
et est morte en décembre 1787. En secondes noces, il a épousé, en 1787, M. Madeleine Perrine Foulques Desmarets, cousine germaine du sieur Desmarets, cy
dessus Elle est morte le 22 novembre 1788. (*Note de Lamare.*)

de conscience sur la coutume de Normandie. L'auteur de cet ouvrage, imprimé en 1764, est Monsieur Joseph Dufort, prêtre du Séminaire de Caen, où il mourut en 1767, âgé de 80 ans.

Mess⁰ Alexis Touchet de Beneauville.

Messire Antoine Anne Alexis Touchet de Beneauville.(1), seigneur en partie de Bernières sur mer et curé de Saint Clair d'Hérouville, était du côté paternel d'une des plus anciennes maisons de la province, et, par sa mère, arrière petit fils de Monsieur Moysant de Brieux, fondateur de l'Académie des Belles Lettres de Caen. Il commença ses classes par la rhétorique. Agé de 25 ans, il fut reçu à ladite Académie. Il a gouverné 40 ans, la paroisse de Saint Clair et est mort le 24 du mois d'aoust 1787, à l'âge de 70 ans.

Claude Fauchet.

Claude Fauchet (2), originaire de Nevers, prédica-

(1) Les du Touchet de Beneauville étaient une des vieilles familles de Caen. Le hameau de Beneauville dépendait de Bavent et avait pour seigneurs présentateurs la famille du Touchet. Selon Béziers, il y avait aussi en ce lieu un prieuré qui appartenait à l'abbaye de Saint-Étienne de Caen, avec un franc-fief. Vers la fin du XVIIIᵉ siècle, Alexis du Touchet épousa Catherine Moisant de Brieux, fille du ministre protestant bien connu, qui mourut en pays étranger. Il devint, par ce décès, propriétaire par sa femme de l'hôtel Le Valois, autrement dit du Grand Cheval, que le poète, père du ministre, avait jadis acheté. Il vendit, le 22 avril 1733, une partie de cet hôtel à la ville, et Madame Catherine du Touchet, devenue veuve, lui vendit le reste en 1755, au moment de la démolition du vieil hôtel du Pont-Saint-Pierre.

(2) L'abbé Claude Fauchet, né en 1744 à Dorne, près de Nevers, était vicaire général de Bourges au moment de la Révolution, dont il adopta les idées. Il assista à la prise de la Bastille, et ce fut « au bout d'une perche, par-dessus les

teur du Roi, fut élu évêque constitutionnel du Calvados, au commencement de 1791. Il arriva à Bayeux, vers le mois d'avril : il présida l'Assemblée électorale du département, tenue vers le mois de juillet dans une salle de l'Abbaye de Saint Étienne de Caen, dans laquelle furent nommés les députés du département à la première législature. Il fut le premier nommé.

Il fut ensuite nommé député à la fameuse Convention, par l'Assemblée électorale du département, tenue dans la nef de la Cathédrale de Bayeux, en septembre 1792 et présidée par M. Doulcet de Pontécoulant, actuellement pair de France. Fauchet n'assista pas à cette assemblée ; il était à Paris.

Il fut condamné à mort et guillotiné par jugement du Tribunal révolutionnaire avec vingt autres députés en 1793. Ce fut principalement pour avoir écrit contre le massacre du Roi, dans le journal *La Bouche de fer*, qu'il rédigeait.

Les prêtres de Bayeux, qui faisaient l'office à la

---

murailles », qu'il présenta la sommation de se rendre au gouverneur de Launay. Déjà, en 1776, dans un discours, il avait prédit l'abolition des droits féodaux et la destruction de la noblesse. Il allait être interdit par l'archevêque de Paris, quand l'intervention de Turgot, qui partageait ses convictions, le sauva. Il prêcha devant le Roi et la Reine, à Versailles, en 1780 et en 1787 ; devant l'Académie, il osa annoncer le règne prochain de la liberté. Il fit paraître ensuite son livre de *La religion nationale*, dans lequel il écrivait contre la royauté dès 1789. Fauchet fut sacré évêque du Calvados par l'évêque métropolitain des côtes de la Manche le 1er mai 1791. A Caen, il fut reçu par M. Bonnet de Méautry, à la tête de la municipalité, et à Saint-Pierre, le curé Gervais de la Prise lui présenta son clergé. Le 5 mai, en arrivant à Bayeux, un huissier lui signifia, à la porte de la cathédrale, la défense d'exercer dans le diocèse par ordre de Mgr de Cheylus. Accusé à son tour de modérantisme pour avoir flétri la mort de Louis XVI, Fauchet fut guillotiné le 30 octobre 1793. Sa mort, dit l'abbé Émery, fut « très chrétienne et très catholique ». Sa maîtresse, la nommée Hoquet, femme Calon, fut déportée le 13 messidor an II.

Cathédrale et dont voiçi les principaux, étaient : MM. Lemenant, ancien curé de Saint Sauveur, et aujourd'hui curé de Trévières, originaire d'Anguerny, et Mouland, originaire et ancien curé de Saint Martin de Bayeux, actuellement curé de Balleroy (1).

Ils avaient prêté le serment aux lois de 1790 et formaient avec plusieurs autres ce qu'on appelait le *Presbytère* de la cathédrale, d'après un concile tenu à Rouen, auquel Mouland assista. Ce *Presbytère*, dont presque tous les membres subirent de longues détentions à Bayeux, élut, dès qu'il le put, M. Duchemin (2), qui avait été vicaire de Saint Pierre de Caen, et nommé curé, d'abord de Gragnes et ensuite du bourg de Périers, diocèse et à trois lieues de Coutances : il

---

(1) En arrivant à Bayeux, l'abbé Fauchet essaya d'organiser le service religieux. A Bayeux, quatre curés de la ville demandèrent a être nommés vicaires généraux : M. Lécuyer, curé de Saint-Jean : M. Biet, curé de La Madeleine : M. Le Menand, curé de Saint-Sauveur, et M. Moulland, curé de Saint-Martin. L'évêque constitutionnel refusa, et les quatre curés se retirèrent dans leurs paroisses jusqu'à leur suppression. L'abbé Moulland, bien qu'ayant prêté serment, protesta plus tard, ainsi que M. Le Menant, contre les déclarations hypocrites qu'on exigeait des ecclésiastiques : ils furent tous les deux jetés en prison. Ils s'y rencontrèrent avec M. Bajot, vicaire général de Fauchet, et avec M. de Croisilles, autre vicaire général, qui avait eu le malheur d'ajouter foi aux promesses de la Révolution, et qui expia glorieusement sa faiblesse: M. Bisson fut le dernier évêque constitutionnel. Il a laissé, sur cette triste époque, un manuscrit qui comprend quatorze cahiers. Ce manuscrit passa, après sa mort, entre les mains de l'abbé Moulland, puis fut déposé à la Bibliothèque de Bayeux. M. l'abbé Laffetay, auquel on l'avait d'abord refusé, l'a eu à sa disposition lorsqu'il écrivit le, second volume de son *Histoire du diocèse de Bayeux*. M. Bisson est aussi l'auteur de quelques ouvrages de piété et d'un *Mémoire*, couronné par l'Académie de Caen, sur les changements que la mer a apportés sur le littoral du département du Calvados.

(2) Duchemin (Julien-Jean-Baptiste) était né à Tinchebray au mois d'août 1742. Il était curé et doyen de Périers avant 1789. Évêque constitutionnel du diocèse de Bayeux en 1799, au mois de février, il mourut dans cette ville le 31 mars de la même année.

mourut à Bayeux au bout de quelques mois. Le même *Presbytère* élut M. Bisson, autre curé du diocèse de Coutances, qui tint le siège jusques à l'exaltation de M. Brault. Il est mort à Bayeux, en 1821 (1).

(1) Bisson (Louis-Charles), né à Geffosses (Manche) le 10 octobre 1742, fut élu évêque constitutionnel du diocèse de Bayeux le 20 octobre 1799. Après le Concordat il remit sa démission au cardinal Caprera, légat *a latere*. Il s'était fait remarquer par une modération et une douceur auxquelles tout le monde rendait hommage. Rentré dans la vie privée, il s'appliqua à se faire oublier, et mourut à Bayeux le 28 février 1820. Ses amis lui dédièrent cette épitaphe :

> Au siège épiscopal qu'il ne brigua jamais,
> Bisson fut élevé par sa seule sagesse,
> Et dans des jours d'horreur, plein de foi, de tendresse,
> A tous ses ennemis ne prêcha que la paix.

PIÈCES JUSTIFICATIVES

I.

Lettres de Lamare et de Dom Gouget à Monseigneur de Cheylus.

Lettre de dédicace écrite à Monseigneur de Cheylus, évêque de Bayeux, le 18 janvier 1786, par le sieur Martin Philippe de Lamare, demeurant à l'abbaye de Fontenay, pour lui offrir son Pouillé du Diocèse de Bayeux. (Cette lettre est reliée dans l'exemplaire in-4° de la Collection Mancel, avec une autre de Dom Gouget, religieux bénédictin, demeurant à l'abbaye de Fontenay, dont Philippe Lamare était l'homme de confiance et le serviteur, recommandant ce volume à Monseigneur de Cheylus.)

« Monseigneur,

« J'apprends que pour concourir aux vues bienfaisantes du Roi et de l'Assemblée du Clergé de France, Votre Grandeur a demandé des renseignements sur les paroisses et les revenus ecclésiastiques. Je croirais en cette occasion, manquer à mon devoir si je vous laissais ignorer, Monseigneur, que je puis communiquer à Votre Grandeur quelques recherches pareilles, qui dans ce moment, pourraient peut-être lui être utiles. Je les ai faites depuis huit ans, au sujet d'un Pouillé ou Catalogue détaillé des Églises et Bénéfices de tout le Diocèse de Bayeux, auquel je travaille. Mon intention était, Monseigneur, de présenter cet ouvrage à Votre Grandeur ; mais, afin de le faire plus à propos, je croyais devoir différer jusqu'à ce que j'eusse à peu près rassemblé tous les matériaux nécessaires à la perfection de ce petit recueil.

Cependant, je l'ai rédigé et mis dans l'ordre qui m'a paru le plus commode : j'en ai fait à la hâte une première copie et je me préparais à en écrire une seconde plus propre et mieux soignée, pour la présenter à Votre Grandeur, lorsque j'ai eu connaissance de sa lettre circulaire à MM. les Curés, où Elle désire que les renseignements lui soient envoyés avant la fin de ce mois. Je ne pourrais, en si peu de temps, achever ma seconde copie, qui m'occuperait la plus grande partie de l'année. Mais si Votre Grandeur juge que mon travail lui soit de quelque utilité, je prends la liberté de lui offrir la première, toute défectueuse qu'elle est, persuadé, Monseigneur, qu'étant dans les mains et sous la protection de Votre Grandeur, nul n'en pourrait disposer à mon préjudice.

Au reste, on trouve dans ce Pouillé, l'état de l'Église Cathédrale, des Paroisses, des Communautés et des Bénéfices simples. La partie des cures, qui intéresse le plus dans le cas présent, indique leur distance de Bayeux et de Caen, leurs Saints Patrons, leurs annexes, leurs présentateurs et collateurs et enfin les Décimateurs, c'est-à-dire les possesseurs des dixmes de chaque paroisse.

Sans autre préliminaire, Monseigneur, je serais allé sur le champ à Bayeux pour porter cet ouvrage à Votre Grandeur, mais je ne puis pas disposer librement de ma personne ; parce que depuis dix huit ans, je suis attaché à M. l'abbé Gouget, religieux non réformé de l'Abbaye de Fontenay, auquel je sers de lecteur et de secrétaire, et qui ne peut se passer longtemps de moi à cause de son grand âge et de sa vue presque éteinte.

Je m'estimerai infiniment heureux, Monseigneur, si mon travail est agréable à Votre Grandeur, et si Elle daigne le recevoir avec cette bonté qui Lui est si naturelle, comme un faible témoignage du très profond respect, avec

lequel, j'ose me dire, Monseigneur, etc. *Signé :* Lamare.
A l'Abbaye de Fontenay, le 18 janvier 1786.

—

Lettre de M. l'Abbé Gouget.

« Monseigneur,

« Je manquerais au devoir et aux mouvements de mon
cœur, si je ne saisissais pas l'occasion de répéter encore
une fois avant ma mort à Votre Grandeur le témoignage de
mon respect le plus profond et le plus attaché. Le jeune
homme qui me procure cette occasion, demeure avec moy
depuis vingt ans, pour suppléer à la faiblesse de ma vue et
pour m'aider à acquitter les obligations de mon état. Une
des principales est la lecture ; et c'est à quoy il employe.
pour mon usage, environ trois heures chaque jour. Cette
nécessité de lire lui a donné un goût pour l'étude à laquelle
il se livrerait avec excès, si je n'avais pas l'attention
de le retenir.

Le premier objet dont il s'occupa, sans aucun dessein
déterminé, fut de recueillir, après mon retour dans le pays,
et de faire par lui-même des recherches historiques sur le
Diocèse de Bayeux : la collection nombreuse qu'il en fist, lui
suggéra ensuite l'idée d'en faire le Pouillé. Il y travailla, sans
interruption, pendant huit ans, avec une ardeur infatigable,
soit en se transportant sur les lieux pour vérifier tel fait et
acquérir de nouvelles connaissances, soit en entretenant
une correspondance avec les Bénéficiers les plus instruits,
soit en consultant les titres originaux et les auteurs, tels que
le *Gallia Christiana, M. Huet* et autres, qui ont donné
quelques notices relatives à son objet. De sorte que, son

petit ouvrage, quoique non exempt, peut-être, de fautes, est un des plus exacts et des plus méthodiques qui ait paru en ce genre.

J'ose espérer, Monseigneur, que Votre Grandeur, après s'en être fait rendre compte, voudra bien l'honorer de son approbation et permettre à l'auteur de le rendre public. C'est une récompense de son travail, qui ne peut manquer d'être agréable et utile au Diocèse.

Il me sera flatteur d'y avoir contribué, quoique très indirectement et d'y avoir trouvé un moyen de marquer à Votre Grandeur le zèle et le respect, avec lesquels j'ai l'honneur d'être, Monseigneur, etc.

Signé : Gouget, religieux de Fontenay.

A Fontenay, le 19 janvier 1786. »

II.

Lettres adressées par Monseigneur de Luynes, évêque de Bayeux, aux Bénédictins de l'Abbaye de Fontenay, au sujet de la discipline ecclésiastique (1).

Bayeux, ce 19 novembre 1744.

Je suis informé, Monsieur, qu'il entre des filles et des femmes dans les chambres de vos religieux, qu'elles y mangent avec eux et que, même, elles couchent dans l'intérieur de la maison. Je suis surpris que vous souffriez un pareil abus, d'autant plus que ces filles et femmes tombent évidemment dans le 17me de mes cas réservés et que vos religieux sont très coupables devant Dieu de les induire à

____

(1) Ms. in-f°, n° 137 de la Bibliothèque de Caen.

faire une action à laquelle est attachée une peine d'excommunication encourue par le seul fait. Je vous prie de m'informer au plus tôt des mesures que vous aurez prises en conséquence de ma lettre pour remédier à cet abus. Il est étonnant que vous l'ayez toléré jusques icy. Je vous suis, Monsieur, bien sincèrement dévoué en Notre Seigneur Jésus Christ.

Paul, évêque de Bayeux.

A Monsieur le Prieur de l'Abbaye de Fontenay, près Caen.

—

A Bayeux, le 10 avril 1748.

J'apprends avec douleur, Monsieur, qu'aucuns de mes réglemens ne sont exécutés, et qu'on n'a tenu aucune des paroles qu'on m'avait données. Je veux cependant absolument que la régularité soit rétablie dans votre maison. J'épuise toutes les voyes de douceur et de patience ; ne me forcez pas, je vous prie, à agir de rigueur. Je m'y déterminerai avec peine, mais avec une fermeté inébranlable et assurément vous et vos religieux aurez tout à vous reprocher, si vous m'y contraignez. Je vous avertis encore avec la tendresse et la charité d'un père. N'y soyez pas insensibles. Lisez ma lettre à votre communauté assemblée : je suis persuadé que les cœurs de vos religieux y seront sensibles et que ceux qui ne veulent pas se soumettre, se rendront enfin. Je vous suis, Monsieur, bien sincèrement dévoué en N. S. J. C.

L'évêque de Bayeux.

A Monsieur le Prieur de l'Abbaye de Fontenay, près Caen.

—

A Paris, le 17 novembre 1748.

Pour conserver, Monsieur, et la bourse de vos religieux et l'esprit de charité qui est encore bien plus précieux, je vous prie d'assembler la communauté et de lui dire, de ma part, que je désire pour le bien de la paix, qu'elle remette entre mes mains le jugement des différentes questions qu'elle a agitées vis à vis de M. son Abbé, et qu'elle suspende jusques à mon retour toutes procédures à ce sujet. Aussitôt que je seray arrivé à Bayeux, la communauté m'enverra 2 députés; M. l'Abbé viendra, ou m'enverra un député de sa part, avec pleins pouvoirs. Si les parties le veulent, il y aura encore un avocat de part et d'autre, pour expliquer la cause. Et tout bien expliqué et bien entendu, je finiray l'affaire par une transaction, signée des deux parties.

J'espère, Monsieur, que vous m'informerez incessamment que la communauté s'est portée avec empressement à accepter une proposition aussi raisonnable à tous égards. Je vous suis, Monsieur, bien sincèrement dévoué en N. S. J. C.

L'évêque de Bayeux.

A Monsieur le Prieur de l'Abbaye de Fontenay, près Caen.

—

A Versailles, ce 10 janvier 1749.

Par votre dernière lettre, Monsieur, vous m'avez paru si décidé à plaider, que j'ay cru inutile de vous rien mander à ce sujet. Comme il me paraît, par votre lettre du 5 de ce mois, que vous êtes demeuré dans l'inaction, je vous diray qu'une transaction, passée en grande connaissance de cause, après un examen exact fait à l'amiable, *et super lite mota*, ratifié par votre supérieur majeur, sous les yeux duquel elle aurait été faite, aurait un degré d'autorité qui vaudrait bien un arrêt et qu'il n'y aurait aucun tribunal qui voulut permettre que les parties revinssent contre une pareille transaction. Vous ferés bien de m'envoyer un mémoire détaillé des demandes que vous voulés faire à M^r. l'Abbé et des raisons par lesquelles vous vous fondés pour les former et pour vous départir des dispositions de l'ancienne transaction. Si vos demandes sont justes, je les manderai à M^r. l'Abbé, et si, (ce que je ne crois pas), il n'acquiesçait pas à ce qui est juste et raisonnable, pour lors, en prenant le parti de plaider, vous n'auriés rien à vous reprocher. Voilà, Monsieur, ce que je pense et ce que je vous charge de dire de ma part à votre communauté. Il ne faut jamais rompre l'unité et la charité qu'en la dernière extrémité et il faut même conserver toujours l'amour et la pratique de l'une et de l'autre de ces vertus, au milieu de la chaleur des procès. Mais comme il est ordinaire que cela n'arrive pas, il faut éviter le procès tant que l'on peut. Je vous suis, Monsieur, bien sincèrement dévoué en N. S. J. C.

L'évêque do Bayeux.

A Monsieur le Prieur de l'Abbaye de Fontenay, près Caen, à Caen (1).

---

(1) Ces deux dernières lettres ont trait aux contestations et aux griefs continuels que les religieux suscitaient à leur abbé. Depuis longtemps, il était question d'introduire à Fontenay la réforme de Saint-Maur, et ils s'y opposaient par tous les moyens.

III.

Nomination et installation de Dom Gouget à l'abbaye de Fontenay.

Registre des insinuations. T. XXXVIII; (manuscrit n°
269 de la bibliothèque capitulaire de Bayeux, f° 308, v°.)

« Nous, Messire Michel Gabriel Piédoüe de Charsigné,
abbé commendataire de l'abbaye Saint Estienne de Fontenay, de l'ancien ordre de Saint Benoist, au diocèse de
Bayeux, salut. Sur ce que nous sçavons Dom Benoist Gouget, religieux profès de l'ordre de Saint Benoist, congrégation de Saint Maur, que la faiblesse de votre tempérament
et vos infirmités continuelles vous empêchent de soutenir
la rigueur de la règle de la réforme de Saint Maur ; étant
duement informé que votre zèle au service. l'intégrité de vos
vie, mœurs et saine doctrine sont au point que vous pou-
vez obtenir d'être admis au nombre des religieux de notre
dite abbaye de Fontenay, sous le bon plaisir de N. S. Père
le Pape et du Saint Siège apostolique, nous vous admettons
et recevons par ces présentes pour y avoir une demeure à
l'instar des autres religieux, pour jouir des mêmes droits,
honneurs et privilèges dont ils ont droit de jouir, sous la
condition que vous nous porterez honneur et révérence
ainsi qu'aux supérieurs et que vous vous conformerez à la
règle et en remplirés exactement tous les devoirs et obligations et que vous ne pourrez faire usage des présentes qu'a-
près, sur icelles, vous être pourvu des autres acquès requis
et nécessaires ; requérant nos vénérables prieurs, religieux
et chapitre de notre dite abbaye de Saint Estienne de
Fontenay vous recevoir et installer à une des places ou

manses monacales de notre dite abbaye, en la manière accoutumée, aux fins de jouir, comme eux seulement, des droits, honneurs et privilèges y attachés. En foi de quoy, nous avons signé le présent. Donné à Caen, en notre hostel, scis paroisse Saint Jean, rue Guilbert ; devant nous Philippe Dudouët, notaire royal et apostolique, au diocèse de Bayeux, reçu et immatriculé aux Bailliage et Officialité de Caen, y demeurant paroisse Saint Pierre, rue de Geôle. Le vendredy après midy, vingt huitiesme jour de mars 1749. — Insinué le 29 mars audit an. »

(N° 270, f° 76, v°. Prise d'habit en l'abbaye de Fontenay de Dom Gouget). — Extrait des actes capitulaires de l'abbaye de Saint-Étienne de Fontenay, f° 32, v°, de ce qui suit.

« Au chapitre de l'abbaye de Fontenay, ordre de Saint Benoist, diocèse de Bayeux, tenu par nous Dom Charles Michel de la Mache, prieur claustral et perpétuel de ladite abbaye ; Dom Jean Baptiste Poulain ; Dom Robert d'Argouges ; Dom Jean Pierre Baltard ; tous prêtres religieux profès de ladite abbaye, et Dom Ange Doinel de la Saussaye, clerc et aussy religieux profès de ladite abbaye, capitulairement assemblés au son de la cloche sur les 10 heures du matin ; s'est présenté Dom Benoist Gouget, âgé de 48 ans ou environ, religieux bénédictin cy devant de la Congrégation de Saint Maur, transféré en ladite abbaye de Fontenay par bref et sentence de Monsieur l'official d'Évreux, dont cy dessus copie, prieur titulaire des prieurés simples réguliers de Notre Dame de Poix et de Saint Pierre de Gouy ; lequel nous ayant humblement supplié de le recevoir et de le revêtir de l'habit de religieux pour vivre suivant la règle et manière de ladite abbaye ; nous, après mûre délibération, duement informés de ses vie et mœurs ; tous, d'un consentement unanime, l'avons revêtu dudit habit, par les formes et cérémonies ordinaires, le 1ᵉʳ jour de janvier 1750, en présence de Charles Le Coquelin et de Jean Louis Dufresne, prêtres chapelains en cette abbaye. — Insinué et contrôlé, le 2 janvier 1750. »

Reg. X 4. Manuscrit 271 ; fᵒ 142, vᵒ. — *Attestation ou lettre du noviciat à l'abbaye de Fontenay de Dom Gouget.* « Nous, soussigné, Prieur et religieux de l'abbaye de Saint Estienne de Fontenay, ordre de Saint Benoist, de l'ancienne observance, au diocèse de Bayeux, certifions que Dom Benoist Gouget, cy devant religieux et Prieur dans la Congrégation de Saint Maur, a reçu l'habit le deuxiesme jour d'octobre dernier, dans le chapitre de notre dite abbaye, en présence de la communauté et des sieurs Coquelin, Dufresne et Maizeray, prestres ou témoins appelés à cette fin ; et ce, en vertu d'un bref par lui obtenu de notre très S. P. le Pape et fulminé à Évreux, le 23 septembre dernier ; et que ledit Dom Gouget s'est toujours comporté dans notre monastère avec régularité. En foy de quoy, nous luy avons délivré le présent acte, signé de nous et des témoins, pour lui valoir ce que de raison. Fait en notre dite abbaye de Fontenay, le 7 novembre 1751. *Signé:* d'Argouges, sacristain ; M. de la Mache, prieur ; la Saussaye, aumônier; Baltard, procureur; Poulain de Valendré, religieux chantre; C. Coquelin; J. Maizeray, et Dufresne; *avec paraphes.* — Insinué et contrôlé le 28 février 1752. »

Même registre ; fᵒ 277, recto et verso. — *Installation en possession de l'abbaye de Fontenay, par MM. les religieux bénédictins.* « Aujourdhuy, 24 septembre 1752, avant midy, en présence de Philippe Dudouët, notaire royal et apostolique, furent présents les R. R. Pères Dom Gilbert de Saint-Affrique, prieur de l'abbaye de Saint Estienne de Caen, Pierre Boudier, prieur de Saint Vigor de Bayeux, Dom André Trablaire et Dom Noël Marie Le Goux, procureur général de la Congrégation de Saint Maur... arrivés sur les neuf heures, ils ont trouvé Messire Gabriel Piédoüe de Charsigné, prestre, docteur de Sorbonne, abbé commendataire de ladite abbaye ; Dom Charles Michel de la Mache, grand prieur perpétuel et aumônier titulaire de ladite abbaye ; Dom Robert d'Argouges, sacristain titulaire ; Dom Ange Joseph de la Saussaye ; Dom Pierre Baltard, procureur, s'étant trouvé absent, ainsi que Dom J. B. Poulain de Valendré, secrétaire ; tous les cinq religieux profès de ladite abbaye, composant la communauté d'icelle... etc. » (1).

(1) On remarquera que, dans le procès-verbal ci-dessus, le nom de Dom Gouget ne figure pas. Cependant, il avait bien été admis, comme le constatent les actes précédents, au nombre des religieux de l'abbaye de Fontenay dès le mois d'octobre 1751.

Mais il faut noter qu'en 1752, l'abbaye, par les soins de son abbé, messire Piédoüe de Charsigné, fut réunie à la congrégation de Saint-Maur, et que la réforme y fut introduite. Or, il résulte de la lecture du *Mémorial* de Lamare et d'une consultation prise par lui auprès d'un M. Piales, avocat à Paris, que Dom Gouget avait fait opposition à l'introduction de la réforme de Saint-Maur dans l'abbaye, et qu'il ne donna mainlevée de cette opposition entre les mains de Dom Le Goux, procureur général de la congrégation, que le 10 juillet 1752, « en renonçant à tout ce qu'il pouvait prétendre sur la manse conventuelle et même au droit de résider et être logé dans le cloître ». Toutefois, Dom Benoit Gouget n'accepta jamais cette réforme et resta fidèle à l'ancienne observance. Ceci explique que son nom ne figure point sur le procès-verbal d'installation des religieux de la nouvelle congrégation.

IV.

Vie de Dom Benoit Gouget, écrite par lui-même en 1788, étant alors âgé de 87 ans : le titre latin qu'il y mit et qu'on a conservé annonce assez l'intention qu'il avait en l'écrivant. *(Titre ajouté par Lamare.)*

Adversus malevolos obtrectatores.

Dom Benoit Gouget, le huitième des douze enfants de Maître Charles Gouget, avocat à Caen (1), naquit le vingt sept may mil sept cent un. Après les humanités au collège des Jésuites, et ensuite dans la pension et collège de Beaumont en Auge, il entra dans la Congrégation de Saint Maur, où il avait déjà deux frères et où il fit profession le 30 mars 1718, en l'Abbaye de Jumièges.

Après le cours ordinaire de philosophie et de théologie en l'Abbaye de Fécamp, il fut choisi, avec Dom Charles

---

(1) Charles Gouget, avocat à Caen, y demeurant, paroisse Saint-Martin, en sa maison nommée alors le Luxembourg, où se tient aujourd'hui l'Académie d'équitation, naquit en janvier 1657 et mourut le 10 août 1710. Il avait épousé Blanche Rose Lefèvre, née en 1672 et morte le 25 juillet 1749. Il en eût six garçons et six filles, dont voici les noms :

1° Gaspard Charles, né le 18 février 1692 ; mort le 13 juillet 1739, prêtre, curé de Mondeville, près Caen.

2° Marie Blanche, née le 14 juillet 1693 ; morte à Caen le 5 décembre 1773, sans avoir été mariée.

3° Françoise Marguerite, née le 23 octobre 1694 ; morte fille, à Caen, le 13 juin 1764.

4° René Thomas, né le 15 février 1696 ; mort le 1er juin 1745, prêtre, prieur de l'abbaye de Préaux, diocèse de Lisieux.

5° Marin Charles, né le 29 avril 1697 ; prêtre, religieux bénédictin, mort en l'abbaye de Saint Pierre sur Dives, le 17 mars 1770.

6° Blanche Rose, née le 11 octobre 1698 ; morte fille à Caen, le 21 may 1775.

7° Aubin Charles, né le 27 février 1700 ; mort à Caen, le 1er mars 1765, paroisse

Toustain, Dom Prosper Tassin et Dom Pierre Lenfant, pour travailler à l'histoire de Normandie. Mais ce projet ayant échoué, Dom Gouget se livra à l'étude de la controverse, suivant son goût et l'avis de Dom François Le Tellier, ancien et célèbre professeur en théologie, auquel il avait donné sa confiance. Mais une maladie dangereuse, qui, à la fin de ses études, l'avait conduit à la porte du tombeau et qui fut suivie d'une convalescence longue et douloureuse, engagèrent les Supérieurs à lui interdire l'étude pendant quelque temps. Pour cette fin, ils l'envoyèrent en l'Abbaye de Bonneval où il fut cellerier pendant deux ans. Sa santé s'y étant, en effet, raffermie, il obtint de Dom Mathieu Hüe, visiteur, la permission de se retirer en l'Abbaye de Josaphat, près Chartres, pour s'y livrer à l'étude dont il avait fait choix. Mais à peine y eut-il passé huit mois, que Dom René Laneau, nommé Prieur de Saint-Père de Chartres, par le Chapitre Général de 1729, et depuis Supérieur général, vint l'y trouver pour l'engager à se charger de l'office de Procureur dans son monastère (1).

Quelques égards que deubt Dom Gouget à ce supérieur, dont il avait reçu en différents temps des témoignages

St Jean. Il était avocat et avait épousé Marguerite Luce Le Pailleur, morte à Mouen, près Caen, vers 1772, de laquelle il n'eut pas d'enfants.

8° Benoit, dont on écrit ici la vie.

9° Marianne ; née le 27 septembre 1702; morte fille à Caen, le 5 octobre 1726.

10° Marguerite, née le 4 juillet 1705 ; morte fille à Caen, le 25 octobre 1754.

11° Jacques ; né le 14 octobre 1706, mort prêtre religieux Prémontré, en l'abbaye de Mondaye, le 11 novembre 1732.

12° Scholastique ; née le 22 mars 1708 ; morte âgée de deux ans.

(Note du manuscrit.)

(1) Il fut ordonné prêtre la veille de la Trinité, par M. de Lorraine, de qui il a reçu tous les ordres, quoiqu'il demeurât à Fescamp ; parce que les autres évêques de ce temps là ne voulaient pas ordonner ceux qui avaient appelé de la constitution papale *Unigenitus*. Or, Dom Gouget était dès lors appelant et cette démarche de sa part fut cause que dans la suite, ses supérieurs l'empêchérent de passer en Angléterre, pour travailler à l'histoire de Normandie. Il célébra sa

d'amitié et même d'estime singulières, il ne put se résoudre à y consentir et à sacrifier son goût pour l'étude à l'exercice d'un emploi pour lequel il se sentait une répugnance invincible. Cependant l'autorité s'étant jointe aux instances prenantes et réitérées de Dom Laneau, il fallut obéir et se rendre en l'abbaye de *Saint Père* dans le mois de septembre 1729. Dès qu'il fut nommé Procureur, il se trouva chargé d'un travail étranger, dont on ne va parler que parce qu'il lui procura une relation, qui, comme on le verra, devint pour lui de la plus grande importance.

M. de Thésut, abbé de Saint Père, venait de mourir. Il avait institué, pour son légataire universel, M. d'Aguesseau de Frêne, l'un des enfants de M. le Chancelier ; et pour exécuteur testamentaire le célèbre avocat, M. Huet. Celui cy écrivit à Dom Gouget, pour le prier, en sa qualité de Procureur, de vouloir bien se charger de la visite des Églises, bâtiments et fermes de l'Abbaye, dont la réparation tombait à la charge de la succession, d'en faire ordonner et consommer l'exécution et pour cette fin il joignit à sa lettre une procuration avec une autre lettre de M. d'Aguesseau, contenant les mêmes demandes. Dom Gouget n'eût rien de plus pressé que de remplir ce qu'on exigeait de lui. Après avoir consommé le tout, il alla en rendre compte à M. d'Aguesseau de Frêne. Ce petit service, rendu promptement et à propos, opéra la plus grande sensibilité dans ce seigneur, qui voulut que, dans toutes les occasions, où il pourrait lui être utile, Dom Gouget s'adressât à lui avec la

première messe le 8 octobre 1726, en l'abbaye de Saint Étienne de Caen, où il passa trois mois et d'où il alla demeurer à Bonneval. Depuis tant de temps que les Bénédictins ont entrepris l'histoire de la Province de Normandie, n'est-il pas bien étonnant qu'elle n'ait pas encore été rendue publique? Nous sommes en 1789.

(Note de l'auteur).

plus entière confiance ; et celui cy n'a pas manqué d'en profiter pour le bien de la Congrégation de Saint Maur, tant qu'il lui fut possible d'y demeurer.

Dom Laneau, Prieur de Saint Père, ayant été nommé visiteur de Bourgogne en 1730, Dom Pierre Huet lui succéda jusqu'au Chapitre Général de 1733, qui le nomma abbé de Saint Martin de Sées et mît en sa place, dans l'Abbaye de Saint Père, Dom Thomas Le Febvre, oncle de Dom Gouget. Celui ci crut avoir trouvé le moment favorable de reprendre ses études, parce qu'il lui parut peu convenable que l'administration totale d'une communauté se trouvât réunie en principal dans l'oncle et le neveu. Il en prit donc occasion de se démettre de son office, malgré la résistance de Dom Le Febvre, à qui il rendit un compte général de sa régie et rentra dans la solitude.

Elle ne fut pas longue, car Dom Pierre Huet, étant averti de son dessein, avait écrit à son insu au Supérieur Général, (Dom Hervé Mainard), qui ordonna à Dom Gouget de se rendre incontinent à Sées, pour y être cellerier. Il y remplit cette fonction jusqu'en mars 1736, où Dom Thomas Le Febvre, Prieur de Saint Père, étant mort, il y fut envoyé pour lui succéder, avec ordre de partir sans le moindre délai et avec défense de faire aucune réplique. En effet, le Chapitre Général devant se tenir après Pasques, il était nécessaire que le Prieur de Saint Père put se mettre au fait du temporel, pour en porter les états à la diette, qui précédait le Chapitre.

Dom Gouget fut Prieur de Saint Père jusqu'au Chapitre Général de 1742, c'est à dire six ans et plus ; après lesquels il fut envoyé Prieur en l'Abbaye de Saint Germer, diocèse de Beauvais. Il y fut presque toujours malade, surtout par les attaques fréquentes d'une ophtalmie, qui le mit en danger de perdre totalement la vue et qui l'affaiblit beaucoup.

Il y avait dans cette abbaye, un Collège, établi en 1684, par M. l'abbé de la Grange, en faveur de six pauvres gentils-hommes. Il avait donné pour cette fin à la communauté son logis Abbatial et de plus trois Prieurés pour leur entretien. Cela donna occasion d'y établir une pension qui avait été nombreuse et qui, jointe aux externes qui venaient des environs se loger dans le bourg pour prendre part à l'éducation qui y était très bonne, formait un collège où les humanités étaient enseignées jusques et compris la rhétorique. Mais ce collège était beaucoup déchu et la cause de son institution, tellement oubliée, qu'il n'y avait plus alors aucun gentilhomme gratuit dans le nombre des pensionnaires. Dom Gouget crut donc que l'un de ses premiers soins devait être de le rétablir. Il engagea les Supérieurs à envoyer de bons régents et en nombre suffisant et il obtint de M. Bégon, évêque de Toul et Abbé de Saint Germer, tous les secours pour lui rendre sa première utilité, tant pour l'enseignement que pour toutes les autres parties d'éducation et la commodité du logement.

Pendant ces premières occupations qui lui parurent les plus pressantes, il ne négligea pas les intérêts temporels de la communauté. Par la connaissance qu'il prit de ses revenus, il s'aperçut que l'on avait commis une erreur considérable dans l'arpentage et la distribution des coupes de la moitié de la forêt de Telle, qui lui appartient, d'où il arrivait que la communauté faisait tous les ans une perte très forte dans la quantité des taillis qu'elle devait couper et des baliveaux qu'elle était autorisée d'abattre sur chaque arpent. Il requit donc la Maîtrise de procéder à un nouvel arpentage et à une nouvelle distribution des coupes. Par cette opération, il se trouva que la communauté avait dû couper, depuis dix huit ans, c'est à dire depuis le premier arpentage, vingt sept arpents, ainsi que les baliveaux qui étaient dessus. La restitution qui lui en fut faite produisit la somme de trente et une mille livres, dont il revint à la Communauté, déduction faite de ce qui devait revenir à l'Abbé pour une partie des baliveaux, vingt deux mille livres.

Dom Gouget crut ne pouvoir mieux employer cette somme qu'à la construction d'un bâtiment pour les hôtes, dont les fondements avaient été déjà jetés, quarante ans auparavant, jusqu'au rez de chaussée, et, depuis ce temps, totalement oubliés. Il acheva tout ce bâtiment de 113 pieds de longueur et eût la satisfaction de le rendre logeable dans l'espace de trois ans qu'il passa à Saint Germer.

Il ne borna pas là ses soins. L'Église avait été incendiée deux cents ans auparavant, pendant les guerres des protestants, et la voûte de la nef avait été détruite. On s'était contenté d'y substituer un plancher en sapin, qui était peu solide et par cette raison, dangereux. Ce plancher déparait d'ailleurs l'édifice qui peut être compté entre les belles et grandes églises de province. Dom Gouget entreprit d'y faire construire une voûte en bois, de la même forme que celle en pierre du reste de l'église : ayant sous la main, un charpentier très habile, il réussit au point d'avoir joint à la solidité un monument digne de la curiosité des gens de l'art. Il aurait continué l'ouvrage dans les survoûtes de trois chapelles, qui avaient éprouvé le même sort que la nef, mais le Chapitre Général qui l'envoya Prieur en l'Abbaye de Saint Évroul, l'obligea de laisser imparfait cet ouvrage, qui fut achevé par son successeur, Dom César Le Pin.

Il en avait commencé un autre très important, qu'il fut également obligé d'abandonner, quoiqu'il fut déjà bien avancé. On a dit cy devant que la pension et le collège de Saint Germer devaient leur origine à l'établissement, fait en 1684, par M. l'Abbé, de l'éducation gratuite de six pauvres gentilshommes, pour lequel il avait cédé aux religieux son logis abbatial et leur avait donné les Prieurés de Serans, de Bruille-Vert et de Bruille-Sec. Mais, ayant perdu celui de Serans, lequel était le plus considérable, ils avaient négligé ce précieux établissement ; de sorte qu'il n'y avait plus dans la pension un seul gratuit, lorsque Dom Gouget arriva dans cette Abbaye. Un de ses principaux soins fut donc de rétablir les choses dans leur premier état et de le rendre stable.

Pour cette fin, il écrivit à M. Bégon, évêque de Toul et Abbé de ladite Abbaye, qui entra généreusement dans ses vues et lui donna, en conséquence, le Prieuré de Notre Dame de Poix, dont le revenu était à peu près de trois mille livres. La communauté jouissait encore de ceux de Bruille-Vert et de Bruille-Sec, et en outre, de celui du Saint Sépulchre, qui était le plus considérable. Tous ces bénéfices réunis pouvaient suffire abondamment à l'entretien de six gentilshommes gratuits, conformément à la première institution. Mais il fallait rendre cet établissement stable par la conservation des Bénéfices. Dom Gouget se proposa donc d'en faire éteindre les titres, et d'en faire unir les revenus au collège de Saint Germer. Il en écrivit à M. l'Évêque de Toul, Abbé et Collateur, qui y donna son consentement avec joie : il alla ensuite trouver M. l'Évêque de Beauvais, dans le diocèse duquel étaient les trois derniers, et ce Prélat ne se livra pas, avec moins de plaisir, à un projet si utile. Il n'était plus question que d'obtenir des lettres patentes, pour procéder aux procès verbaux *de commodo et incommodo*, et c'est à quoi Dom Gouget travaillait, lorsque le dérangement total de sa santé l'obligea d'aller prendre les eaux et les bains à Bourbon. Il y était à peine arrivé qu'il reçut une lettre du cellerier de sa communauté qui le priait de revenir par Bourges, pour y voir M.

l'Abbé Patousleau de Laverdin, chanoine de la Sainte Chapelle et titulaire du Prieuré de Saint Pierre à Gouy, dépendant de l'Abbaye de Saint Germer; lequel, à ce dernier titre, était tenu envers la communauté d'une rente annuelle de six livres, dont il devait vingt années.

Dom Gouget ne fut pas fâché d'avoir par là une occasion de voir Dom Guillaume de Launay, abbé régulier de Saint Sulpice, son ancien ami. Lors donc qu'il eût cessé l'usage des eaux et des bains de Bourbon, il alla à Bourges, où, dans une première visite à M. l'Abbé de Laverdin, il lui déclara quel en était l'objet. Après cette première annonce, ce bon abbé n'eut rien de plus pressé que de lui offrir son Prieuré. Dom Gouget le refusa, par cette raison, que dans ces résignations faites aux réguliers, les résignants laissaient à peine de quoi faire les charges et souvent moins qu'il ne fallait et qu'il était très éloigné de pareils marchés peu conformes au droit commun. Le bon abbé insista en disant qu'il produirait les baux et documents du produit actuel, dont il ne demandait que la moitié, parce qu'il aimait mieux perdre que d'être dans la distance de quatre vingts lieues, dépendant d'un receveur qui le trompait journellement par des dépenses inattendues et des avances peut-être supposées. Cependant Dom Gouget persista dans son refus, promettant au surplus à M. de Laverdin de faire éclairer son receveur et de lui rendre bon compte de la vérité des faits.

Dès le lendemain, M. l'abbé de Laverdin ne manqua pas de venir à Saint Sulpice, où dans une visite à Dom de Launay, abbé, il lui fit part de sa proposition et des réponses de Dom Gouget. Il le pria de se joindre à lui pour vaincre le refus de celui cy. Dom de Launay s'en excusa : néanmoins, comme il avait été Prieur de Saint Germer et connaissait la valeur dudit Prieuré, il pressa Dom Gouget dans le particulier de ne pas manquer cette occasion et fit tant par ses instances, que Dom Gouget consentit à accepter la résignation en s'obligeant à une pension de quatorze cents livres, qui était précisément la moitié du fermage, après la vérification qui en avait été faite et sans y comprendre les rentes seigneuriales qui étaient considérables et n'avaient pas été comprises dans le revenu.

La communauté de Saint Germer sut très bon gré à Dom Gouget de cette négociation, et celui cy n'eut rien de plus pressé que de travailler à l'extinction des titres, tant de ce Prieuré que des quatre autres dont il a été parlé. Il commença par rédiger les motifs de la requête qui devait être présentée à cette fin, lesquels, joints au consentement tant de l'Évêque diocésain que du collateur dudit Bénéfice, ne pouvaient manquer d'obtenir leur effet.

Les choses en étaient là, lorsque le Chapitre Général de la Congrégation, qui se tint alors en 1745, envoya Dom Gouget, Prieur, en l'Abbaye de Saint Évroul, et l'obligea conséquemment d'abandonner l'ouvrage qu'il avait commencé. Quoique la communauté de Saint Évroul, dans laquelle ledit Chapitre venait d'établir un cours d'études, fut comptée entre les plus nombreuses de la province, ce Monastère, situé dans un pays d'étangs et de forêts, convenait peu à l'état languissant de Dom Gouget, lequel fut picqué de ce qu'après avoir demandé dans les trois précédents chapitres sa démission de la Supériorité, on l'avait envoyé dans un lieu peu propre à son rétablissement. Cependant il s'y rendit sans délai pour ne pas laisser apercevoir son mécontentement, bien résolu, néanmoins, de saisir cette occasion pour quitter la Supériorité de laquelle il avait peu de goût.

En effet, trois mois après il rendit son obédience au Très Révérend Père Général, qui ne voulut pas l'accepter et qui emploïa auprès de lui tous les moïens les plus touchants pour l'engager à continuer. Mais Dom Gouget persista dans son refus, peut-être d'une manière peu convenable à l'obéissance que doit un religieux, ce qui ne fut pas oublié dans la suite.

Il se retira, avec la permission du Visiteur, dans l'Abbaye de Conches, distante d'Évreux de quatre lieues, dont le bon air et le vaste enclos et d'ailleurs la célébrité du médecin de cette petite ville, avaient déterminé son choix. Le Prieur de cette communauté, bon religieux, mais très lésinier, trouva fort mauvais qu'un ancien Supérieur, dont la santé dérangée exigeait beaucoup de dépense, eût choisi une maison qui, selon lui, était trop peu à son aise pour y suffire. Ce mécontentement alla au point de faire éprouver à l'infirme des duretés inconnues dans la Congrégation, par le refus des secours les plus communs. Ainsi Dom Gouget, dont le dépérissement croissait de jour en jour et lui faisait croire qu'il avait peu de temps à vivre, crut.... (1).

---

(1) La fin de cette autobiographie manque. Les pages qui précèdent ont été reliées dans le ms. 110 de la Collection Mancel, avec d'autres débris de copies, notes et brouillons de Lamare. L'épitaphe et la lettre circulaire de décès qui suivent se trouvent à la fin du grand *Pouillé* in-4º de Lamare. (Bibl. de Caen, Coll. Mancel. ms. nº 109.) Les six derniers folios de ce *Pouillé* contiennent des copies d'actes et des documents ou notices qui ont été ajoutés postérieurement à sa rédaction.

V.

Épitaphe de Dom Gouget, mort à Fontenay, en 1790.

« Nonagenarius obiit 10 juli 1790. Hic jacet in spe resurrectionis Dommus Benedictus Gouget, presbyter et monachus Fontanetensis, qui, dum vixit, suorum semper memor delictorum, pia totius ecclesiæ, ac proinde vestra, supplex, apud Deum expostulavit suffragia. »

———

Lettre circulaire que j'écrivis à ses parents et amis pour leur annoncer sa mort.

« M. On recommande à vos prières, vénérable et discrète personne Dom Benoit Gouget, né à Caen, paroisse Saint Martin, le 27 may 1701 ; religieux profès de l'Ordre de Saint Benoit, congrégation de Saint Maur, en l'abbaye de Jumièges, le 30 mars 1718 ; prêtre ordonné à Bayeux, par M. de Lorraine, en 1726 ; successivement Prieur des Communautés de Saint Père de Chartres, Saint Germer et Saint Évroul, même congrégation ; ancien titulaire des Prieurés simples de Notre Dame de Poix et de Saint Pierre à Gouy, diocèse d'Amiens : canoniquement transféré en 1752, pour cause d'infirmités, dans l'ancienne observance du même Ordre, de l'Abbaye de Saint Étienne de Fontenay, près Caen, où il a fini saintement sa vie le 10 juillet 1790, âgé de 89 ans, 1 mois, 14 jours.

Prêtre consommé dans la science des livres saints et de l'histoire ecclésiastique.

Religieux pénitent, détaché du monde, et pratiquant

continuellement les vertus propres à l'état monastique, pour la réformation duquel il a montré sans cesse un grand zèle. »

VI.

Copie de ma consultation donnée par Me Piales, avocat au Parlement de Paris, le 1er février 1777.

« Le Conseil soussigné, qui a pris lecture d'un mémoire à consulter pour le sieur Martin Philippe de Lamare et Marie Magdelaine Gosselin ; ensemble des copies d'actes qui sont à la suite dudit mémoire, dans lequel on demande si la Communauté de Fontenay pourra, après la mort de Dom Gouget, exercer quelques droits sur les meubles et effets possédés dans la maison claustrale par lui occupée;

« Estime qu'il faut examiner d'abord les dispositions desdits actes et leur mérite. Le premier de ces actes est une transaction, passée le 10 juillet 1752, entre Dom Le Goux, procureur général de la Congrégation de Saint Maur, comme fondé de procuration du Supérieur général de ladite Congrégation, d'une part ; et Dom Benoit Gouget, religieux profès de l'abbaye de Saint Étienne de Fontenay, prieur titulaire du prieuré simple et régulier de Saint Pierre à Gouy ; par laquelle ledit Dom Le Goux acquiesce aux sentences de fulmination de bref de translation dudit Dom Gouget, de la Congrégation de Saint Maur, en ladite maison de Fontenay. Et celui cy, de son côté, donne main-levée de l'opposition par lui formée à l'introduction de la réforme de Saint Maur dans ladite abbaye de Fontenay, et renonce à tout ce qu'il pourrait prétendre sur la manse conventuelle et même au droit de résider et être logé dans le cloître.

Le second est un acte passé par devant notaires à Caen,

le 9 janvier 1771, par lequel les demoiselles Gouget vendent tous leurs meubles à Dom Gouget, leur frère, moyennant une somme de 1200 livres; dont 400 livres payables comptant; autres 400 livres destinées pour frais d'obsèques desdites venderesses et les autres 400 livres payables après leur mort aux deux domestiques; savoir: 300 livres à Marie Magdelaine Gosselin et 100 livres à Philippe de Lamare.

Le troisième est un acte de dépôt, fait le 26 novembre 1773, chez un notaire de Caen, d'un autre acte par lequel Dom Gouget reconnaît avoir cédé et transporté à Martin Philippe Lamare, son domestique, la propriété de tous ses meubles qui sont et se trouveront à l'avenir, tant dans la maison de ses sœurs, avec lesquelles il demeure, que dans tout autre lieu; desquels l'inventaire a été fait, en y comprenant ses habits et linges de toute espèce; à la charge : 1° que ledit Dom Gouget conserverait, pendant sa vie, l'usage desdits meubles, linges, livres, etc., sans néanmoins, qu'il puisse en rien distraire, ni donner à d'autres : 2° que ledit Lamare le tiendra quitte, dès lors, des gages qui lui sont dus et qu'il continuera de servir ledit Dom Gouget jusques à sa mort, sans qu'il soit obligé de lui donner d'autres gages qu'autant qu'il le jugera convenable : 3° que, dans le cas où ledit Lamare cesserait de le servir, soit par son choix, soit par sa volonté, la présente cession et transport seraient et demeureraient sans effet, en comptant avec lui ses gages à raison de 100 livres par chacune année de son service ; 4° que ledit sieur Lamare sera chargé d'acquitter toutes les dettes qui pourront se trouver lors de son décès et de même les provisions de vin, cidre, bois, beurre, huile et autres qui se trouveront lors de son décès, lui appartiendront, comme faisant partie des meubles et effets dudit Dom Gouget, dont il cède et transporte par le présent la propriété audit Martin Philippe Lamare. »

(Suit une convention pareille pour les gages de Magdelaine Gosselin.).

« Par un cinquième et dernier acte du 26 septembre 1776, sous seing privé, ledit Dom Gouget déclare qu'il est convenu avec ledit Martin Philippe Lamare et Marie Magdelaine Gosselin, qu'ils se chargeront du soin et de la dépense de sa nourriture et de la leur, ainsi que de celle du jardinier et autres ouvriers qu'il sera nécessaire d'employer dans la maison ; comme aussi qu'ils se chargeront de son entretien, tant en habits qu'en linges de toute espèce et même en meubles à son usage et à l'usage de la maison ; de sorte qu'il ne soit plus chargé d'aucun soin à ces différents égards. Et pour, par lesdits Lamare et Gosselin, acquitter tout ce que dessus, à commencer du 1er octobre 1776, ledit Dom Gouget s'oblige de leur payer conjointement et solidairement, par chacun an, la somme de 1800 livres, payable de quartier en quartier et d'avance, par portions égales, chacune de 450 livres. Et, en conséquence, il leur abandonne, à commencer dudit jour, 1er octobre 1776, la libre disposition et jouissance de tout ce qui lui appartient en habits, linges et meubles de toute espèce, dont il leur avait ci devant cédé la propriété, par actes du 1er jour de mars 1771 et 1er octobre 1775, pour par eux en disposer selon qu'ils le jugeront convenable. »

Les paragraphes suivants n'ont trait qu'à la discussion des actes cités et ne contiennent aucun renseignement sur notre chroniqueur et Dom Gouget. Nous avons donc jugé inutile de les reproduire.

Cette consultation se trouve transcrite par Lamare, au milieu de ses notes, dans le ms. n° 109 de la Collection Mancel.

TABLE ALPHABÉTIQUE DES MATIÈRES

ET DES

NOMS D'HOMMES ET DE LIEUX

C

ERRATA

Page 13, ligne 15 : au lieu de Laurent *Lenou,* lisez Laurent *Levon.*
Page 14, 1re ligne de la 1re note, au lieu de Boivin de *Vaürony,* lire *de Vaurouy.*
Page 92, ligne 23 : au lieu de Pie VI *invite,* lisez Pie VI *imite.*
Page 128, ligne 1 : au lieu de *jouira,* lisez *jouir.*
Page 174, ligne 5 : au lieu *du 2 juin,* lisez *le numéro du 2 juin.*

Imprimerie Henri DELESQUES, 34, rue au Canu, Caen.